深圳市综研软科学发展基金会资助出版

Our Society

Proceedings of Silver Lake Salon

# 我们的社会

Our Society

Proceedings of Silver Lake Salon

银湖沙龙/出品

中国经济出版社
CHINA ECONOMIC PUBLISHING HOUSE
北 京

**图书在版编目（CIP）数据**

我们的社会／银湖沙龙出品.
—北京：中国经济出版社，2018.11
ISBN 978-7-5136-5258-2
Ⅰ.①我… Ⅱ.①银… Ⅲ.①社会发展—研究—中国
Ⅳ.①D668
**中国版本图书馆 CIP 数据核字（2018）第 145250 号**

责任编辑　赵静宜
责任印制　巢新强
封面设计　久品轩

**出版发行**　中国经济出版社
**印 刷 者**　北京力信诚印刷有限公司
**经 销 者**　各地新华书店
**开　　本**　710mm×1000mm　1/16
**印　　张**　15.75
**字　　数**　240 千字
**版　　次**　2018 年 11 月第 1 版
**印　　次**　2018 年 11 月第 1 次
**定　　价**　65.00 元
**广告经营许可证**　京西工商广字第 8179 号

**中国经济出版社**　**网址**　www.economyph.com　**社址**　北京市西城区百万庄北街 3 号　**邮编**　100037

序

PREFACE

# 不确定的回答

马立安　吴文媛

应吴文媛女士之邀，为银湖沙龙出品的合集《我们的社会》联合作序。我理解，一般说来作序人不仅要对书中的所有文章有深入的阅读和理解，同时更应在总体上对所有这些内容给出一个大概的综合评判，以便读者在开卷之初便能形成对本书的期待或质疑。但在这册冠以“我们的社会”的沙龙话题合集里，这样一种概要好像很难做到，这里说的“社会”似乎更像是一口大锅，只要是发生在其中的，就都能杂烩在一起。不过，这种情况倒也不一定是坏事。我是学人类学出身的，在美国的图书馆圈里有一个玩笑，称那些无法分类或实在无类可归的书，都可以放在人类学的架子上。于是你能看到星相学和轮盘赌的研究和记录相安无事地并排而立。而我对这种分类上的宽容与判准上的多元也一直感觉很受用。

我还想举另一个例子，在西方社会科学兴起的早期阶段，社会学和人类学是壁垒森严的。社会学研究被看作是对“我们的社会”的研究，对象是当代的西方社会，而人类学则是研究“他者”的社会，一般都是殖民地的欠发达社会。这个标准被建立起来，其实体现了西方知识界的偏见与狭隘。最终这些建立在偏见上的区隔被许多优秀的学者与他们的著作打破，如今人类学不仅被用于研究西方社会以外的社会，也被用来研究西方人自己的社会。社会学也一样，不仅是“我们的社会学”，而且也会是“他们的社会学”。从社会学和人类学的历史进步上我们能够看到一种启发，这就是皮埃尔·布迪厄所说的，“在社会科学领域，认识的进步意味着对认识条件的认识所取得的进步。”这些进步体现在我们经常要回到原先的研究对象上，对加之于其上的主客观的关系重新进行思考。

一个图书管理员对一批不好分类的图书强行加入某种秩序，这样的事常常就发生在我们的日常生活中。我们习惯以为这样的处理会提高识别的效率，但有时非但不能奏效反而会引发更大的困惑。放到社会学的观察和研究里，这样一种对“既定的习惯”的质疑常常会带给我们一些意想不到的惊喜或者沮丧。拿我举例来说，我可以说是美国的一种典型的移民——“企业移民”。每当我父亲晋升或改变工作时，我们就要搬到新地方了，就这样我学会了不定居的生活方式。小学五年级，我们从加利福尼亚搬到了新泽西州，在那里住到高中毕业。然后又离开了，去外地上大学，又出国留学做研究。如今我住在深圳。有人问我：你是哪里人？有时简单地回答：美国新泽西州。但是偶尔我还要讲一讲搬家的故事：我出生在加利福尼亚，在马里兰州开始上小学，在新泽西完成高中，然后在佛蒙特州上大学，在日本工作，在德克萨斯州学习人类学，然后来到深圳。其实，我在深圳定居的时间，已经用去我小半辈子了。几年前，我父母离开了新泽西州搬到北卡罗来纳州。所以大约二十年，我没有回去过我出生和童年的家乡加利福尼亚。那你认为我是哪里人呢？如此一来，对中国人习惯说的“老家”，我有没有呢？

那么假如我们不说老家，而以目前待的地方作为“认同”的根据，那我算深圳人吗？其实比起1500万深圳人来说，早在1995年就常住此地的我应该算老深圳人了。我所见到的“第一眼深圳”是一个蓬勃发展的工业城镇，雄心勃勃，监管不强。当时还有二线关，那是个受轻蔑的边界。因为另一个边界隔离的是香港，一个被当作人间天堂的城市。我目睹了非正式的定居点聚落向高速公路和高档商场的国际大都市的转变。我记得地铁如何把曾经分散的定居点系统化。2004 年 12 月 28 日第一条地铁线开通前，从深圳大学到“市里”至少需要 90 分钟，没有特别的需要我通常不去那样“遥远”的地方。虽说我在深圳住的时间是这样长，但是每次有人问：你是哪里人时？我仍不知道怎么回答。只好聊聊这些见闻，来证明我住了足够长的时间。听完后也有人调侃我是老深圳，我看得出来他们的不认同，因为外国人怎么能当“我市”的市民呢？不过也有些人了解了我丈夫是天津人之后，会认同我这个老深圳人。他们用传统的性别定义来回避外国人能否属于“我市”这个问题。毕竟，我在中国还需签证，也没有在深圳买房子，所以严格说，我真不是个深圳人。那么，问题就来了，如果我不是一个深圳人，也不能回到新泽西的家，那我到底属于哪里？

开始我说“我们的社会”这个题目难住了我，是因为在需要说清楚一些所了解的社会的“真实情况”时，究竟该如何表述却成了问题。我自己的经历已能窥见一斑。现在来看看定义下的“社会”是如何表述的？

“社会”是共同生活的个体通过各种各样关系联合起来的集合。所有的这些关系都被称为“社会关系”。例如，人类最主要的社会关系包括家庭关系、共同文化以及传统习俗。社会关系包括个体之间的关系、个体与集体的关系、个体与国家的关系；还包括群体与群体之间的关系、群体与国家之间的关系。群体的范畴，小到民间组织，大到国家政党。国家在实质上是以一方领土为界限的大社会。个人与国家之间的关系就是个体与大社会之间的关系，而个人与世界的关系就是个人与人类整体社会之间的关系。由此看来社会是个体存在的最基本层面，这让我想到生态学中关于表土的描述，表土是生态系统的基础，无数的分解者肥沃了表土，提供了万物生长的养分，表土以下的无机土，则是完全无助于万物生长的。而表土能形成并起到滋养作用的关键，是时间。表土每形成1厘米，需要100~400年的时间。那些低下的、基本的和毫不绚烂的生态本底，像极了我们要定义的社会。正像这个本底很容易被破坏一样，我们的社会本底也容易被忽视和破坏，理由常常是为了建设更高尚的社会。可是，被重置的同质化人口就像地表以下的无机土，这种土只有土的形态，无法分解出营养，不能滋养万物。这种土壤往往先出现害虫，自然界似乎倾向于通过腐殖质去改良它。那么“腐”是什么？就是让事物有活力的能量转化，这转化极可能就是我们希望在这个合集中发现的蛛丝马迹，毕竟，当我们面对“大千世界”的“万千法相”时，最先打动我们的不是定义，而是差别。

银湖沙龙关于社会的话题，我们从未甄选过，也不曾刻意安排某个方向，这么多年下来，竟然有了这么丰富多样的议题集册，百味杂陈，仿佛泥土该有的味道。

目录

CONTENTS

# 后工业社会转型的前景展望

## ——当下美国新经济运动的思想理论及其社会创新实践

我们的社会

# 第124期银湖沙龙

**时　　间**：2015年6月12日

**主讲嘉宾**：游小建　美国华夏社会创新基金会联合创始人、主席
密西根大学ROSS商学院访问学者

**主 持 人**：张　静　美国伯克利加州大学学生

**游小建**　我来自美国密西根。今天这个课题在美国当下比较时兴，它不涉及哪一特殊的行业，不管是私营企业、政府，还是NGO，因为要跨所有行业才能了解整个情况。题目想表达的意思是，作为发达国家，美国在经济增长、市场经济高效率和高活力的同时，也处在一个困境之中，叫作后工业社会。现在它有了转型的要求，需要思想、理论、社会实践的创新。创新后会有什么样的景象？未来往哪个方向走？这个方向对中国当前的发展会有什么不同的影响？

我用了“美国新经济运动”一词，这还在辩论之中，美国的经济是否已经成了运动？我个人认为，已有非常明显的运动迹象了，因为整个体系很完整，有民间的基础，有思想，有理论，有新观念。如果有了实践中的配套，那么就有了运动的基础，这是美国新经济的独特之处。我今天只讲基本成型的框架，因为具体情况一直在不断变革中。

第一部分，我想介绍美国后工业的现实情况。我会偏用社会问题发展思想。第二部分，我会介绍美国社会创新实践所发生的事情，美国社会创新实践是什么

样的，有什么潜力，对未来会产生什么影响？这在中国也有发生，可以互相对应。第三部分，我会介绍一些思想，这部分比较偏学术，我不打算太深入，只是把主要观点和方向给大家稍做介绍。最后，我还想和大家分享密西根的情况。密西根是典型的后工业化城市，我们知道底特律出了很多问题，密西根的问题太大了，必须要找新出路。现在全球都在合作，包括密西根也在寻求合作，密西根与中国、深圳都有合作的空间。

后工业社会阶段，是工业已经高度发达，物质生产力达到了非常高的水平，产业向消费主导的形态转变的阶段。欧洲、日本、美国、加拿大，就是一种消费型的社会，特征非常明显。最近一些国家出现了严重的债务问题，因为消费没有实体经济的平衡，是依靠债务的膨胀来解决自身需求，高度依赖全球合作，比如美国市场里的物品有90%的都是中国生产的。

研究生态文明的朋友常和我说，你不要用“后工业”这个词，那种思维还是工业化思维，中国至少应该用前生态文明的思维。我觉得有道理，我们要进入新的文明，就要换一种思维方式，所以说我们是前生态文明。生态文明的目标是生态、人、社会、人与人的和谐关系，这个大家都有共识，但是具体到核心内涵、框架、原则，就与文化有关。涉及用什么方法，什么路径，怎么建构这个社会？现在有很多局部的样板，都是朝着生态文明的目标努力。

新经济增长是美国的社会运动，这个社会运动不是去上街抗议，而是要从思想建设、理论建设到制度建设、实践层面，再到美国社会现实问题，做出针对性的反应，要有一套完整的系统，才能构成社会运动。这个转变有三个比较明显的特征。第一，以社区为核心。整个美国新经济运动的第一个内涵就是以社区为核心。第二，提出新的民主，叫“生产性民主”。这个概念非常有创意，而且也抓住了问题的实质，我后面会讲生产性民主的含义。第三，社会形态呈现出分布式的社会形态。

我们和中国的学者讨论美国新经济的问题，主要是从中国生态文明的角度出发。我们认为，中国传统是“生生思想”。“生生思想”不是我说的，是来自中国的《易经》,是儒家学派的思想。大家讨论发现,中国传统是有“生生经济”的脉络的,这个脉络可能比新经济的内涵还要丰富,还要深刻。所以,我们努力把美国发生的新经济问题和中国最传统最原始的、达到最高度人文的思想相互整合,优秀的传统要与当下的现实结合,这是我们做的工作,从传统的“生生经济”概念再出发。

我先讲第一部分,陷入困境的人文现实。美国老百姓到底面临什么样的生活挑战,我从老百姓的视角来看美国社会,给大家一些信息,帮助大家了解美国的情况。

第一种景象是令人震惊的城市社区衰败。大家都知道底特律破产,这不是发生在今天,大概20世纪70年代就开始了。60年代,美国底特律发生过一次骚乱,就是黑人社区对城市的骚乱,之后大批的白人陆续搬到郊区,所以,现在底特律的郊区很发达,环境特别好;但是市区很糟糕,社区很衰败,房产不值钱,因而没有房产税,政府出现财政赤字,所以全部破产。政府派紧急管理部门,他们拥有所有的权利,不要通过议会,不受民主约束,任何资产可以做行政决定拍卖,直接行政手段就可以处理,这是密西根非常独特的行政手段,有点像中国的行政手段。不仅仅是底特律,费城等美国中西部的工业城市都处于这种状况。

第二种景象是急剧扩大的收入不平等。美国是世界上收入最不平等的国家,10%的平均收入为90%的人群所持有。美国在里根政府上台以后,实行了新经济政策,私有的竞争机制使很多企业的生产效率大幅度提高,而且不断创新,从而大幅度推动了美国生产效率的提高。但是发展到80年代,生产效率提升的潜力全部释放出来以后,没有调整政策,继续沿用了这个政策,结果推动了IT泡沫,就是互联网泡沫,后来变成了房地产泡沫,变成了金融泡沫,下一个泡沫可能是债务泡沫,整个社会变成了一个财富高度集中的社会。

美国最黄金的时代是在20世纪六七十年代,社会非常均衡,中产阶级力量强大,人民的生活水平非常好,老百姓非常轻松,但是从生产效率考虑,这种没有经济型的社会缺乏进步,缺乏技术创新的动力。在80年代美国有一些调整,但一直在摇摆，找不到中间的位置。

第三种景象是急剧萎缩的中产阶级。2001 年，IT 泡沫爆发后，10 年间中间收入的职业岗位每年都是负增长，就业人数增长最厉害的是服务业，制造业都关闭了，大量的人进入了零售行业。服务行业的收入非常低，沃尔玛的员工每周不能做满 40 小时，因为一旦做满就要领取公司福利，就大大增加了劳动费用支出，所以每天只做三四个小时，还是临时工，大概是 9 美金一个小时。一对夫妻，这种薪水只能勉强承担家庭生活开支。而制造业的中产阶级、生产线的工人，他们的收入在六七十年代是非常高的，但是这很快被打破了。所以，美国的中产阶级萎缩是非常明显的。

第四种景象是地方政府处于困顿。美国的市长是最难当的，尤其是处于经济下滑的阶段，因为政府没有太大的权利，法制都定好了，但是破产以后，税收收入就减少了，财政赤字非常严重。我了解密西根，整个底特律地区，只有 7 个县市的财政是积极的，其他都是负的，州政府本身也是负的。所以，我认为，美国是靠债务来支撑社会继续走下去的。这是地方政府的大问题。

第五种景象是债务支撑着美国社会。我们知道，美国欠了中国很多钱，也不知道哪年能还得起。美国要支撑庞大的国防开支，全球的军事基地，还要维护华尔街的金融地位，美元的国际地位。《纽约时报》有一句话说：如果所有的债务都压在一起，美国的债务总额将是现有国内债务的 5 倍以上。每年，国会都要讨论提高政府的债务水平上限，因为政府没有债务，就没有办法运转联邦政府，地方政府和州政府。于是地方政府就去找各种机构贷款来维持。我借了 1 亿美金，还不起怎么办？所有的债权人要一起承担损失。这时债权人就要求公务员的养老金要砍掉，才会承担。所以政府和私人投资者斗争很激烈。为什么会出现这个状况？后面再讲。我想，最后的出路肯定是通货膨胀，把这个债务消掉，但这会带来整个美国经济和全球经济的洗牌，如果这么做，要打乱以前的规矩。

第六种景象是就业问题“压力山大”。后工业社会的技术高度发达，说通俗一点，我们不需要这么多人工作就可以维持社会运转了。在美国，可能只要一个人工作10个小时,所有的财务问题都解决了。但是,有资本国际的问题。资本是追求利润的,这个人没工作,资产放那边,机器也闲置在那里,所有东西都闲在那里,资本逻辑到了后工业的时候,会逆发展,会反发展,这是一个很重要的逻辑点。

就业是最难解决的。美国才3亿人口,国土和中国差不多,有全世界最好的技术,有一百多年的工业积累,按照这个逻辑就业根本没有问题。但是,真的不需要那么多人。美国排名前30名的大学,毕业生可以找到好工作,一般的州立大学的大学生就找不到工作,没有工作机会,只能去零售业,比如沃尔玛做临时工,勉强维持生活。因为看不到希望,精神就很压抑,出现了很多吸毒及家庭的问题。

在中国,就业也有很大的问题。毕业大学生这么多,农村年轻人要进入城市,产业升级后又会挤出新的劳动力,服务业吸收的都是低收入工作者,无法支付高成本的城市生活,这一系列的问题都会沿着工业逻辑、资本逻辑,随着产业结构、技术结构发生变化,给社会带来更大的问题。中国因为政府比较强势,有些事情还好办一些。当美国的问题真的很严重的时候,就可能要重新构建新的政府来解决问题。

第七种景象是落后、失修的基础设施。很多人都去美国旅游、出差,看到美国机场非常破败,美国机场都是六七十年代建的,当然,现在还能用,已经很了不起了。为什么那么多基础设施没有得到重新补充?密西根的很多道路、桥梁都是需要修理的,但是政府没有钱。钱去哪里了?虽然GDP一直是增长的,但是财务结构变成高度金字塔化,政府没钱,老百姓没钱,谁有钱?美国1%的顶尖财团。

第八种景象是社会保障走向破产。政府要提供每个人基本的生活条件,这是一个很大的挑战,甚至根本就没办法支付,肯定是破产的。现在美国的老人,如果没有收入,也没有什么存款,政府每月会给你2000美金,医疗保险也都是政府出钱,让他们继续在美国生活。这是现在,2010年的时候可以这么做,但是以后就可能做不到，问题很大。

第九种景象是人文缺位的破碎学术。最近一百年，整个教育和思想界都高度分科，社会学、政治学、经济学，分得非常专业化，每一科都有自己的天地，自己的学术系统，自己的规矩，互相不被打扰。教育分科以后，普通人受的教育和思维也是偏单向性的，不是整体性的，所以这是美国人文学术教育的重大问题，这与社会问题有很深的关联。

第十种景象是方向错位的科技创新驱动。我们知道，硅谷的科技创新非常强大。但是有一个特点，硅谷只关注两到三年能够成功的项目。为什么？这是一个市场驱动的机制，符合市场需求的项目最容易获利，这一定是消费导向，比如苹果手机，它要琢磨消费者的下一代的需求。从整个社会发展的角度来说，从 iPhone5 到 iPhone6 有多大区别？但是它却吸纳了全美国最优秀的工程师来研究做升级。另一个导向是国防业务，美国大型科技创新都是国防业务，因为美国要做全球霸主。还有就是高端制造业、生命科学，美国 50%的研究经费投入到了生命科学，这也是非常奇怪的，美国的医疗成本非常高。中医讲养生是第一位的，等到要吃药的时候，这个人已经有很大的问题。但是美国人是越多人生病越好，这个产业就越发达。所以以上种种，没有真正让老百姓生活幸福，科技创新有很多误导，这需要另外一个机制来引导。

第十一种景象是能源与技术替代劳动力。这是工业化国家都会面临的问题。深圳是典型的深度工业化的地区，最近我们都在讨论产业升级，高端制造业，机器人替代低级加工。产业转型的时候，劳动力肯定会出问题，怎么解决劳动力的问题？中国还好，有广大的内陆可以调剂。但美国不行。

第十二种景象是虚假的复兴，股票市场创新高。美国唯一的好市场是股票市场，节节攀升，已经超过了金融危机之前的道琼斯指数。美国政府采取了什么措施？金融危机以后，到底是救老百姓还是救财团？最后美国决定救金融业，因为金融业是支柱，不能丢了。老百姓破产的，就把房子交给银行，支付了多年的房地产贷款，结果所有的钱都打了水漂，资产变成银行了。救了财团，牺牲了老百姓。美国的两个党派也一直为这个争辩。谁是赢家？社会顶层的少数10%。美国二三十年的经济结构，最富有的阶层占了资产的77%，90%的家庭只有23%的资产。

我们知道，2015年4月27日，在美国的巴尔的摩发生了一场暴乱。正如马丁·路德·金做社会运动时讲："社会长期被忽视的绝望的声音呐喊了，今夜变成了暴力。"这是我们没办法回避的。美国现在是一个火药筒，老百姓不满的情绪长期压抑，一旦有什么事件点燃了火药，又将会发生一场革命。但凡事都有另类。巴菲特就是一个另类，他说："这数十年来，美国发生了一场富有的资本阶层和中下民众阶层之间的斗争。"

到底谁代表了真正的美国？美国指的是谁？是10%的精英阶层？还是99%的老百姓？我从事社区工作，接触的多是老百姓，老百姓从来不考虑这个问题，只考虑我有没有工作，孩子的教育会不会变好，社会医疗怎么样。全世界的老百姓都是一样的，他只关心民生问题。其实，美国在逻辑上应该是没有问题的，这么严重的问题，是人为造成的。美国未来是维持现状还是变革？

第二部分，我想讲讲社会实践的内容。

美国有悲观情绪，也有乐观情绪。悲观情绪就是全球气候问题、债务问题、美元地位和国家信誉不断受损的问题，以及处于困境的民众干柴烈火的问题。乐观情绪就是科技发达，普通民众也在不断寻求新的出路。

我们来看几个案例。第一个是关于克利夫兰，这是一个典型的工业化城市，在制造业流向中国后，克利夫兰整个市中心都衰败了。但是，当地市中心有一些企业是没办法搬出去的，比如美国最大的医疗中心克利夫兰医疗中心，还有几个大学。2005年，社会各界开始做项目，商讨克利夫兰如何走出困境的解决方案。研究了两年多以后，社会各界说我们要走社区债券道路。首先，发挥这些搬不出去的机构的力量，克利夫兰医疗中心是美国最好的，每年医药采购的金额达到几十亿美金，于是成立一个合作社，这个合作社就是把医院所有的床单、被子等的换洗交给社区工人组织，采用最好的环保技术来做。整个克利夫兰成立了一个基金会，由市长、董事会牵头，政府界、企业界、NGO 界的人，全部聚在一起，解决各种问题。这就是很好地采用了以当地社区民众作为主体的合作社模式。这些年，他们一共成立了三个合作社，一个是为洲医院服务的，一个是为所有这些机构安装太阳能的（因为美国出台了很多新能源政策），一个是农业合作社，搭建温室大棚，为整个城市提供生菜，做沙拉用的。合作社的发展慢慢带动整个社区向越来越健康、越来越有消费力的方向发展。

这里有一个核心的观点——扎根本地的机构和企业，我们离不开本地的大企业、大学、医院，这些机构和企业不可能搬出去，所以必须由它牵头改善社区，要有使命担当。他们和商业机构是不一样的。美国现在推行税收减免，十年不收税，吸引商业公司来，等到十年后，要开始收税了，经济也不好了，他们就关了厂门走了。这些商业公司来来往往，只会把本地的好资源带走。所以，我们不可以牺牲福利来讨好这些企业，我们应该把标准设立好，发挥医院、大学的作用，这就可以带动一批本地的创新企业，慢慢培养，使之成熟为一个可持续的本地企业，这样就可以推广到别的地区。

第二个案例是“微住”。什么是“微住”？就是二三十平方米的房子。2013 年，美国房子的平均大小是 250 平方米到 300 平方米，一般住 2 到 3 口或者是 4 口人，居住空间非常宽阔。但是，有一些年轻的社会创新者觉得，我要买一个房子，二三十万美金，还要每个月按揭，一辈子算下来要交 40 万到 50 万美金，如果找不到工作，事业没有前途，那我的住房怎么解决？所以社会上就产生了“微住”，很小的房子。现在非常流行，环保人士特别喜欢，很多年轻人在早期的职业当中买不起大房子，就买这种小房子。

这种房子还有一个好处，它甚至可以自己建，非常简单。美国的房子建造是标准化的，我自己亲自尝试了一下，在社区大学学了五门房子建造的课程，我自己一个人就盖起来了，很多标准件，敲敲打打，就可以达到国家建筑标准了，而且很漂亮。还有一个好处，它是有轮子的，可以拖着到处跑，冬天北方太冷了，那就开到佛罗里达去，夏天再到北方来，生活非常自由。也有稍微大一点的，大概 40

到50平方米；也有固定的，不在轮子上，还有四合院的风格，好多种设计风格，都是标准化的，可以住在森林里面，享受室外的感觉，庭院的感觉，设计非常漂亮。

美国的“微住运动”越来越受到政府的重视，因为可以用于帮助无房居住的贫困人士、流浪汉，给他们提供一些材料，让他们自己动手。如果住得好，有朋友，有邻居，可以聊天，就不会生病，不会吸毒，而且成本很低。如果自己动手，盖二三十平方米，两三万美金就可以了，里面有空调、洗澡房，吃饭、睡觉也都解决了。现在已经推出了很多这种微社区，让贫困人士安居乐业。

第三个案例是网上教育与社区大学的结合。美国的社区大学是很普遍的，本地居民上一门课只要200到300美金。现在有很多网络课程，但社区大学非常重要，提供了一系列基础的课程和基础技能，各种电工、木工、水工等，所有的技能都有，基本可以满足普通老百姓的教育需求。

第四个案例是分享经济。深圳有很多的创客，他们很活跃，在美国也一样，很多社区都有创客工作坊。如果有房间空着，可以放在Airbnb上分享出去，增加了收入，成本也比较低。还有一个叫作Maker Works，一个月只需90美金就可以免费使用里面所有的机器设备。我盖微住房子的时候，它曾为我提供了盖房子的工具。

第五个案例是合作经济的新交易模式。一个是时间银行。我是律师，提供你律师服务，你会钓鱼，周末带我出去钓鱼，大家互相交换技能，生活也更加和谐。一个是物物交换，密西根的樱桃交换密西西比的毛竹，互相交换。一个是旅游地的交换，冬天和夏天的地方做一个交换，去居住或旅游。这些都不涉及到货币，但是会产生实体经济的效果。另外，还有农产品的社区合作模式，就不具体讲了。

小社区如何建立？需要新技术的运用，比如分布式技术及其模式。典型的案例就是太阳能。传统的能源是挖煤发电，然后传到电网公司，再传到每一个社区和每一个家庭，这是集中化的模式，要通过资源集中、庞大的网络构建，来服务每一个消费者。太阳能服务是什么？就地服务，最原始的材料就来源于本地，阳光照到每一个社区,只要有太阳能电池板,转化成电能就可以满足人们的需求,这是一个分布式的技术模式。这一类科技应该大力发展,政府不需要那么高的管理成本,每一个社区就地解决许多问题,在各个领域,水、农业、能源、住房、医疗、保险、教育、交通,甚至是旅游、文艺、情感,都可以通过这些技术来支撑。

后工业化两极分化后,老百姓要开始一种简单的小康的生活,不是追求中产阶级或者是高大上的生活,而是要简单的高品质生活,这个是有待于创新的。通过分享提高使用效率,通过互相交换丰富了生活内涵。所以其实有很多创新的方法来解决我们真实的需求。

后工业化还会为整个社会带来新的政治经济变革。家庭是自然亲情的存在,社会是厚重的情感,社区很重要,中国人以前是乡村为社会主体单元,被工业化冲击后,我们又有社区的感觉。与市场化不同,社区最大的特点是紧密的交往,带着情感进行交易的。如今在美国,社区这一块功能被打掉了,变成了原始化的社会,这是工业和现代社会的重大失误。我们的政治经济要把这些群体关系理顺,家庭、社会、群体、政府、市场,私人领域,公共领域,要各归其位,各自发挥作用,这样才能使社会和谐。这也是美国新经济为什么要重建社区的重要理论。

难点是人的转变。我们的思维还停留在工业化的阶段,我们可能惯于说这个不合理,那个不合理,用工业化的思维来否定一切,但要跨入到前生态文明,就要更换思维才能理解合不合理。新经济的分布式社会正在发达国家孕育,不光是美国,英国、欧洲也有新经济的孕育,人文思想、理论和技术都在成熟进行中,最终还是人的转变,促成整体人文转型。政府如果有意愿,一些生产性的资料也可以帮助成长,这都是有可能的,关键是政府的观念,市场的观念,老百姓的观念都要转变,要向前生态文明转变,才能促进这个合作的发展。工业化的思维之下是越多越好,前生态文明下够用就好了,为什么还要多呢?

我在这里还想提出一些问题。第一,是生活在家乡自在,还是生活在深圳自在?这是两种不同的生活形态。第二,城市的居民怎么找到社区拥有的那种厚重的情感交往？这是很重要的，是否可以通过和农民工互助合作，获得乡村的社区感？这也是可以思考和探索的模式。如何构建分布式社会的中国道路？是否有这个可能？是否有这个必要？这些都需要思考。

第三部分，我想讲的是理论传统，涉及到哲学、政治经济学等方面。

西学和中学是两种思维。西学有一个法律框架，把社会的均衡机制锁定下来，中学的道路现在是丢了传统，思想被西方殖民了。最后的归宿当然是中西融合，我们吸收西方好的东西，也尊重我们的文化传统，探索自己的道路。我的观点是，西学和中学都会有创新，都会有突破，可能路子不一样，但最终的目标是一样的，是多样的融通，各有各的呈现，各有各的实现方式。

新经济的哲学思想是“生命观”，它已经突破了“科学观”。现代化最重要的一个词是“理性主义的科学观”，它主导了美国工业化和现代化，但是现在已经开始提出一个词是“生命观”，人不是机器，不能按照机器的思维去思考，我们应该有机地看地球，看空间，看问题。这涉及所有的变革，是我们的研究中最核心的重大问题。为什么美国会重归集体所有权？为什么一定要实行集体所有权？我们新的集体所有权要怎么做？要系统有机地思考这个问题。当然，在所有权上也要有一些发展和改变。我们现在有太多虚拟的东西了，经济和生活都脱离了实际，我们要回归实体经济，回归实体生活。我们的生活到底需要什么，哪些东西让我们快乐，要回到这个思维中来。所以有一些中国朋友提出了“个人生命要义全面展开”，我们有亲情，有各种情感，有各种美学的追求，要打开人的生命，追求美好的生命，每个人的生活要得到尊重。这才是理想的社会。

当下社会变革是一次全方位的文明转型，涉及个人的生活层面，也涉及到所有生存理念的层面，转变会非常艰难，也非常深刻。西方的新经济已经提出了整体的方案，但还要等待下一次危机，来推动他们继续成长。而中国社会的人文传统更深刻，更全面，但有待复兴。

我们结合美国发生的事情和中国的挑战，美国的机构和中国的机构，推动对话，互相学习，这样才能探索出更多的东西。人文与社会创新对话有很多，翻译、出版、教育项目、学位教育、可持续发展的教育，以及一些年度会议，在美国已经运作起来了，比如全球分布式银行，美国的大学和印度已经有合作了；比如密西根有丰富的水资源，土壤非常肥沃，大片土地，人口少，因为没东西可以种，很多资源都闲置了；密西根的强项就是制造业，很多汽车技术的研发都在密西根，这是一个夕阳产业了；高等教育方面，密西根大学是非常全面的大学，还有密西根州立大学、社区大学，还有非常好的旅游地，还有社会创新。社会创新是一个长期的事业，大家都处在探索阶段，要注重思想和理论突破，展开局部的试点和实践探索，整个过程是开放、合作的，需要不断交流。

中国的这些方面还在慢慢酝酿沟通之中。回过头我们再来想一想，中国分布式的自主经济与社会是否有参与的意义？分布式的自主经济是否可以解决或者减缓深度工业化与后工业的环境压力和社会压力？如果是，深圳作为中国社会与经济发展的前沿，可以担当怎样的角色？后工业问题，对深圳当下的社会创新实践又有怎样的启示？

今天我就分享这么多。谢谢大家。

**张　健**　2006年，我第一次接触大数据概念，感觉非常高大上，但是某位中科院的博士后对我说的话是，大数据理论源自于《孙子兵法》，源自于我们的先秦圣古。我是学计算机的，大家知道云计算，它的数学模型就是基于大计算和大数据做的价值交换，而把沟通的部分降为0，这样就对经济的再配置、硬配置和软配置进行了一个创新。今天用到的微信、facebook，很多东西是解决了一个flash碎片化的东西。

我是改革开放的同龄人，可以说看尽人间繁华，铅华洗尽，去过许多地方，做过企业高层，到后来我才觉得，人生的道路不是拿钱衡量的。实际上，今天的创新不分蓝海和红海。我们不敢为万世开太平，中国制造2025和德国工业4.0、强大的美国山姆大叔的工业互联网对抗的时候，我们任重而道远的。为什么？从数学上来讲，中国是联合国所公布的所有产业最奇全的，我们做了世界上所有的事情，所有的行业，中国的问题等于是以色列、美国、日本和印度的问题。但因为我们有自己文化的积淀，虽然有点萧条和失落，仍然顶得住。

深圳具备了很好的成本优势，也有世界先进的各类华裔工程师，硅谷里最高级的、顶尖的人才都是华裔。今天研究深圳有一百多种方法，但我们研究如何践行自己的人文传统。我们现在推崇西方的思想，其实很多都源自于中国东方文明。我们所有的思想与中华民族的传统思想是如何碰撞的？我去了一趟西安，在世界上第一个 CBD 功能区——西安长安城，学习了解。有一位意大利建筑师告诉我，一定要走遍全世界才知道我们有多么伟大。比如，我崇拜的乔布斯是信仰禅宗的，禅宗是三藏法师在天竺学习后引进中国的。所以，我们应该先考虑自己有什么。我们把自己的东西讨论好了，再与海外归来的人交流，进行结合，我相信事情就会不一样了。很多创客说，我们可以关起门来研究啊，其实不是这样的。讲一个案例，没有人知道大疆的无人机曾经研究了七八年，这就非常奇怪了，为什么所有的好产品都是美资投呢？我们就要考虑了，不要回避问题，那些小工厂要做工业 4.0，都先把 MES 这一层做起来，从工业 1.0、2.0 做起，从无级变速做起。我跟德国人只学了一件事情，把你的图纸给我。中国也是这样，我希望不管做什么事情，都先把图纸拿出来，PPT 拿出来，不管是人文的，设计的也好，或者是做 IT、通信的也好，万法不离其宗。

我希望在技术上真正做到自由、平等，这是一个 IT 人的极客精神。从中国股市看，一天 2 万亿就意味着当天耗电的运算量等于一个县一年的电量，不要以为股市是不付钱的，多少集群的 CPU，多少电能，多少系统，完全把你的想法践行了。从经济学来讲，真正的投机是建立在真正的投资上面的，投资是以投机为基础的，只不过一将功成万骨枯。我们大数据最后会做到什么程度？我去美国的一个商业巨头处学习，那儿有卫星管理系统，在二十年前已经分析到应该在什么位置卖什么东西，什么时候卖，怎么卖。这就是孙子兵法，就是大数据。我现在做的一件事情，就是把老祖宗的东西讲给中国人听，至于实现方式，并不重要。

谢谢大家。

**李津逵** 太感谢游老师了，客气的话不多说。请问华人的文化圈在整个美国的社会转型中的作用如何？

**游小建** 在美国的技术领域、科技领域，华人是很厉害的，已经有很大的贡献了。跨出技术性、工程性的领域，进入到社会，现在每个大学都对中国问题非常关注，几乎所有的美国大学都想和中国合作，这是我们值得骄傲的地方。因为中国的经济非常独特，打破了美国人很多传统观念，他们都想知道中国为什么可以做到这一点，所以很重视与中国的互相沟通。同时，有一批中国人的思想开始进入美国的视野，我认为这是非常好的现象。因为这对美国突破科学和宗教的对立，可能会有帮助。在美国政界、决策层，目前华人会在社区参加竞选，包括旧金山市的市长都是华裔的，这会成为一种力量。我也推动他们来中国访问，接受中国的一些观念，然后通过他们的影响，把中国希望世界大同的愿景和他们沟通，这个方面，学术层面和老百姓的层面都没有太大的差异。美国社会的白人占比已经低于50%了，因为西班牙裔人口快速增长，一家通常五六个孩子，白人家庭就不多生孩子，甚至是不生，所以墨西哥裔、黑人，再加上亚裔，未来美国社会到底谁说了算？所以，思想要达成多民族的共识，可能需要更多的民间交流。

**贾洪权** 多谢游老师，你让我领教了中西合璧的魅力，其实民国时期就是很好的例子，中国的学者一旦进入西方文明，可能会碰撞出很多新的东西。我想谈一谈我的看法。

第一是危机的问题。美国的大萧条、“二战”“冷战”、石油危机、金融风暴，美国经历危机后都快速调整了。您刚刚说美国还没度过危机，所以才出现了现在社会的混乱景象。但是我相信，美国最擅长的就是通过危机来进步，这是美国文化的特征。

第二个是关于债务问题。财富的积累很显然不是我们后农业社会所理解的债务，美国的债务问题，尤其是政府赤字问题，恰巧说明了经济体系对社会权利的某种妥协。我们经常看到新闻是政府关门，其根本原因是因为很多权利不肯让步，只能妥协，只能让经济体系来妥协，所以体现在经济数据上，那是债务。所以我想债务问题不是危机，恰恰是经济体系对美国社会权利的一种让步和妥协的数据解读。

第三，对您提到的整体危机，我觉得还是要用动态的眼光来看待。西方也提出来两个理论，针对自己文明有不可避免的衰落感，一种叫作还原论，一种叫作全息论，认为我们应该从整体的角度考虑问题。现在全球的创业者都提出情感商业，理工科的人都开始讲情怀了，这恰恰是一个商业创新的契机，本轮的人类文明突破在即。在这个过程中，人类又正好处于商业的驱动机制的控制之下，所以我们不得不通过重构经济的方式来实现这一轮突破，这是没办法的。人类社会的四次重大危机是如何解决的？第一次是神学，第二次是两千多年前的哲学，第三次是科学和文艺复兴，我们正在经历的第四次，是数学，包括经济学。当整个人类的活动都处于数据的监控之下，我们很无奈，我们的任何变革都不得不通过经济活动，或者是重构经济活动来实现，这就是你提出来的所谓的新经济运动，实际上是新社会学。越是危机的时候，不管是美国还是中国，从本质上来说也是社会创新的时机。

人都有局限性，所以说一定要用动态的眼光看世界。可能时代真的变了，美国处在变革当中，中国也处在变革当中，相比之下，中国具有更多的对苦难的承受能力，而美国则通过应对危机来获得自我提高、自我修复的能力，每一次危机都给美国带来了很多契机，当然，它的文明也是有局限的，包括哲学观，见微知著。这是我的一点看法，我们不必要那么悲观，大家都处于这个变革中，人类文明的突破正在发生，或者我们正处在文化进步发生的前夜。

**游小建** 这位老师讲的动态的眼光看世界，说得很好。用动态的眼光看世界，最高深的解读是《易经》，一切都是在变之中，物极必反。美国解决危机的能力，证明了美国拥有很强的调整能力，因为要均衡才能存在，美国必须要照顾各方的平衡，老百姓虽然面临很多悲观因素，但是福利是不差的，不管找不找得到工作，都有福利政策，所以美国的均衡是存在的，只是会不断修复。修复就有一个反面，叫作“事后的改变”，等问题出来了再改变。这样有好处也有坏处，好处是问题是真实的，因为发生了，这是美国思维的方式，一定是纠错后再进步。中国的思维是往前预见，要做判断，整体想通了之后才知道要做什么。这两个思维是不一样的，各有其好和坏。中国的预见性的思维容易固化，因为时代在变化。但是美国不讲整体性，就是发生什么事情就解决什么事情，这样很容易不断犯错，又不断改变。我的观点是这两种解决问题的方式都有存在的必要，但是要有沟通，特别在重大问题上，比如气候变化，它讨论的是整个生态体系，科学家有他的方法论，但是科学本身不是绝对正确的。

**嘉　宾** 今天讨论的是中西方文化的交流、互动，大家在最高的层面上是殊途同归的，但是在微观层面、中观层面，又有很多差异，甚至是冲突。我分享两个小故事，也是对您今天演讲的一点回应。

我有一个朋友是美国的军人，是一个狙击手教练，训练美国兵去打仗。最后他面临严重的心理问题。如何排解？他选择了日本的禅宗，家里的布置是日式装置，用日本的方式去绣花。这种文化本身是我国盛唐以前传到日本的，在日本成了产品化、体验化的东西，或者是一种生活方式，美国人可以接受。但是，现在中国却没有这样的文化。我们常说自己有几千年的文化传统，但是，我们很多东西都只是停留在思想层面上，没有切身地去接触，而恰恰是日本人让美国人可以接受。

另一个例子是我有一个忘年交，以前是在深圳做服装生意，2008 改做红茶生意。他列了一个单子，上面是详细的分类，写清楚每一种茶采摘的时间、地点，有没有施农药，有没有监控。他为什么会有这个习惯？那是他做服装的时候跟德国人学的，德国人随身带一个笔记本，把所有的东西都记得清清楚楚，详详细细，这是一种工作的方式。你有了这种方式，这个工具，再去做我们的茶叶，发现这是非常实用的工具。西方是有标准化、流程化技术的，我们可以学习和感知。

**游小建** 融合是实践和思想达到高度的统一，中国只有周朝在思想、政治、经济、实践和现实达到了完整的统一，而且把整个中国文化的格局定下来了。孔子做了思想的融合，但没有实践。宋明理学也做了一次理学和制度的融合，但是发生了很大的偏差，出了很多问题。

为什么讲人文和社会创新要实践，没有人文，实践就会变得没有方向，不成体系，有了人文不去实践也是空谈，实践会修正你人文的想法。所以在密西根，我们选择社区做实践。在中国，大家都谈得多，做得少。孔子的思想已经被丢失得太多了，如果正本清源的话，可以找到很好的东西，现在中国很多朋友也都在努力。

**张　健** 我去美国大都会博物馆的时候，看到了当时秦始皇修驰道，就是现在的高速公路，那个细致度奠定了德国修高速公路的理论。不是我们没有理论，而是我们丢掉了，捡回来吧！我们现在讨论实践到底应该怎么走？很简单，就是四个字：格物致知。日本人非常聪明，秉承的是汉唐文化，所有的想法和我们以前是一样的。中国现在电视上的，博物馆里的，孔子学院的汉服都和历史文献里的不一致，我们的市场却完全被这种不一致给占领了。

**游小建** 我们还要时间，这不是一天两天就能做到的事情，要不断看到问题，然后挑战自己，也要有一代代人的积累，才能重新建设。但这不是传统的复古，一定要面对当下社会的挑战，一定要解决问题，要抱着学习的心态做事，这样就会很开放，会不断吸收知识。好的思想一定是有生命力的，生生不息的。

**嘉　宾**　我的职业背景是心理咨询师。我的问题是，在美国，如何解决残疾人的现状问题？

**游小建**　我们知道，美国是非常尊重人权的，任何停车场最好的位置都是给残疾人的，几乎所有的建筑都必须是无障碍的，这些基本上已经成为共识了。另外，美国的英雄主义社会强调竞争，反过来，人文关怀也是很深切的，对弱势群体非常有感情，两极共存，其实大家的心都是相通的，一个人来到这个世界上，就是要展现自己的人生。

美国提供大量的机会让残疾人参与互动，只要打一个电话，服务中心就会带他去超市买东西，参加各种活动。在美国，对弱势群体的关注是最基本的要求，这一点也做得非常好。目前，美国整个社会因为是经济主导，社会压力很大，需要大量的政府财政支撑，政府一直受到财政预算赤字的影响，但是残疾人目前没有受到什么影响，这是社会良心的体现，是很好的品格。但是，如果这样下去，很多福利都会受到挑战。目前的情况下，残疾人一定要参与到社区中去，与此同时，社区需要对整个社会经济资源的分配有一个新的改革。

# 全球危机与中国可持续发展

我们的社会

# 第69期银湖沙龙

**时　　间：**2011年11月26日

**主讲嘉宾：**温铁军　中国人民大学农业与农村发展学院院长，兼中国人民大学可持续发展高等研究院执行院长、乡村建设中心主任、中国农村经济与金融研究所所长

**主 持 人：**李津逵　中国(深圳)综合开发研究院主任研究员　理事

**温铁军**　今天，我的主题是全球危机与中国可持续发展。我希望我们能够超越意识形态，特别是超越“西方中心主义”的意识形态，超越价值观，一起来看看中国。

在半个多世纪之前，中国构建了一个全球最大的“小资国”。为什么叫“小资”呢？新中国成立后，中国开始土地革命，人口占85%的农民平均分配土地，变成了小土地所有者，其实就是小有产者。这个体制的建立，意味着中国大多数人都变成了小资。到当代，我们有另外一个新的社会变化，中国出现了世界最大规模的中产阶级人群。中国在这半个多世纪来的基本社会诉求，要么是“小资”的，要么是“中资”的。

我知道，我的这个观点太另类了，太不主流了，也经常被批评，但我永远微笑着面对所有的人。假如稍微引申一下，我们会发现，中国历史上实现“耕者有其田”并非只发生在1949年，中国历朝历代都在推行这样的政策，这也是几千年来

小农社会中农民的基本利益诉求。当然，目前有很多人站在另一个立场来看农民的诉求，我不是农民，祖上几代人也不是农民，我愿意更公允地看待农民几千年来的利益诉求，他们是在历次重大的变革中，最大的动员人群。

这是一个历史性的现象，关注农村的基本制度类型，是每一任领导的核心。历史上有过均田制，统治者都善于利用均田免赋，这是政治建设中对农民最有效的动员措施。1949 年，我们均田但没有免赋。此后，开始工业化进程，由于不能像西方那样从殖民地拿来财富，以完成财富积累。我们历来是内向型的小农经济国家，没有侵略性，也打不起仗，没有能力“拿来”，只能内向型地完成原始积累。积累来自于农民，这就是不免赋的根本原因。进入工业化后，庞大的制造业亦非来自于剥夺世界，而是来自于内向型原始积累。

有一位老教授在改革开放之初算过一笔账，当时的工业资产总规模是 9000 多亿，从农业农村提取的原始积累就占到了 7000 亿~8000 亿，显而易见农民做出了巨大的贡献，实际上直到今天我们依旧享受着源于农民的工业化、城市化。这位教授后来又算了一笔账，在连续 60 年的工业化、城市化进程中，整个国家累计从农民那里提取了 17. 3 万亿。我们说农民穷，不是农业自身的问题，也不是农民自身的问题，这需要从本体上分清楚。至今，农村中被占、被拿走的土地收益仍然不少，每年可能上万亿。如果再加上农民工的劳动贡献和剩余价值，恐怕每年得增加上万亿元。客观上，我们仍继续攫取农村资源，这个现状也导致了社会的变化。

现在，中产阶级占全国人口的 24%左右，3 亿多人口，这是世界上最大规模的中产阶级人群。不过中产阶级是一个相对概念，没有统一的全球标准，按各个国家自己的收入标准划分，计算出中等收入群体。当然中产阶级相对通行的有四大标准，收入是其中之一。相关数据表明，我们的中产阶级总收入达到 3 亿 1000 万元，而美国占总人口约 70%的中产阶级只有 2 亿元，我们中产阶级的收入比美国还多了 1 个亿。大家也许觉得奇怪，那是因为这其中包含了全球第一的奢侈品消费及全球第二的豪华旅游。这类消费的主体都是谁呢？当然不是普通劳动者。因此,仅从这一点我们就可以说中国现在的社会结构,底座是庞大的“小资”,上头生出来一块“中资”。“大资”占多少呢?现在是2%左右。现在普通大学教授都能到百万级别。只要一套房子就能实现。如果在北京有一套100~200平方米的房子,按照每平方米3万元,200平方米就是600万,如果有两套房子,那就是千万级别的了。

这是不是泡沫?目前全世界都这样。总之,这是一个数字,是一道计算题。你可以说是虚的,也可以说是实的,是用货币量表示的财富,谁也挡不住世界性的泡沫化趋势。从这个角度看,中国是世界上最大的小资国,也是最大的中资国。

中国还是世界上最大的原住民国家,因为没有被殖民过。现在大家都在比较金砖四国和中国,其实在很大程度上是不能相比的。比如巴西,巴西的原住民剩下不到2%。有人说巴西大农场好,而中国却没有百万公顷级的大农场,可挨饿的是巴西人民,因为这些百万公顷级农场隶属于外来者。从这一角度看,中国人既幸运又不幸。还有人期望被殖民化。被殖民是需要条件的,部落制状态下很容易被殖民化,印度都曾经被大英帝国彻底殖民化,但印度不同于一般部落,未被彻底改造。所以,20世纪40年代英国对印度原住民做出了让步。

那么,原住民条件下能实现工业化吗?很难。印度人自豪于是世界最大的民主国家,却不敢称自己是工业化国家。因为印度的工业产值至今只有30%左右,当然大家可以说印度服务业、第三产业的比重超过50%,但却是面向海外的服务。在此,也许会有人质疑,我们是工业化国家,我们的工业大都也面向海外服务,只是最近在全球危机的冲击下,倒逼着要扩大内需,转向为自己服务。后面我会再着重讲这个方面。

难道百年来,政治家、经济学家、知识分子不想追求现代化吗?因为战争让我们变成这样的。1870年之前,中国的GDP第一,不但是出口大国,更是硬通货储备第一大国。1870年以后形势逆转,白银净流出,进出口储备净流出,这才变成积弱不振的国家。今天有很多历史学家解构两次鸦片战争,从中,我们知道一个基本事实:以前的贸易顺差太大,中国长期维持贸易顺差,欧洲出现严重贸易逆差,表现就是白银的流入,我们叫“十船九空,唯一船实之白银也!”16世纪时,中国因张居正的“一条鞭法”,国家税收全部改征白银,所以当西方扩张的时候,我们是白银化了。西方扩张源于白银危机,这直接导致了白银战争。白银战争战败国之一的西班牙,到美洲掠夺白银,哥伦布发现美洲大陆无外乎就是得到了一个盛产白银的地方。

西方重银主义派生出一系列的文化财富,我们愿意继承、学习,但有一点是不值得我们学习,直到19世纪,西方的天主教才承认殖民地原住民可以被当成有灵魂的人,此前他们是自然界的物种,差役他们不是犯罪。基督徒不能干有悖于上帝精神的事情,一个非原住民国家让原住民大规模减少,使得原住民只剩下百分之几,不能用杀戮这个词,但无疑是残酷无情的。我去过十多次美国,美国的原住民只有52万。从这个角度看,可以说是中国人的贸易顺差改变了原来的世界。当然道理不是这么简单,这样说离客观事实太远了,但这个过程是一个很重要的过程,也是客观存在的。如今,我们再次成为世界第一贸易顺差大国,每年3000亿美元的贸易顺差,区别是当年拿回来的是贵金属,现在拿回的是纸,甚至于连纸都没有了,而是电子敲定的符号,是可以清零的。所以,贸易顺差过大还是一个威胁,易引发严重的危机,当然这并不是唯一的因素,但也是因素之一。

前一次过大的贸易顺差导致世界对中国发动鸦片战争。英法联军攻打北京,抢劫颐和园,所有的口岸被迫开放,鸦片通行,官员开始吸鸦片,还有军队鸦片化,导致军费难以维持。1860年以后,英国人执掌中国海关,中国值百抽五,只有5%的税率,这个税抽上来,只能用于赔款,就使得国库空虚。于是乎,既没有贸易顺差,又没有税收来源,中国出现严重解体,西方列强随之控制各省。中兴重臣曾国藩、左宗棠、李鸿章则控制了中国最富庶的中部省份,并向西、向北蔓延。

1929—1933年,金融危机席卷欧美。因产业资本危机,导致避险的投资成本大幅上升,黄金、白银价格都从当初的几百美元涨到了1000多美元,且还有涨势。中国从16世纪开始，白银成了主要的流通货币，但我国不是产银国，国际银价上升带动中国国内银价的上涨，通货膨胀出现。另一方面，中国银价不高，白银就会外流，造成通货紧缩。因此，中国的通胀、通缩是由世界经济危机带来的，它还阻断了中华民国的黄金十年。正值民国初建，大局甫定，民族资本主义高涨，工业化、城市化进程加快，这样的黄金十年却受到了全球性经济危机的打击。到了20世纪30年代，农民农村率先破产。当时民国的经济增长是靠“在外地主”推进的，“在外地主”村里有地，城里还有店铺、工厂，收入以城里的工业为主。这时候，地主的经营行为就会转换。民国时期的黄金十年，“在外地主”把过去的“下打租”变成“上打租”。“上打租”指春天种地前先交钱，才能种，“下打租”指秋后收获了再分配。实物租变成货币租，农民种地前先交钱，地主用现金在城里办企业，这就是变化。民族资本主义发展，带来的同样是对农村的超量剥夺。于是，青黄不接的时候，农民迫不得已便走向借高利贷，高利贷的金融资本进入农村，摧毁了小农经济。

这种原始积累的方式平稳运行多年，却在20世纪30年代，突然遭遇了全球经济危机的打击，迫使中国做出改变。1936年民国政府放弃白银作用货币，改为纸币，法币制从此开始。严重通货膨胀由此拉开帷幕，中国进入万劫不复的地步。到了1948年，法币取消了，改为金圆券。什么叫“金圆”呢？民国政府从美国借来的美元，作为货币发行的储备，来发行金圆券，它可以用来兑换美元。但由于四大家族的操作，金圆券短短不到一年就垮掉了。当金圆券出问题之后，美国人不再用美元来支持中国。这直接导致中国严重的通货膨胀。其次，所有的民生物资紧缺，物价上涨，GDP单项上涨幅度高达500万倍。

大家可以看到，我在全面解读60年历史的过程中，是用政治经济学的经济危机周期理论和制度学派的制度成本理论来解释的，这两个理论体系本是对立的，我把它们嫁接在一起，尽管有点半生不熟，但毕竟形成一套新的解释。

接着说第二个问题。2008年的金融危机，与20世纪30年代的大危机其实是一个道理。2008年的危机延续到现在，还没有过去，现在，我们仍然在危机中。2008 年全球大危机，导致了中国的外向型经济遭遇重挫。

2009 年 1 月份，广东出口总值猛然从 2008 年的峰顶跌入 2009 年的谷底。对企业来说，可能是灭顶之灾，那时候仅广东一省，就有 6000 多家企业倒闭，全国则有 6 万多家沿海的外向型经济企业倒闭。那对老百姓意味着什么？2009 年年底中国有 2500 万失业者，这是官方公布的数据。2500 万人失业，意味着至少是有 5000 万以上的家庭受影响。世界上能达到这种家庭规模的国家只有 6 个。

后来，我在多次国际会议讨论时，说过这个数字，无论是东方人还是西方人都目瞪口呆，无法想象这样的失业会带来什么样的灾难。中国通过 4 万亿救市逃过一劫，美国人也拿了 6000 亿美元大规模救市，却没有成功。应对全球经济危机挑战的方法，没有好坏之分，只看是否有效，这是经济学研究的概念。

2008 年的危机为什么发生在金融资本主义的核心地区？那一年，我正好受联合国邀请到纽约开会，一共四个人，包括我及另一个中国教授借此机会和美国的两位诺奖学者萨克斯和斯蒂文对话，我们讨论了中国的问题，以及应该怎么应对危机。结果，萨克斯从中国 50 年代的经济讲起，斯蒂文从土地革命讲起。这两位美国诺奖学者讲中国问题的起点比我们深远多了。

在华尔街的一个星期里，我们去看了倒闭的银行、金融公司，访亲问友，近距离了解美国人在金融危机打击下的应对方式。回来后我们持续关注，保持大量国际交流，预测经济危机发展走向，我们最终的分析成果可说是超越了一般。一般分析都从金融角度入手，涉及货币问题、资本市场问题、金融房地产问题等。当然也是正确的，但基本上属于微观层次。我们的分析是全面体系性的分析，认为这是类似于 1929—1933 年大危机的延续。“二战”爆后，内在矛盾并未解决，而是通过产业大转移被掩盖了。“二战”之后，一百多个发展中国家宣告独立，大家都参照宗主国的发展模式来考量本国，发展主义大行其道。同理，人们都以现代化为目标，不论何种主义，何种政党，何种政府，何种领袖，全都追求本质上无差别的现代化。于是，大多数发展主义体制国家纷纷跌落发展主义陷阱。没有一个国家实现了现代化。

大危机也促使西方发生重要的产业转移,经济基础导致上层变化。在产业资本在地化阶段,产业资本家追求对皇权的自由,因此早期资本主义扩张阶段是国家主义的,商船及战船,国王及海盗,国王以军队来配合商船进行国家扩张,这是典型的国家主义,使得财富集中在商人和贵族手中。商人和贵族权力过大抑制了自由主义在西方成为主导的力量,而在地化产业资本崛起的资本主义需求和国家主义的商人权贵,互相发生冲突。这时候,市民等级和劳动阶级,从属于在地化产业资本。相对于皇权、贵族和重商主义的国家主义而言,是斗争的过程。

自由主义的理念,以及自由主义所派生出来的旗帜、人权、公理、自由、平等,这些是大家共同使用的。工人阶级和在地化的产业资本阶级共同开展对皇权的斗争,因此在西方,统一战线、劳动神圣这些理念被广泛接受。那个年代又恰恰是以西方政治学为主的经济学发展时期。因此,劳工为了简单再生产的需求,提出八小时工作制基本权利要求。尽管基本诉求表现在资本和劳工之间的阶级对立,但因社会广泛接受劳动创造财富,而认可劳工的权益要求。于是,人们为了满足扩大生产的要求,又提出培训、假期等各项福利要求。这套福利要求也具有正义性,因为劳动创造财富。这时候,西方的左右翼划分是清楚的,为什么左翼运动风起云涌?因为权益是与资产阶级在王权斗争中一起获得的。

“二战”之后,产业大转移开始了。产业转移也转移了资本与劳资冲突。70%以上的人口都是中产阶级了,原来斗争年代形成自由主义的全部诉求,顺理成章变成了中产阶级的诉求,这恰恰是在后劳工运动阶段的福利要求之上的,所以福利主义就变成了主要的政治化要求。这种政治化要求会有利于国家提升竞争力吗?我认为恐怕不能,也带来了麻烦。

随着中产阶级福利要求的政治化,国家就要充分表达对占总人口70%的中产阶级的善良。此时财政已经转移出去了,福利化要求如何支撑呢?在此,我们把视线转向华尔街金融危机下的希腊,它是第一个爆发政府评级债券信用下降的国家。希腊的传统产业是造船业，以及和造船业相结合第三产业——航运业，以航运为中心的航运业就变成了全球航运结算。这是希腊在自由资本主义阶段形成的产业。造船业先转移至韩国，后又到中国，现在中国是世界第一大造船业国家。那么希腊的支柱产业只剩下旅游业了。

希腊在没有产业的情况下，出现中产阶级福利主义的要求，并且泛政治化，这就是西方自由主义的表达演化成一种泛政治化的原因。政治经济是有基本道理的，一旦上层建筑和意识形态形成，就很难改变，并且反过来制约经济的进步。我刚从西班牙开会回来，那边的人9点钟还不上班，中午11点半就没人了，下午得5点才上班。周末，餐馆也全关门了。这种国家怎么可能有竞争力？为什么说这是全面的体系危机，因为这就是内生性的中产阶级福利要求的泛政治化表达，演变成了上层建筑和意识形态，反作用于任何经济基础的进步。紧接着，上层建筑成本提高，同期发生老龄化，老龄化加速了一个社会的衰败，由此就进入了一个不可逆转的趋势之中。

当产业开始转移，西方国家全部制造业使用的劳动力只有9800万。所以奥巴马政府努力提高就业率，但是不可能完全重新回到制造业。为了面对发展中国家的竞争，就靠印票子，债务增加使政府信用扩张。于是西方主导国家变成两手扩张信用，而没有任何能力来调整经济基础。这难道不是体制性危机吗？当政府只能凭着两手扩张信用的时候，不是在制造通货膨胀吗？那通货膨胀为什么发生在发展中国家呢？因为我们是世界上最大的能源消费国、食品消费国和原材料消费国。西方国家制造了通货膨胀，创造出大规模货币信用都去了粮食期货、能源期货和原材料期货。我们制造出的信用被谁消纳了？都被我们制造的通货膨胀消纳了。

我们发现这个世界最重要的现象，恰恰是随着经济的恶化，西方国家出现大量政府债务而出现的。70%以上的政府债务是西方发达国家的，2008年危机爆发的时候，全球政府债务是36万亿，2009年接近40万亿，2010年，超过40万亿了，2011年将会达到50万亿。世界最大的债务国，当然是美国，占全球国家政府债务的一半以上。美国的经济泡沫化程度,所谓股指期货等,虚拟的交易总规模也占全球一半,因此它是主导国家,是金融资本主义阶段的主导国家,唯一主导国家可以两手创造信用。因为美国是一个虚拟化程度最高的经济体,它以金融为服务业,有关统计指标显示,美国金融服务业比例占 85%以上,制造业只剩 12%,农业只剩 2%。一般的小结构回调,我们叫作回调成本,是结构升级成本的增加;大结构回调,就是几何级数的增加,所以,美国经济的这种结构,是不太可能回调的。

我说的全面的体系危机,其表现形式是政府扩张信用,制造通货膨胀,对发展中国家全面转嫁,以使发达国家的核心国家走出危机,但非核心国家则走不出来。美国有一位理论家叫伊曼纽尔·沃伦斯坦,他认为这个世界分为中心、半边缘、边缘,世界的秩序从来都是为了维持这三者的。核心向半核心,再向边缘转嫁的体系,其实不是我的理论,早有人在六七十年代就提出来了,只不过我们中国现在的理论体系和宣传体系,只看某一个极化的理论体系,缺乏多样化的吸收,我们只看核心国家的体系。

总的来看,这个危机正在发生,并且深刻演化着,它不可依靠体系自身解决。对中国而言,它意味着什么?一个很重要的结论是,恰恰对中国又危险,又有机会。

第一,越多的西方货币进入中国,越增加我们的货币化趋势,而我们还有大量的实质形态资产还没有被货币化。在这个阶段,如果你不增发货币,被外国货币来货币化,就像苏联和之前东欧一样,自己本国没有货币化,一旦开放了,外国货币迅速涌入,把自己的自然资源也货币化了,外国占有了大量的货币化收益,国家就会衰败。而在中国,资本市场没有开放,货币体系没有开放,导致了中国货币化进程主要是货币化自己的资源性资产。中国恰恰是把"危"变成"机"。

这些年,中国大量投向的固定资产,已经形成了高达百万亿级的社会资产总规模,而我们的海外资产全部加起来还不到 90 万亿,因此现在中国的货币体系,仍然是在资本主义条件下,在金融资本阶段,最健康的货币。

第二，从我们这次危机应对来看，我们恰恰走的是先手。1980年，国务院发展研究中心的老一辈经济学家马洪就已经提出了中国进入产业过剩。2009年林毅夫指出，我们不是一般的产业国，而是双重过剩条件下的恶性循环。在1998、1999年的政策讨论上，我们已经认识到，中国金融产业过剩了。1999年，我们开始调整战略，提出西部大开发。2003年，又提出中部崛起。在1999年到2003年之间，提出东北老工业振兴。其用意在于，既然过剩，不如用于西部大开发的建设，用于老工业基地建设，更新换代，国家总体能力上去以后，抓紧调整能力。

2002年，提出三农新政，开始加强对农村的投资。到2010年，8年间我们已经做到了98%的通电率、99%的通车率、90%的通水率。这都是大笔投资换来的。2005年“十一五”以来，我们已经陆续向农村投入了30万亿，这是前所未有的。在2008年经济危机的时候，直接带来了每一万亿的基本建设投资，带动了1000万以上的就业，连续投三万亿，就带动了差不多6000万人的就业。当然，这也带来了用工荒。只要政府不断往乡村投资，帮农民把断头路修通，把水电接上，那在当地就可以就业了。

我现在提醒各位，有一些激进的言论表示，我们要在多少年内，把农民、农村消灭，彻底城市化，我认为这是不可取的。我们只有全球7%的耕地，6.4%的水，却要养活20%的人口。按照世界平均水平，7%的耕地只能养活现在人口的1/3，要把种地的人都变成城里人，那我们吃什么呢？

现在，我们的问题是严重不安全，资源供给、粮食供给、能源供给都太不安全了，因为大部分资源都来自于世界不稳定地区，那些地方一出事，我们就麻烦了。美国在世界上有80多个军事基地，基本维护了世界的基本安全。我们现在的经济命脉，已经深度构成了外向型依赖。有色矿产品进口高达80%以上，在农业产品品类中，大豆需要进口80%，棉花一度超过50%，铁矿石、石油都超过50%。随着中国百万级的汽车增加，每年平均的石油进口还要增加3%，总体已是50%以上了。我们现在已经消耗了世界上新增增量的50%以上的能源。

城市是个资产池，农村是个劳动力池，这两个池子都得维护。如果我们现在不加强农村建设，甚至破坏农村，只有资产池而没有劳动力池的结果是灾难性的。所以我们强调，2002年、2003年以来的三农新政，强调三农问题是重中之重，到2005年强调新农村建设，加大对三农的投资，才有中国应对金融危机的基础性调节，否则危机爆发了，临时拿4万亿是根本解决不了问题。因为前期的投资，农村建设基本到位了，当危机爆发的时候，我们把出口滞留的商品，比如说彩电、洗衣机、汽车，推行下乡。现在连建材也要下乡。外汇把出口退税的3%转给了农民，总共让利13%，这部分与其让给老外，不如让给农民。前五年，给农民送了电，通了路、水，洗衣机、彩电、冰箱才用得上，汽车才能跑起来。中国的经济为什么"V"形反弹，是因为这个政策奏效了，农民变成内需的主体。现在农民比城里人消费高了十几个百分点。怎么振兴国内市场？"十一五"怎么上来的？靠"看得见的手"，它在调节的。我不反对"看不见的手"，它在一般微观下有用，但宏观条件下用处不大，战略条件下更没有用处。

所谓"改革"，就是放权让利，放的是政府的"权"，让的是财政的"利"。每一次改革，意味着财政下一个台阶。20世纪80年代的改革，财政从一个大台阶上掉下来，掉了25%以上。80年代末到90年代初的危机，财政占比10%左右。最危险的时候，财政占GDP的比重只有11.3%。正常情况下，一般国家的平均财政占比GDP 33%左右，欧洲国家50%以上，北欧福利国家普遍在60%左右。你想高福利吗？对不起，没有财政支持是不可能的。你想搞基本建设，没有财政也是不可能的。90年代的改革，为什么逼着4000万国企职工下岗，就是因为没有财政。1993年，我们激进的改革导致了三大赤字同步爆发。哪三大赤字？财政严重赤字，吃光了银行全部资本金，银行变成了资产为"负"的银行。这时候，银行的贷款变成了贷大于存，又导致了金融严重赤字。第三大赤字是外汇赤字，政府要求的外债还本付息是20多亿美元，我们当年年末的时候，只有80亿美元的外汇存底，不足以支付。在这种情况下，发生了大变革。第一大变革，是人民币一次性名义利率贬值57%。第二大变革是分税制，地方财政少了23%，我们加强了中央的调控能力。第三就是下岗分流，减员增效，甩掉了国企的包袱，造成了4000万人的失业规模，这在历史上是最大的一次，前所未有的。

依我说，真正的黄金十年，是在80年代，变革带来的新的内需，变成以外向型经济为主的结构，这就导致了1997、1998年东南亚经济，也就是输入性危机对我们的经济打击很大。2008年、2009年，仍然是输入性危机。因此，我们不得不依靠看得见的手加强内部宏观调控，推进西部大开发、东北老工业基地振兴、中部崛起、三农建设；构建完善的应对危机的平台，加强基础建设，加强经济建设。

我讲完了，谢谢大家。

**李津逵** 下面我们有请岭南大学经济学副教授刘建芝博士给大家做一个简短的点评。

**刘建芝** 每次听温老师讲课，我都有很多新发现，温老师从客观事实里面，得出很多非常新颖的想法。刚才温老师谈的是百年中国的反思，就像我们如果看整个资本主义的发展，一定要回到500年前，欧洲人在拉丁美洲屠杀原住民，挖掘黄金白银和各种矿产，从非洲运来劳动奴隶。如果我们不看全球的资金、白银的流动，就不可能了解资本主义。中国现代化发展的积累很多来自农村，如果我们不看历史，就想象不到。在这里，我特别想推荐一本书《拉丁美洲：被切开的血管》。

我们批判现代化，我们看全球经济危机，可以简单归结为几个危机。第一，社会危机。这自古就有，贫富差距不断发生、扩大，过去20年里，平均每天都有3万多的儿童死亡，直到现在危机仍然很严重。第二，金融危机。温老师也提到了，2009年的危机，它过去了吗？不见得。第三，能源危机。我们追求现代化，现代化的表征就是工业化、城市化，我们加大了多少能源需求？伊拉克战争到利比亚战争，不都是为了石油吗？石油危机出现了该怎么办？第四，生态危机。生态危机几乎不可逆转，联合国 IDCC 发表了几次报告，再过 30 年，整个地球将是不可居住的。第五，文化的危机。我们的视角很功利，眼光很短浅，为什么我们醉生梦死，只看到自己，连子女都看不到？因为我们的文化存在相当大的危机。温老师讲课时会涉及大量数字和事实，这不但是理性的，更是心中有人民的表现。现代化的优越发展、进步，是遗弃了大多数人的，这是不对的。

我们有没有希望可持续发展？第一，要直面现在已经出现的问题，以此作为思考的根源。第二，要有改变的勇气和意志。我们已经看到了很多有力的行动。泰国发生金融危机之后，有一位农民把一半的田地卖了，种植另一半土地自给自足，不再想什么经济作物。哈佛大学开设了训练课程，教育大学生毕业之后回到乡村，进行乡村建设，这样的例子很多。我们现在最需要的不仅是全球化，也要本地化；不仅是城市化，也是非城市化。每个人都可以做些什么，每个人都要行动起来。

# 一个前联合国官员眼中的中国城市规划

# 第108期银湖沙龙

**时　　间：** 2013年12月8日

**主讲嘉宾：** 游建华(Nicholas You)　联合国人居署世界城市行动指导委员会主席

**主 持 人：** 吴文媛　深圳市雅克兰德设计有限公司

**吴文媛**　今天，银湖沙龙的嘉宾是一位传奇般的人物——游建华(Nicholas You)，他是联合国人居署世界城市行动指导委员会主席。

我们从他那儿知道许多有趣的事情。当年，中国派出了一批学生，去法国留学，据我们的了解，他们一开始就是勤工俭学出去的，但实际上，他们是带着政府给的资助出去的，最初的时候，每个人都有一个佣人，可以说是一种非常优越的学习条件了。但是后来，组织留学的某一官员卷走了这笔资助，他们才开始勤工俭学。

所以，我刚才和Nicholas要求，先讲他的人生经历，让我们开阔视野。第二部分再讲他对中国规划的看法，包括对环境的看法，对中国城乡建设的看法。下面把时间交给Nicholas，让我们来听一下他的分享。

**游建华**　谢谢主持人。大家好，我今天要用英文讲，所以需要有一位朋友帮我翻译。

首先，我是一个华侨，在中国以外的地方生活。我的父母在中国以外的地方见面，在中国之外的领土降生，但是我父母双方都希望我和祖国保持一个比较紧密的联系，我们曾经每隔两年就回中国一次。第一次回国是1955年，接下来就是两年一次。即使在"文革"期间，也没有中断过。

我可能是少数几个主动要求去体验青年"下乡"的笨蛋之一，但是，在"下乡"的过程中，我学习到了很多知识。其中，学到最有用的，并且日后被我运用到发展中国家建设上的知识，就是：如果你不是农民出身，没有花一生的时间作为一个穷人，你就在贫苦地区活不下去，只有土生土长的农民、穷人，才可能在边远的地区存活。

从专业来讲，我在瑞士学的是建筑学，当时，瑞士的经济已呈上涨的趋势，同时也是国际向往的理想投资地。比如，在1970年左右，如果你在瑞士银行存钱，不光银行不给你利息，你还要给银行利息。即使如此，所有人还是往瑞士银行存钱，因为那是一个与美元脱离，与黄金挂钩的年代，世界上有那么多的不确定性，只有瑞士银行是最稳定的。但瑞士是一个非常小的国家，这么多的钱不知道怎么花，所以就开始向房地产投资。在大学第三年，我的学业还没有完成，大型的建筑以及设计师事务所已经开始到大学里抢占生源，等到毕业的时候，我已经成功地设计修建了两个学校，一个医院，还有九个工业楼。很快，我们有三个合伙人一起成立了一个公司，公司的运作非常成功！

接下来，原油危机到来了。曾经，我们以3%的利率向银行借款，原油危机来了后，借款利率变成了21%，我们有四个合同，每一个合同超过1000万美金，是瑞士当时非常大的公司了。当时我们有两个客户没有给钱，所以我们就破产了。银行为了收回他们的成本，将我们主合伙人告上了法庭，基本上把我们卖给了原油市场。

那时候，我30岁，后来被要求帮助沙特阿拉伯发展建筑业。我按照给予的命令去完成任务，因为我欠了银行几百万美金。这些原油生产国的决策者，有时候是总统，有时候是将军、司令，他们都告诉我要建什么样的城市，像斯瑞肯这样的。

等到我把银行的账都还完了，就辞去了原来的工作，回到学校，开始写自己的经历。简单说，主要思想是关于"规划的弊大于利"。这时候，联合国有人读到一些我的作品，联合国人居署向我发出邀请，于是，我就成了首位不经政府主导加入联合国的中国人。

在接下来的三四十年，我都致力于可持续城市发展的研究，并得到一个结论，我们的思想进步的速度实在是太过缓慢。很多时候，我们使用的各种理念都有着将近2000年的历史，不知道为何，我们总是寻求古老的成功方式，哪怕这些规划理念已经被证明是错误的。

基于我们现在所处的社会地位，所面临的挑战，比如说全球气候变暖，我觉得，我们应该重新思考所有的事情，是的，所有的事情！

首先，应该改变的是规划行为。

我先给大家讲一个故事，这个故事听起来可能有点奇怪，但是会给大家明确呈现我们要面对的问题。在我被银行卖到原油生产国的这段时间里，被要求在尼日利亚建一个金城，大家可能记得，那个时候尼日利亚正在内战。内战结束以后，有一个部落被分到了两个省里，由于这是一个联邦政府的系统，每一个省都需要有自己的省会，所以我被调去设计欧瓦力叶（音）城。那是一个非常传统的设计规划方式，我们有一个主要的街道，两头是政府的办公大楼，一边是大学，另外一边是一个巨大的广场。当他们开始建筑骨架的时候，我要去联邦政府，就到首都去了一个星期，等我回来的时候，发现他们把坡打平了，把1900立方米的土方堆到了不同的地方，道路完全是一个不平衡的铺垫方式。那时候我只有27岁，已经不知所措了。我想到了两个办法，第一个办法是把整个城移动30米，第二个办法是把路反过来建。前者并不是一个特别明智的决定，所以我决定把路反过来建，本来路的两边各有排水渠，现在只有一个中央排水渠。因为土方移动的方式，马路牙子非常高。

后来，我就被调走了，等我12年后再一次回到这个城市，第一件事情是先看看这条路的情况。我问当地的居民:“这个路还行吗?”他说:“这是我们尼日利亚最好的路。”我说:“为什么?”他说:“下大雨的时候,其他路的两边全淹了,而这条路的中间有个这么深的排水区,路就成了一条小河,但是路两边不淹。由于马路牙子非常高,两边没有非法停车,我们从大巴上面下来的时候,基本上不用下台阶。”

听了以后,我就想,为什么我们现在建路还要像2000年前的罗马帝国的一样?因为他们是第一个建应急道路的民族,所以我要重新去学习历史。在罗马时代,城邦城市的道路建设是军事性的,城邦之间不互相交易,大部分是自给自足的,整个道路的意义就是让军队以最快的速度从一个城邦到另外一个城邦,所以道路是用来保护它本身的,在道路的两边就是空地。

可是,我们今天的城市道路两边是什么?是数以亿计的房地产、地铁、煤气、电力管网、通热设备,这就是每一次下雨承受OBT的负荷。去年我在北京、成都的时候,下雨都发大水,整个城市都被淹了,就是因为我们的道路建设方式是参照罗马的。我相信,我在尼日利亚犯的那个“错误”,反而是在全球变暖的前提下,道路修建的法则——把道路变成可以割舍的部分,而不是把城市其他基础建设和房地产变成可以舍弃的部分。

但是,2000年前的规划并不是那么差。最近,我在美国的大学里和年轻的学生举例,假如有一块地,处在北半球的气候环境下,有北方刮来的风,希望得到南方的太阳,还有一条巨大的河流,一个小湖。我们试着用今天所有的城市规划法则设计,比如集中型的城市,完整的社区,一个干净的城市,一个健康的城市,一个安全的城市,在城市中央是政府建筑或者是一个CBD,在东北方向或者是西南方向有一个集市……各种规划都可以。然后,这45个年轻学生开始画图,其中有39个学生,他们的画出来的就像一个非常知名的历史城市,请大家猜一猜,是哪一个历史城市?对,北京,画出来的图都像北京,胡同,小街,中街,大街,非常符合设计逻辑的城市,每一个街区都是自己的屋,从各个邻里街区可以非常安全地走到另外一个街区,从任何的邻里街区也可以非常方便地进入城市的中间,所以,北京其实是今天城市规划者的一个梦想。

今天,我们基本上把好的东西全给丢弃了。今天的中国没有一个步行城市,因为我们在设计中把胡同给摒弃了。从地图上来讲,我觉得我们有一个非常严峻的问题,世界其他各国都在影响中国,所有西方的城市都在扩建。西方城市"摊大饼"的原因主要是他们有一个不受拘束的城市政府,巴黎不是一个城市,而是22个小城市,每一个都有自己的市场,每个城市都想有自己的Shopping mall,都想有自己的主题公园。美国也是一样。由于这些城市之间的竞争,大城市区、大都会区就不断"摊大饼",所以,在世界其他地区,我们正在规划阻止这种"摊大饼"的城市扩张现象。

现在,鼓励城市"摊大饼",成了中国城市的现象,广州在2014到2015年间,人口翻倍,并且城市面积扩张了8倍。

那么我们到底做错了什么?我有一个非常简单的理论,我们在干什么?我们在毁灭这个地球。纽约曾经被称为世界上最适宜步行的城市,而且我始终相信很多事情可以通过步行实现。纽约的城市是网格结构,而且它的网格到处都一样,从北到南,按照平均理论来设计的,邻里街区中间没有物理上的差距。纽约的设计理念没错,每一个孩子都可以步行上学,每一个家庭每日可以步行去消费,去购买所需的商品。你们有多少人去过纽约?如果你仔细想一想,你心中的纽约城,每两个街区就有一个小蔬菜店,每四个街区就有一个药店,每一个街区都有一个干洗店。纽约每个家庭都有两辆车,78%的纽约人从星期一到星期五不用车,所以,我不断告诉中国人,汽车并不是污染源,是人在污染。

我们最近发现,城市的密度绝对是人能否步行的主要原因。纽约的平均街区尺度是80×270米,GPR或者是办公楼的容积率是8∶1,在曼哈顿这个比率是14∶1;在北京,平均街区的尺度是400×400米,楼面面积比总面积是2∶7。在纽约,每两个汽车站之间的距离是200米,两个地铁站之间的距离是1.6公里;在北京,600米一个站,两个地铁站之间的距离超过3.2公里。

在此之上,我们还做了其他的研究。比如我们发现,在中国的学校周围,完全是6车道的公路，这给家长一个什么信号呢？你只能开车送学生，完全不告诉家长其实学生是可以自己走路上学的。所以，设计直接影响到人们的行为，我们做的事情其实是自己搬起石头打自己的脚，我们现在要减少汽车的使用，但是设计上却做相反的引导。这是一个很大的问题。

在中国城市的设计中，还是有不少错误，400×400米的超级型社区带来的另外一个问题是汽车需要行驶的距离增加，必须要在街区半圆转一圈，而在纽约，直接开过去就行了。在北京的一个十字路口等红灯，要等11分钟，11分钟！为什么呢？我学规划设计时，我的机动车规划师就和我说，永远不要让同样宽度的道路在十字路口交叉，所以要让四车道交两车道，或者是四车道交六车道，而且在任何情况下，都不能建六车道以上的道路。在北京的十字路口，有照片显示，是12车道交12车道，如果你想从东角到北角，需要15分钟，因为你要拐3个十字路口。我已经是一个老人了，10年以后真的不想去北京了，因为我不敢过马路。在人口老龄化加速的中国，本来应该尊重老年人，但现实是在扇老人的耳光；本来以为孩子是明天的希望，却没考虑到孩子。这就是我国建筑规划给我的印象。

最后，我以一个轻快的玩笑结束这个演讲，和大家说一下公共设施吧。我们规划公共设施的方式也是沿用几百年前的理论，简单说，是拿破仑的理论。拿破仑是一个很棒的将军，沿袭了中国的理论，在世界上建立了最有影响力的工程学院，同时也建立了现代法律，他告诉我们，道路是公共空间，道路两边是私人空间。自从拿破仑提出这个理论以后，我们把所有的公共设施全部埋在道路底下。首先，埋在道路底下的是我们的下水系统，因为我们不喜欢在冬天处理数以吨计的冰冻了的下水，所以，我们至少要把它埋于地下1.5到2米的深度，至今我们依然这样做。道路底下还埋着煤气管道，因为这是第一个解决公共照明的方式，所以就把煤气管道铺设在下水管道的旁边。接下来的是自来水管、电网，今天我们还有了光纤、无线电视网，还有互联网。现在你就知道，为什么有时候你的自来水闻起来有点奇怪，为什么看电视的时候经常会断台，为什么互联网会有病毒，因为，我们把所有的这些全都与下水管道放在一块儿，基本上，你的自来水、炉灶、电视、电脑全都和厕所连在一块儿，这就是大家的现代城市。

好，谢谢大家。

**吴文媛** 其实我不知道会结束得这么快。今天听游先生讲完，我有一个感受，就是得到一个机会去面对世界城市规划理论，怎么去思考城市规划。感谢游先生给我们这样一个机会，让我们重新学习。我们这个沙龙第二个环节是大家自由讨论，大家可以与游先生共同探讨。

**李津逵** 其实在工业革命以后，人类的城市是全球化或者说海洋文明的一个空间体系，比如说中国的沿海城市、英国人、法国人、意大利人、德国人、日本人他们所建的沿海城市应该说都是一种从古希腊城邦规划以来的米粒都。

但是，中国自己的城市呢，比如北京等，是中华民族的一种文明，这个文明说是大一统的也好，是农耕的也好，在整个全球化的过程中，至今我自己感觉，中国的文明被我们自己弱化了，我们还都是今天学西方，明天学苏联。

您觉得中国的城市、乡村的空间形态中，有哪些是对人类未来有价值的？

**游建华** 当我在学建筑规划的时候，我们当然也学习了古希腊文明，罗马的文明，同样也有中华文明。现在，我们所面临的一个挑战，是怎么样建立属于中国自己的建筑词汇，这一定要深化，从我们自己的历史中深化。中国的文字非常独到，其他各国的文字都是象声的，我们的文字始终是图像型的，每一个文字符号都携带着它自己的意义。城市之所以是城市，就是因为它的城防。当然不是说现在应该建一个中世纪的城墙，但是，我觉得中国的城市面临的其中一个问题，就是我们的城市边界性。城市从何处开始，到何处结束，没有任何的概念，我们就等于失去了城市的意义。所以，我觉得城市规划的词汇应该与我们的文字挂钩，如果我们的城市和我们的文字不相像，那么我们就失去了城市在中国人字典里的意义。

我非常喜欢蛇口，觉得蛇口又干净又安全，而且又漂亮，但是蛇口没有任何中国元素，你把中国的招牌从那里去掉，把这张图片放在世界上任何一个国家都可以，尤其是在城市的最中间的标志性建筑，那其实是一个法国的船，我并不反对法国的船，但是法国的船不能作为咱们中国城市的地标性建筑。我知道这是一个哲学的问题，但是我觉得这是一个非常重要的问题，我在这里重申一下，特别是其他各国的建筑系的学生，他们第一年都要学古中国。我只是在想，咱们中国规划系的学生第一年学的是什么？

**嘉　宾**　今天提到北京和纽约的区别，其实，我们已经意识到一个问题，就是我们讲道路的面密度、线密度是不小的，因为我们有 8 车道，10 车道，但是我们道路的长度是不够的，这已经在我们规划里面引起了重视，所以我们在前海规划里已经实行了小型地块的划分，但是力度还不够。

我想问的是，我们深圳、北京、上海，包括广州等一线城市，人口的密度将会越来越大。在这种情况下，我们目前的路网情况，如何改变？在现有的情况下，如何实现城市的街区生活？如何在这样的密度里装更多的人？

**游建华**　我觉得处理这个事情有两种方式，今天的纽约已经出现这种方式了。首先，在欧洲，很多的街区已经高过人口密度了，我最近去了很多中国的新社区，在新的社区里面，房屋是一件很重要的事情，可以说是双倍甚至是三倍的情况。另外一种方式是把刚才所说的超大型街区生态化，一定要把它开放化，当然不是向机动车交通开放化，而是向行人开放化，或者是无污染、低污染的公共交通，这是很简单的。真正的问题是法律问题，在我开头的时候讲过，我们一定要重新思考所有的事情。比如今天的城市流程，是政府把地卖给开发商，开发商建一个小区,再把这个小区里面的楼卖给普通消费者,这一种模型需要改变,这个商业模式并不是一个可持续的商业模式。我觉得,现在所倡导的即将到来的改革,比如说在不动产方面的税收,可以缓解或者改变一部分不合理的商业模式。

刚才在演讲的时候说到,纽约人不用他们的汽车,为什么?一部分原因是这是一个可以步行的城市,更大的原因是排污。如果我们想要在中国发展的过程中,让市场做一个更大的布局,一定要在城市的规划过程中,更多引入市场机制。纽约是一个小岛,土地是有限的,纽约会向你的不动产收税,根据建设密度来征税。比如说,你有一块土地,城市允许你建10万平方米的建筑,不管你是不是建到了10万平方米的楼面面积,你都要交10万平方米的税,所以,没有人用城市的地来停车,你也可以停车,但是停车的话土地税你得交。这就是让市场来操作城市建筑的趋向的一种思路。

如果想让我们的城市可持续发展,就一定要100%的收税,而不是一半一半,如果中国要按照土地真正的价值来收税,15年内,容纳现在3倍的城市密度是完全没有问题的。

**嘉　宾**　我是建筑师,搞房地产的,听了游先生的课,很有同感。因为我是1978年学建筑的,其中有一年是学规划,当时的课程讲了各种城市病,现在我也亲眼看到中国城市也是沿着西方走过的路在演变。

今天中国城市都出现了大家非常不满意的地方,可是国际上好像也找不出很好的例子,能够解决这些问题,除非是规模很小,有特殊的情况的,像威尼斯、欧洲的一些地方。那是不是说文明发展到了今天,出现了很难解决的问题?在原有的文明基础上,没办法自发生长一种更有活力的东西?

我是想听听游先生对未来,从城市发展规划到文明,有什么更好的见解?因为,人口增长是避免不了的,既不得不这样做,同时又会产生更多、更大、更复杂、更难解决的问题。

**游建华** 我觉得有些事情可以借鉴其他国家的经验。我相信,在中国发展和前进的道路上,其他国家的发展经验会越来越有用。现在,我们刚刚完成了20年疯狂的经济增长,人类历史上从来没有这么疯狂过,我记得自己还是欧洲一个普通建筑师的时候,一个高层的写字楼需要三年才能建设完成,而现在一年建了四个这样的写字楼。我相信,我们的经济会发展得更加成熟,这种成熟不光表现在城市建设上,将会表现在我们如何使用水、电等等各方面。我相信,在未来的5~7年,我们会经历下一个阶段,而为了准备那个时期的到来,我们应该做两件事情,这两件事情是从城市设计和城市化的角度来讲的。首先,应该在教育上,改变现在大学里教授城市规划和建筑学的方式。另外,如果我们对市场机制是认真的,那么我们应该在大学里引入市场竞争机制,引入设计的机制,规划的机制,真正刺激建筑创造性思维的发展。

今天,我们在中国的很多城市看到的规划,其实就是抄袭。我最近去了广州的大学城,到了那儿以后,感觉我好像在哪里见过这个城市。那并不是一个大学城,就是把某个城市复印了下来,直接套在这片土地上。这就是疯狂的发展所带来的一些负面的问题。

对于中国的经济病,我们相信,不会再重新回归到双位数的增长上来,随着增长速度放缓,我希望,我们可以在设计规划方面更加精细,同时我也相信,还有一个更加基本的改革,我们是这么大的一个国家,有这么多不同的地方,无论是气候上、文化上、人种上,但是我们的规划图标是统一的,我觉得,这些都是要从根本上改变的。

**嘉　宾** 大家好,我在社会公益机构工作。刚才您在演讲当中指出了中国城市规划和发展的严重问题,导致这种问题出现显然不是某一个规划师或规划公司,也不是某一个城市领导。如果往下深究,一定有深层次的东西,比如,民族文化、价值观等,在您看来,这种问题的本质是什么?

**游建华** 我觉得一个核心的问题，是我们在决策对于某个人群的生活方式的问题时，却并不参考这个人群的意见。这会上升到参与性民主的问题上。参与性民主是说公众参与来选择一个共同的决策。几年以前，我在中国一个城市，他们要建设一个为母婴打造的公园，我到了公园里面去问公园的使用者，我说你们觉得这个公园怎么样？为什么不带着宝宝来？她们说这个公园是世界上最让人紧张的，一分一秒钟都不能让孩子自己单独玩耍，四周全是道路，中间有一个很深的湖。所以我们重新设计了这个公园，我们问母亲们，你们想要什么？她们就会说出自己的想法。这确实是一件很重要的事情，而且切实可行，可以做到的。所以，我觉得所有的新设计师，当他们学习设计的时候，应该要明了，他们是为"人"服务的。

另外一个例子是如何规划一个街道。我们常规的做法是让树在中间，这么做的话，这些绿化带有什么功能？你无法使用它，而且非常难以打理。我们唯一需要做的，就是把绿化带放到边上。大家不是要地产升值吗？当这个绿化带往外移了以后，两边的地产马上就升值了，突然出现了一个迷你的环境，微环境，我们可以在这个地方开展很高端的商务活动，可以有街边的咖啡馆。这么一个简单的行为就已经把道路的功能性和属性完全分开了，道路两边的功能就划分好了，同时也并没有伤害经济增长，没有改变容积率，也没有改变规划环境，但是我用一个设计就把城市改变了，改变了人们的行为方式。

所以，在建设一个新城的时候，我们把艺术家带来，然后问这个地方的居民，你想要什么样的城市，想要什么样的建筑，什么样的街区，我们的艺术师就会根据人们给他的信号，画出图纸来，然后人们马上就可以看到他刚才说的事情到底是怎么样的。所以，当人们告诉我说，没有办法改变，法规就是这样的，容积率就是这样的，数据就是这样的。我就告诉他，我们还是可以改变的，不用变化，不用变容积率，依然可以改变你的城市。城市的道路的宽度还是一样，还是一样的车道，甚至在这个街道上通过的车流量还是一样，但是这个街道两边的街区已经完全变化了，而且，我会改变街道两边的市场风貌。这就是我们说的用设计来指导价值。

更重要的，我们应该记住，我们设计师画的每一条线，都应该很清楚这条线可能会是以后的一条障碍，可能是一个社会障碍，一个环境障碍，一个物理障碍。而这些障碍慢慢变成了社会的一个分区，与社会脱节，影响了市场运转。所以，现在很多欧洲城市都致力于取消这样的障碍，这样的障碍包括，比如湖边的道路，城市中心的铁路等。这些行为不花政府的钱，只是简单把障碍去掉，使得土地的性质完全改变，地产增值，地方政府增加税收。

**嘉　宾**　我是研究院的研究员。中国还有很多乡村，就您的角度来讲，城市扩张的时候，我们该如何看待乡村的位置？是保护发展？还是规划？作为城市的管理者，您怎么看待乡村？

**游建华**　我觉得保护是不一定要用钱的，如果我们把乡村破坏掉的话，就把中国破坏掉了。从我现在看到的情况来讲，这方面是很让人痛心疾首的，我们让土地的耕种者进入新城，我不觉得这会让农民多高兴。我希望新的土地法会对这方面有一些帮助。

**嘉　宾**　关系到乡村的问题，我现在给大家分享一下，希望把我的案例能够传播到其他地方。

中国人很勤劳，其实是有苦劳而无功劳的。我们爷爷辈盖的是泥瓦房，到了我们这一代，又回农村去盖了楼房，是钢筋水泥房，到了现在的年轻人，他们打工回去，又开始盖楼房，都是这么忙。而盖房的时候，有一个特点，就是儿子把爷爷的房子拆掉，孙子把父亲辈的房子拆掉。但是在欧洲，爷爷是建房子，儿子是装饰房子，或者是在维修房子，到他的孙子辈，现在即使是互联网时代，我们到英国去看、欧洲去看，虽然房子的外观很旧，但是里面很现代，网络设施等等都是与时俱进的。我们是在破坏中建设，永远停不下来。

我在长沙县做了一件事情，就是根据湖南省提供的材料的特点，去设计不同的方案来建筑民房。比如，有钱人是大户的，可能是占地200平方米，有前庭后院，有厕所，有农家的厨房，包括鸡房、养猪房。没有那么多钱的农户，可以设置100平方米。这些房子，将来可以扩建，有钱的可以加盖，但是房屋的间距也好，采光也好，是以人为本的。现在，长沙县的村民做房子，就是在网上下载一套适合自己的户型，照图施工。这样基本的格局，我估计将来可以辐射三代人。

我是干了这个事儿，也希望在座的多去干这个事儿。如果说我们国家，贵州、云南、四川、安徽、江西，每个省都能够做这件事儿，在网站上公布当地农村的各种实际情况。比如，贵州山石很多，可以做一些砖石的房子；湖南泥土多，可以做红砖房；包括四川有一些地方用竹子建房等等。我觉得这个是统一规划，而不是杂乱无序的。

**嘉　宾**　我有一个问题，你们院里还有会做竹子结构的设计师吗？在我的概念里，这些年，设计师只会做一种设计了。我们的教育培养的专业人才是什么？现在传统的木结构没人做，甚至在福建那种木头和石头结合的结构都没有了，我们现在所有的设计都是钢筋混凝土的建筑，设计师签字只敢签50年。我们看到的那些石头做的建筑，实际上已经存在300年了。政府公布这个也有风险的，所以现在的机制是阻碍了民间的自我创新。

**嘉　宾**　我觉得这个模式可以探讨。

**李津逵**　我泼一点冷水。在一个乡村，里面没有任何一个房子是一样的，每一个家庭的审美和每一个家庭的创造体现在自己独特的、与众不同的房子上，你的情怀我很钦佩，但是，是不是要对乡村的建筑进行这样的编码和格式化，大家还可以再讨论。

**李钰炜** 我补充一下。我相信，我家的房子应该是咱们在座所有人当中建得最久的，建于 1880 年，在英国，外表看起来，还是英国维多利亚时期的。住进去之后，我们发现，有很多是现在的建材没有办法达到的。比如说它的砖缝当中的水泥是石膏水泥，是柔质的，土壤在沉淀的过程中，这个房子可以自动调节它的砖缝。再比如说屋顶，两边有透风口，然后我在地基里面有一个透风砖，外面的空气冷，从下面进来，里面的空气热，被抽进来，加热以后，空气就往上走，从上面的透风口走，所以所有的木头永远是干的。所以说，有很多老的建筑理念，建筑的标准，建筑的方式，设计的方式，我都可以找到。但是，在中国，这些老的东西，肯定已经找不到了，而且没人用了。

**嘉　宾** 刚才那位先生讲的城市规划问题，包括生活的细节，我相信每个人都会有很强的感受。实际上，我提到的就是现代文明的冲击，不光是中国的问题，其他的文明也碰到了一些冲击，可能只是程度没有那么强，现在的工业文明，可能接近尾声了。

**游建华** 我觉得你非常正确，这是一个全球普遍性的问题，但是我觉得还是有很大的希望。昨天，我参加了一个由中国贸易部组织的座谈会，他们给年轻的建筑设计师以奖励，包括了用日光和风能改进建筑能耗率方面的奖励。最后，我跟一些年轻人一块儿讨论，他们都非常清楚地意识到今天所讲到的一些问题，我觉得他们当中很多人的作品非常有创造性。

随着这种创造性和设计灵感的普及，我的经验告诉我，这个东西与教育的关系远远没有学术环境、学术氛围的关系重要。我觉得我们的系统是一个反对风险的系统,如果要想鼓励创造,就要给风险一定的空间。英语中有一个很知名的说法:失败是成功之母。但是在中国:只许成功,不许失败。所以我们如果要在中国讲这些现实问题的话,一定要有一个承担风险的环境。

回到今天讲的主题,这样的环境一定是一个可以使得我们的年轻设计师、年轻建筑师自由发挥、自由创造的环境。我在欧洲做建筑师的时候,当地政府有一个常用的手段,就是对每一个公共设施进行公开的设计招标,在瑞士,如果你是年轻设计师,如果你中了标,但是却没有资格来签名,而会有一个行业协会来代替你签这个名。所以我觉得我们作为中国的专业人士在这方面应该开展讨论,由行业协会或者是建筑设计师行来推动。

中国未来的经济发展将会建立在绿色经济上,并且是文化经济。我们今天的发展模式,最多只有 5~10 年的生命了,这句话大家可以问一问房地产开发商们,他们早就知道了。最大的公司已经都在非洲,因为我们的发展模式在非洲可能还有 20 年的生命。

**吴文媛** 游先生能来到中国,与推动地产绿色发展和可持续发展的胡建新先生是分不开的,我要给他一点专门的发言时间。

**胡建新** 刚才的对话,触动我想讲两句。我很感动的是银湖沙龙这个民间的组织,很荣幸每一期都能收到通知。

我的第一个提议是大家热烈鼓掌一下,感谢银湖沙龙的坚持。我真的很感动,大家没有任何的利益诉求,能够坚持利用休息时间来参加这个沙龙。而且这个“草台班子”能够坚持下来,不断有很精彩的讲者和大家互动,这一点真的值得大家一起鼓掌。

第二个提议,我想提议明年的活动,能不能一期在这边开展,一期在蛇口开展。邀请大家去互动,可以在不同的地方做一些沙龙。因为蛇口的外国人多,有利于中西文化碰撞。谢谢。

**吴文媛** 我给您一个建议,您在蛇口也搭个班子,这样我们可以叫作"蛇口沙龙",联合举办。最后,我想请李老师给我们做一下总结。

**李津逵** 我用三句话来概括我对游先生演讲最深刻的体会,跟大家分享。第一,设计创造价值,设计改变人们的生活,设计的每一笔每一画都如此之重要。第二,公众参与,是让设计师能够为这个城市做好事的重要方式。第三,游先生告诉我们一种可能,就是中国当下的城市,通过设计师和公众的共同参与,完全可能不断地改进,变成以人为本的城市。是这样吗?

**吴文媛** 其实对我个人来说,我是非常欣赏胡总提的问题,就是只有站在对人类文明的整体思考的角度,我们才会像游先生说的,全面思考我们的城市、我们的政策、我们的经济和我们的社会到底出了什么问题。

可能中国人的习惯是在等待某一天,某一个革命,拉开一个变革的序幕。游先生的态度让我已经看到了,历史从来不是从某一天开始的,一定是在过去的某一天就已经开始了。所以他才谈到了联合国一直在做的资源节约、可持续发展等等方面的努力。

最后,我在这儿给大家推荐一本书,叫作《2052》,这本书的核心,就我自己总结,就是工业革命的文明让世界维持了60年的繁荣和发展,已经走到尽头了,我们未来可能会面临一场新的革命,这场革命就叫作可持续革命。我希望有机会大家都看看这本书,我们有机会也来分享这本书。

谢谢大家。

# 开洋裕国

## ——海洋文明与深圳未来

# 第 132 期银湖沙龙

**时　　间：**2016 年 9 月 23 日

**主讲嘉宾：**李津逵　中国（深圳）综合开发研究院资深研究员 理事

**主 持 人：**吴文媛　深圳市雅克兰德设计有限公司　总经理

**吴文媛**　李老师是银湖沙龙的主要发起人，今天讲的主题是：海洋文明与深圳的未来。

在《李鸿章传》里有这么一个故事：清政府国库贮备有一万万两白银，李鸿章就上条陈给慈禧太后，希望用这一万万两白银建四支舰队，一支南海水师，一支东海舰队，一支北洋水师，还要建一个世界上最大的巡洋舰队。而慈禧太后的想法是什么呢？她认为，海洋的水域不是疆土，与富国强民无干。李鸿章一再地争执，为了安抚，慈禧就给了两千万两白银建了北洋水师。北洋水师是当时世界上第四强大的海军。可以想象一下，如果李鸿章的条陈被允准，世界近代史又会是怎样的景象？

疆土是发展的核心，在今天被升级到了 2.0 版，典型的体现就是我们常说深圳最大的危机是土地不足。但是我们忽略了一个事实，地球上的陆地面积并没有增加，但是，一百年来人类的财富呈几何级数在增长。究竟是什么决定了这个增长？难道不是人类的文化和技术文明的进步吗？所以我觉得，我们是在一个简单的算术和空间思维之下，得出了没有土地就不能发展的结论。

好在总有一些人能够从历史洞见未来，给我们的行动提出了新的思考的角度。津逵老师的观察将促使我们思考和自省。

**李津逵** 黑格尔把海洋文明和大陆文明做了一个区分，他认为，海边的人必须要做生意才能活下去，而要做生意首先要出海，一出海就是一件冒险的事情。人们要追求利润，从事商业，这是大海的召唤。他还认为，在亚洲，人被束缚在土地上，不去冒险，不去征服，养成一种依赖性，一种依附性。

这是200年前黑格尔说的，而至少2000多年前就有人发现亚洲和欧洲的不同。亚洲、欧洲这个词从哪儿来？就从人类两种文明交流最密集，冲突最尖锐的地方——爱琴海、博斯普鲁斯海峡这个地方来。它的西边是地中海，完全是海洋文明的生存方式，它的东边就是亚洲大陆，因此站在那儿的人就会发现，太阳升起和落下的地方如此之不同，太阳升起的地方叫作东方，叫亚细亚，太阳落下的地方叫西方，叫欧罗巴。

## 一、海洋文明的发端与扩展

### 1. 古希腊：文明基因的突变

古代希腊的地理环境是背靠大山，面对大海，陆地的生存空间非常狭小。每一个聚落都不可能自给自足，所以就一定要做贸易，或者到海上掠夺，他们真正的财富是大海。在这种冒险、扩张的过程中，相互之间不熟悉的人依靠契约也能合作。上船后，生死存亡都是自己决定的，因此就有了独立的人格。如果要定契约，我不同意就会说不同意，不会说别人都同意了我也同意，这就是独立人格和依附人格最大的不同。

出海了，潮汐算得准不准，星座看得准不准，都是理性的事情，不能说祖辈告诉我要这么走我就这么走。所以逻辑和理性在这种文明下是有需求的。

从公元前8世纪到公元前6世纪，是古希腊的大移民时代，从雅典开始，向地中海、黑海周边殖民，建立了几百个城邦，雅典文明创新的成果迅速扩散。每一个希腊城邦都是一个个殖民地，没有上级，所以叫城邦，城邦里的人都是自愿离开原来的故土，自愿组成一个城市，所以没有七大姑八大姨的家族关系。城邦之间相互能说同一种语言，共同形成一个创新圈，相互之间也随时可能发生战争，也相互结盟，相互贸易。所以，几百个希腊城邦可能发生的关系是多少？是10的N次方，这个关系就像大脑的神经元。在整个地中海，在每一个城市内部，都会出现这种关系，这种关系就是创新的土壤和熔炉。这样的事情可遇不可求。创新圈的共同语言在希腊时代就是希腊语，在罗马时代就是拉丁语，在今天就是英语。

果然，公元前6世纪到公元前4世纪，移民城邦网络造就的希腊世界达到了黄金时代，雅典出现了万年来惊鸿一瞥的民主制度，古希腊历史学家修昔底德是这个时代的亲历者，他认为，雅典的民主制度“不是从别人那里模仿出来的，是自己生活方式的一部分，只能供别人仿效而不是雅典仿效别人”。

世界沿海各地都有海洋文化，海洋文明和海洋文化的区别在哪儿？当一个文化能够引领人类发展方向，揭示出人性根本趋向的时候，这个海洋文化便是海洋文明。古代希腊是用民主与共和的方式形成自治的城邦，换句话说，就是形成了非常公正有效的国家治理体系，这就与世界其他地方的海洋文化有根本的不同，是一场人类文明的基因突变。

公元前338年，城邦民主制被亚历山大帝国荡平，但并不是彻底消亡，罗马共和国相当程度上继承了希腊的制度，后在欧洲中世纪沉寂了上千年，今天回头看，这不过是一段短暂的休眠，在大航海与文艺复兴时代又被人发现出来，倍受追捧，重新推进。

在短短的两三百年时间里，希腊文明达到了人类文明的巅峰。在此之前，即使是农业革命以来，人类也有上万年的历史，为什么没有出现这种创新井喷？就是因为没有出现这样的环境：背靠高山，面对大海，数百个移民造就的独立城邦在地中海上形成了10的N次方的交流关系。这种大背景如同一个剧本，梭伦、伯里克利这些改革家有幸看懂这个剧本，成为剧中的主人公。

城市内部空间也是这样，有据可查的古希腊第一个城市规划就是米利都的规划，米利都地处小亚细亚，在今天的土耳其。米利都的居住区是由致密的棋盘格路网划出的一个个独立的街区，相互之间没有围墙，没有保安，任何人都可以走到任意一个家庭的门前，非常方便交流沟通。城市中有很多广场，如南广场、西广场，还有剧场、神庙等公共空间。大家可以自由地聚在一起，讨论学术、表演艺术等，这是中国城市的传统所没有的。

今天地中海上的城市依然如此。比如，岛城伊德拉有自己的城市公共设施、防卫设施、通信设施，有英雄的故事，有宗教的机构，有运输的工具骡马，每一个城市也会有公共空间，供大家交流信息，头脑碰撞。

在广场里，几百个人之间又会形成类似的10的N次方关系。米利都诞生了古希腊第一个哲学学派的第一位哲学家，泰勒斯。他被誉为科学和哲学之祖，同时还是一个成功的商人。古代希腊的哲学有许多不同的学派，对同一个问题如“世界本源是什么”，也出现了“水”“气”“火”“以太”等不同的回答，表现出“正题、反题、和题”的递进，独立自由的思想环境形成了百家争鸣的局面。

在古希腊时代出现了逻辑理性的思维，在空间问题上的体现就是几何学。公元前200年，出现了《几何原本》，把上千年埃及、米索不达米亚以来的几何学的积累集大成，建立了一个公理化体系。先确定几何学的概念，例如“点”就是“没有部分的东西”。然后确定逻辑，“等量加等量其和相等，等量减等量其差相等”。第三要有公设，就是设定讨论的边界，比如说“两点之间做且仅做一条直线”，这就约定了我们讨论的是三维平直空间。有了概念、逻辑、公设，就确定了几何学的基础，后世的几何学家就可以不断发展、探索新的定理。一千多年以后，牛顿用这种公理化体系建立了力学，斯宾诺莎建立了热力学。

古希腊还出现了精彩的诗歌。《长恨歌》一百多行，但是《奥德赛》动辄上万行。古希腊的语言在文字普遍使用之前获得了充分的发育。

雅典的政治是民主表决的。比如“陶片放逐法”，用陶片投票选举出可能对民主政治构成威胁的人，这个人就要被放逐，10年以后才能返回。伯利克利建卫城的时候也需要用民主的方式表决。

古希腊开创的海洋文明，背山面海的地理环境，工商贸易的生产方式，移民社会的城邦民主，10的N次方的创新环境，理性的逻辑思维等特征。这是人类文明基因的一次突变，此后随着这种基因的复制与拓展，人类社会不仅有发展，并且有了反思。

2. 从地中海到大西洋

在大航海时代，文明创新的范围包括过去偏远的大西洋沿岸，是一个统一的文明体，并且创新的中心从地中海转向了大西洋。

布罗代尔将中世纪到20世纪的创新中心城市依次列出来：威尼斯、安特卫普、热那亚、阿姆斯特丹、伦敦、纽约。这些城市都是海洋文明的城市，它们有着共同的特点：都处在滨海地带，都是以强大的工商业、金融业实力扮演海洋贸易的组织者的身份掌控着广阔的海路，从地中海城市转向大西洋城市，并在20世纪20年代跨越了大西洋来到北美的纽约。说明海洋始终扮演人类文明自由交流的广场，这个广场越来越大，组织者的实力越来越强。从陆地角度看，这些城市往往处在背水一战的险地，威尼斯建在一个滨海潟湖之上，阿姆斯特丹的市政厅则需要打15000根木桩。但是从海洋的角度看，都处在海路交通的要冲。

即使处在一个帝国的管制之下，这些城市也都具有高度的自治权。阿姆斯特丹是一个商人共和国，威尼斯更是一个长达千年的共和国。由于大国崛起，城邦共和国最终不敌帝国而纷纷纳入帝国管辖，但他们如同蚌中之珠，是嵌入帝国内的城邦，拥有相当大的自主权。因此，这些城市在空间上没有一条独一无二的中轴线，显示了自身并不是自上而下严密管制的行政节点。大英帝国名为帝国，伦敦也有豪华的皇宫，但皇宫并不处在一条中轴线上，暴露出皇室的权威并非独一无二。纽约更是这样，这座并非首都甚至并非州府的城市在世界商业的竞争中拔得头筹，其密网窄街紧凑的格局完全继承了米利都宜居宜商的尺度。

移民是城市市民重要的成分，特别是到了阿姆斯特丹、伦敦、纽约，而且很多是政治难民、宗教难民。阿姆斯特丹因为反抗西班牙暴政全城人都被西班牙国王判处死刑，而纽约自由女神高举火炬迎候的是“旧世界无家可归、四处漂流的人渣”。这些移民没有退路，只有向前迎接挑战。

钱穆先生曾经形象地说西方文明是接力跑，中国是马拉松。我们可以看到西方文明的选手都是海洋文明的城市，每一接棒者都在扬弃上一棒的成果，都把文明推向新的高度，都将创新的范围扩展到更广阔的地域，使更多的人类成员共享创新的成果。

### 3. 文明创新进入井喷期

从黑格尔时代一直到今天，整个欧美环大西洋的科技创新从未停止。后世的人用放大镜来看，分出第一次工业革命、第二次工业革命，第三次、第四次，数不清。工业革命是解放人类的革命。先解放人类的手，工具机；解放人类的心脏，蒸汽机；解放人类的大脑，计算机。如今在全世界互联网基础上建立起超大规模的人工智能，这是个连续的过程，这个过程的短暂休眠就是中世纪，从文艺复兴以来，古希腊的海洋文明一次次复兴、苏醒，直到今天，进入了加速阶段。

工业革命以来的 200 年，整个创新圈就在北大西洋，主导的世界语言是英语，创新中心是美国。路甬祥主编的《科学改变人类生活的 100 个瞬间》收入 60 项重大技术发明，从 1796 琴纳发明牛痘到 1997 年“深蓝”胜卡斯帕罗夫，包括冰箱、电视、洗衣机、卫星、飞船、原子弹。其中，美国 28 项，西欧 23 项，俄苏东欧 5 项，日本 1 项，中国 5 项（分别是无籽西瓜、人工合成胰岛素、杂交水稻、乙肝疫苗、五笔字型）。可见大西洋创新圈的发明占全球 85%。

21 世纪，海洋文明的中心已经从大西洋转向太平洋，创新扩散的范围已经波及全球，世界已经同处一个海洋。当下，按照凯文·凯利的说法，人类正在迅速奔向一个技术的奇点，而展望未来就像金鱼看待人类生活一样，根本无法想象。

## 二、华夏与“海洋文明”

地处东亚的中国，是黑格尔眼中的“大陆文明”。马克思把包括埃及、两河流域和印度在内的东方称为“亚细亚生产方式”，这是与背山面海、工商贸易、城邦自治完全不同的文明形态，是生活在大河流域的人们为了发挥水利、防范水旱灾害必然形成上下游统一管辖的大帝国。离资本主义社会还隔着古代、封建两个阶段。

可是，从动态来看，华夏的历史并非大一统的铁板。

1. 大一统与百家争鸣

华夏曾经也有过百家争鸣。最近，全世界的考古进展已经可以让历史学家拼出史前文明的图景。美国历史学家伊恩·摩里斯在《西方凭什么》中，就依据大量考古发现得出判断，以中东为核心的“西方”比以中国为中心的“东方”早两千年进入农业社会。但是进入21世纪世界一体化，“再没有东方、西方、疆界、种族、血统，只要挡住‘夜幕低垂’够久，东西终会相逢”，“人类需要在毁灭来临之前提出预防之道”。

近年来，一些中国的学者对东西方文明交流也做出了独立的研究，例如复旦大学的朱大可就提出，秦帝国的整个制度就是照搬的波斯帝国。历史学者陈星灿发现：“考古学、语言学、体质人类学和历史记述与传说均表明：上古存在大规模的人口迁徙和文化交流。要否认青铜技术与外来游牧文化的十分困难，而要证明其本土起源几乎不可能”。原来，在全世界的海洋被大航海联成一体之前，横贯欧亚大陆的草原曾经是东西方文明交流最自由的走廊，这就是史家所谓“草原海洋”。地处欧亚大陆边缘地带的华夏，通过草原海洋学到中东、波斯、印度的技术、哲学、制度。

春秋战国时候文明的输入主要是来自于草原，不是来自于海洋，当时军事上最强的秦国和赵国，他们的军事技术是来自于草原的游牧民族。“胡服骑射”就是向草原游牧民族学习战术。

春秋战国时代每一个诸侯国名义上是周天子的属国，但实际上已经相对独立了，都有自己的自主权利，互相之间可以合纵连横，在这种情况下就有可能出现古希腊那样的百家争鸣。诸子百家在这个时候形成，每一家的学说都不一样，这是一个思想多元化、最不统一的时代，因此也是最繁荣的时代。

但是，秦统一了六国，中国就变成了一个格式化的体系，从中央的皇帝到地方，一级一级管制下来，我们再也找不着百家争鸣时代不同的面目了，已经变成了一个国家统治下的千人一面。

秦朝不是讲商业，而是讲农战，不是讲每个人要有独立的个性，而是要“弱民”。民可使由之，不可使知之；而且要重本抑末，农本工商末。

2. 大陆中国与海洋中国

有大陆中国，也有海洋中国。从秦代广州造船的工场遗址来看，两千多年前我们已经可以造出宽 8 米、长 30 米、载重五六十吨的木船。现在在阿拉伯世界到处可以看到唐宋时代的陶瓷，海洋亚洲一直贸易不断，宋元时代的泉州是世界商品交流中心之一。

大航海时代，欧洲人来到亚洲做生意，从日本的长崎一直到马尼拉的太平洋洋流，往返一两年做一个周期的贸易，可获暴利。中国沿海便出现了一些参与国际贸易的船队，他们不在帝国管辖之下，于是大陆的明清政府就要剿灭他们，称他们为“倭寇”“海盗”，倭寇的第一代领袖是长居在日本长崎旁边平户的王直，后来是李元。

中国的民间海上武装贸易力量在 17 世纪可以打败号称“海上马车夫”的荷兰，可见是相当强大的。明清两朝之间，不少华人成为南洋国家的国王。梁启超在《中国殖民八大伟人传》一文中，列举八位华人国王都是广东福建人。

按照历史学家赵冈的说法，中国的城市化史从战国一直在提升，在南宋的时候达到了顶峰，城市化率 22%。然后一路衰落，到清中期的时候只剩下 5%。为什么南宋成了中国城市化的分水岭？就是因为蒙元帝国对南宋的征服。蒙元帝国，南宋把不愿意被征服的人叫“南人”。南人一直南下，来到了福建、广东，与海洋中国见面了，这些人把中原的传统带到了“海洋中国”，使得“海洋中国”保存了“大陆中国”家族自治的传统，同时南下的人们也吸取了海洋中国的独立和叛逆。崖山一场海战，宋朝彻底灭亡。但是不愿意被征服的人还继续南下，在整个东南亚，也就是南海周边形成了一个汉文化圈，准确地说是闽粤文化圈。

闽粤文化或者是广东岭南文化，和中原文化有什么不同？

中国建筑的形制是分等级的，所有等级中硬山顶品级最低。但是到了岭南，硬山顶的房子变成什么样呢？变成陈家祠这样。你说我是硬山顶就是硬山顶，我不做四面的坡顶。但你没有规定我不可以装饰屋脊，于是，狮子滚绣球、西厢记里面的戏剧人物都可以装到屋脊上去。

500 年来的西风东渐，和 800 年来的华族南下，就在广东这个地方相遇了。广东是最传统的地方，中国所有的北方都找不到的传统在广东还可以找得到；同时也是最洋化的地方。因此，如果你想保护中国的传统，只有一条路，就是洋化，海洋文明的宽容、包容，就使得中国的传统能够自立于世界文明之林。

3.“东风”与“西风”

海洋文明从大西洋扩张到全世界，19 世纪世界任何民族都不能脱离这个统一的世界。鸦片战争背后的必然性，就是中国也需要融入世界而成为世界之中国。“西风东渐”，中国在被动中开放，对于开放所带来的挑战，中国发起了自强运动以应战，带来由表及里的全面进步。

百年前改革开放的领军人物学习西方，开工厂、练新军、开矿山、办新学，引进西方先进技术。看到外国人办报办杂志，中国人也学着办；外国人办学校，中国人也废科举兴新学；外国人来中国办教会大学，中国人自己也办大学。

特别是在开放城市，表现出中国人引进西风的勇气和决心。1896 年，李鸿章第一次出国，他走了欧美众多名城发现，原来西方最了不起的不是铁路，不是工厂，而是城市。所以他回国以后向朝廷建议，中国开始出现自开商埠城市，比如说济南，可以说自开商埠就是百年前的开发区。

自开商埠是什么精神？对外开放。对谁开放？对西方文明开放。到了民国初年中国已经有 52 个自开商埠城市，在中国地方政府管辖之下对外开放，全世界各国的商人都可以到这个区域来投资经商，这就是一百年前城市的开放。

甲午战争之后，中国有识之士看到了制度的问题，变法维新因慈禧太后政变而失败，慈禧太后竟然在 1900 年向列国宣战，东南沿海省份的督抚与列强东南互保，“大陆中国”陷入火海，而“海洋中国”半壁平安。向陕西逃难中的慈禧太后承认国家确实要改革了，派人出国考察宪政，结果是大清应当走英国君主立宪的道路。但是皇族的后代们怕大权旁落到汉人手里，又搞了一个皇族内阁。

这时候，俄罗斯刮起了一场“东风”，讲阶级、剥削、革命、无产阶级专政。这个理论武装了当时中国的进步青年，救亡图存的需求和共产国际的布局，使得中国在 20 世纪基本上迎着东风走过来了。

日本侵略把中国向着东方一边倒的局势暂时挽回了，中国重新和英美法等西方的海洋文明结成了同盟，中国人民以巨大的牺牲和奋斗赢得了列强的尊重，废除了一系列不平等条约，并且进入了联合国四强。这一年，距八国联军进犯北京不到 50 年，可以想见中国人民付出了多大的牺牲，方向的选择多么重要。

1949 年以后，新中国选择向苏联的“一边倒”，那个时代的苏联确实表现出可以和美国争雄的态势，让我们感觉苏联好像是在资本主义的海洋文明之外又树立了另外一种文明，这种红色的文明好像完全可以对垒甚至征服蓝色的文明。

## 三、改革开放与深圳未来

改革开放是什么？就是封闭的大陆文明向人类文明进步的方向靠拢，融入海洋文明，从边缘崛起争取成为新的创新中心。

在 20 世纪 70 年代，香港已经是东方明珠了，一河之隔的宝安县劳动力的日均收入还不及香港的百分之一。怎么办？

### 1. 海洋的常识——大陆的“特区”

深圳的发展始于蛇口这个改革开放的试验区。蛇口是改革开放后第一个开发区，同时又是一座真正意义上卓越的城市，拥有超强的创新能力，从这块仅有几平方公里的土地上走出了一群中国最优秀的企业家，和他们所创办的银行、保险公司、高技术企业。蛇口是改革的先锋，工资奖金制度、保障性住房制度、工程招投标制度、职工持股制度等，成为改革开放以来制度创新的蓝本。

十多年前，我有幸见到袁庚老人，他对我说，国务院批复招商局建蛇口工业区报告的时间，与当年清政府批复李鸿章创办招商局报告时间完全一样，但是我们超越了百年之前的自强运动,我们把共产党人兼济天下的理想和香港的海洋文明结合起来,来到一个蛮荒之地拓荒,建设了一个与世界对话的港口城市。他所采用引进外资企业,用工、薪酬、住房制度都是西方的惯例,在拥有高度自主权下的情况开展了民主实践。在蛇口招商局博物馆中可以看到一份当年蛇口民主选举工业区领导的原始记录,最高得票者袁庚的得票率是86%。这种实践在自开商埠城市里是看不到的,自强运动里是没有的,这就是蛇口超越自强运动的地方,袁庚通过职工对工业区管委会成员投信任票和民主选举的做法,把自己和整个领导班子置于全体职工的监督之下,在蛇口开展建设社会主义民主的试验。

蛇口作为一个成功的开发区,引领全中国的特区、开发区、高新区,蛇口的民主试验为下一步的深化改革提供了先行的案例。在20世纪70年代末,蛇口喊出了"时间就是金钱,效率就是生命"这样颠覆性的口号,并且将这样的理念勇敢地向高层建言,扭转了全国的风气。

深圳为什么叫"特区"？大家看一看1980年8月26日广东省为经济特区制定的条例:

"特区内必须遵守中国法律,但是本条例有特别规定的,可以按照本条例的规定执行。"允许你有一定的突破常规的权利,给了一定的自主权。

"产品供国际市场销售。"那个时候进出口是外贸公司专营,一般企业怎么能到国际市场去呢?

"客商在特区内可以独立经营自己的企业。"现在看来很平常,可那个时候企业建一个厕所都要请示国家计委。

"劳动合同,企业可以解雇,职工可以辞职。"那个时候都是国家的主人啊,国家和他的主人怎么能订合同呢?

1984年,国家将蛇口的做法在沿海14个城市又做了一次推广,这是改革开放的一次放大试验。这14个城市都是一百年前已经开放过的海洋中国。

### 2. 深圳试验出什么

“发展—遭遇天花板—突破或者衰退”，这是人类社会演进的规律。而海洋文明的中心城市之所以能够做出突破，恰恰是因为资源贫瘠、人口众多而率先触到天花板，同时这又是一群不甘宿命、怀抱梦想的移民来到世界商贸网络的枢纽，假如再能对标一个高水平的样板，创新就是顺理成章的事。

深圳十年前就已经被政府定义为“四个难以为继”。一是土地、空间难以为继；二是能源、水资源难以为继；三是城市已经不堪人口重负，难以为继；四是环境承载力难以为继。可以说，没有这“四个难以为继”就不可能有今天深圳的创新，难以为继是创新的必要条件。

深圳是高速流动中的移民社会。有人说，一个打工族如果不能在三五年内脱颖而出便在深圳难以立足，深圳无情地在每一茬涌入的人们中间筛选生命力最强的人，这些人可以称作是“深圳的选民”，其中有相当比例就是创业者。深圳给每一个前来者以公平对待和选择自由，他们相信，依靠自己的力量可以打拼出一个新的前途。而当这样的人口组成了一个近两千万人的超大城市，就更加公平和自由，什么人间奇迹不可能发生？一旦深圳人获得了经济独立，有些人就开始追问自己人生的意义，于是有人会关注生态环境，有人参与民主选举，有人要求政府公开财政预算，有人对政府部门做出评价，深圳人开始对深圳的社会治理提出了更高的预期。深圳的社会发育与发展阶段是吻合的，只要政府不做揠苗助长的事，假以时日，深圳可以自然成长出自己的市民社会。

深圳毗邻一个先进的海洋文明——香港。香港最具海洋文明的特征，比如，治理的独立性。20 世纪 70 年代一位新任殖民地大臣说要香港解决三个问题并提出了解决方案，港督回信说，殖民地部的大臣从来没有对香港总督这样指手画脚，你说的三件事在我们这里都讨论烂了，而你说的三个方法我们多年以来就知道是最臭的招数。我的职责不是对伦敦负责，而是对香港人民负责。香港又最尊重中国的文化传统，甚至是我们认为糟粕的文化。20 世纪 70 年代，香港新界在英国人已经统治了 130 年之后才废除了一夫多妻制。香港是我们难得的先进海洋文明参照系。

### 3. 深圳的未来会怎么样

进入 21 世纪,人类的创新中心正在向太平洋移动。新世纪,在全球创新百强企业中,日本、韩国占三四成。放眼全国,深圳正处在中国加入这个创新时代的最前沿。华为是唯一跻身创新百强的中国企业,腾讯与阿里是全球市值最高十强中上榜的两家中国企业。眼下正有一种巨大的技术革命的趋势,又一次改变了人和人之间联络的方式。深圳未来会怎么样,直接关系到中国的走向。

凯文 · 凯利说,这是第三个千禧年的开端,知识化的颠覆是工业化的百倍,去中心化的公众协同既不是单纯共产主义也不是单纯资本主义,而是这两种都比不了的社会形态,会在巨大的人工智能中间出现。

这种情况下,我们仅仅讲“深圳速度”“深圳质量”够吗? 人们说你是排头兵,你把中国带到哪儿去呢? 今天当中国面对天花板的时候,“深圳方向”可能比速度和质量都更重要。

深圳已经证伪了旧体制,全国的科研产出榜上根本找不到深圳,但是国际专利申报数量,全国其他城市加在一起都不如深圳多。深圳排名前十的企业都是民营企业,这些企业不靠财政,不靠政府的产业政策,在市场的严酷竞争中倒逼出创新的路。

对于深圳来说,最大的挑战不是资源匮乏,不是粤港澳规划中被边缘化,这些压力只会倒逼深圳的创新动力。但是深圳如果迷失改革的方向,就将无可避免地走向衰退。

企业家们看到了,现在深圳的重大创新是在无人区的生存法则,前面已经没有可以瞄准、可以对标的了。

深圳是原创的企业家和海洋文明。人工互联智能到来的时候,更多的是公民权利责任,还是更多的政府管制? 是多元共治,还是政府花钱买好做民生实事? 老百姓“我要干”,还是政府给我干? 更多的自治还是争取直辖?

很多人说深圳直辖,直辖做什么? 要更多的自主权。是的,邓小平都说,不要跟着北京,而应该赶快看着广东。

我们需要做一个海洋文明的先锋还是沦为平庸的大陆城市?这真的是深圳的抉择,深圳一不留神就会变成一个非常平庸的大陆城市,在“北、上、广、深”中平庸的一个。

所以我想起狄更斯的一句话:“这是最好的时代,也是最坏的时代。这是智慧的时代,这是愚蠢的时代。是信仰的时期,又是怀疑的时期。光明的季节,黑暗的季节。希望之春,失望之冬。人们面前有各样的事物,人们面前一无左右。人们在直登天堂,人们正在直下地狱。”

我想到一个伟大的老人——袁庚,在他的晚年每见一个年轻人都会说:“年轻人,向前走,莫回头。”

**吴文媛** 互联网实际上也是一个“海洋”。

津逵最后提出的关于深圳的思考,让人很紧张。我们抓住了最好的时运,赶上了最好的时候。都说深圳是一个年轻的城市,可是20年以后,它会是中国老龄人口最多的一个城市,也可能会成为一个最悲惨的城市。所以其实深圳也要背水一战,几乎没有选择。

接下来的时间,我们在认真思考之后向津逵提出问题,希望我们能够跟他有一个思想的碰撞。

**范　军** 对深圳来说,蓝色的文明真的就是海洋吗?深圳为了开发,大量填海。能够兴国的是海洋还是海洋的思维?深圳很多政策是非常矛盾的,一方面要重视教育,引进很多高校,但很多高校非常强硬地要按照自己本来的规划去做,图腾式的,中轴线式的做法,产生了大量的浪费。现在的公益事业很发达,大量的钱投到社区去,但老百姓又享受不到。

这些问题应该怎么办?我们深圳是一个海洋城市,看得到海,但是我们传承到的海洋的文化少之又少。我想听听您的高见。

**徐火辉** 一个问题不提出来,就意识不到它的重要性和紧迫性,就难有真切的感受。现在提出来,就为用实际行动去解决这个问题创造了最好的思维空间。

中国过去有一句话叫作“凿井而饮,耕田而食,帝力于我何有哉?”我非常赞赏袁庚老人跟年轻人说的那句话,就是“往前走,莫回头”。解决方案在哪里?在我们自己的创意和行动中。

津逵讲到了人工智能,科技奇点。有人说,人工智能会在未来一代人左右的时间里超越人类自身的理性智能。这既是一个重大的挑战,甚至也可能是危险,又可能会是一个新的转机。要怎么面对?西方文明已经在积极思考这个层面的问题了。要认清我们是地球上的普世人,其次才是中国人。这是我的感想。谢谢各位!

**嘉 宾** 我提一个比较简洁的问题,您怎么看日本?如果说它有文明的话,您怎么看日本岛国,它是不是也是一种海洋文明?它侵略中国,有没有一种文明的支撑?

**李津逵** 显然这是一种文明的野蛮,但很可能这也是一个必经的阶段。地理大发现以来,欧洲30年战争、百年战争、两次世界大战,可能都是必经的阶段,在这个必经阶段之后,人类就会慢慢懂得,我们不要战争,大家也可以彼此磨合。

**吕崇明** 我觉得这个可以用三句话来说,就是文明和文明之间的关系,文明和野蛮的关系,野蛮和野蛮的关系。

**吴文媛** 什么是野蛮？什么是文明？一个文明要敲开另外一个文明的大门，方式是什么？我们今天看到，世界文明的进步，几乎每一次都有浴血的经历，这个文明的成长过程中是有痛苦的。所以我们认为，安逸、繁荣的，或者是自给自足，那可能就是典型的大陆文明的思维。

我的理解是，海洋文明就是告诉我们文明是浴血而生的。文明不是“文明礼貌”的文明，这个文明带了太多的信息量，这个信息量以各种方式冲击旧有的堡垒。一个文明的诞生，自身的挣扎都是充满了血腥的。

**吕崇明** 文明在进步的过程中确实是浴血的，但是我们从国际或者是别的国家发生的事件来看，浴血要看你的对手是谁，如果是文明和文明碰撞，则可以通过契约、协商、表决来解决，但是当文明和野蛮碰撞的时候，必然是浴血的。野蛮和野蛮发生碰撞的时候，一定是你死我活的。英国脱欧，没有浴血。放在野蛮国家，想脱离就是分裂，能不流血吗？同样一个行为，要看平台、环境。所以我觉得，人类文明的进步不一定要流血，要看你的交易对手是谁。

**于长江** 日本文明有明显的海洋文明倾向，但它在世界范围内不是引领，不像西方的希腊文明引领世界潮流，所以日本有双重性，它本身是海洋文明，但是它自己没有发展起来。

另外，关于日本侵华，我们把它纳入到西方帝国主义、殖民主义对中国的侵略，其实对于日本自身，还有另外一个逻辑，就是日本作为东亚民族体系中的一个族群，有一种历史上东亚周边各族群向中原地区进攻，逐鹿中原、入主中原的历史逻辑。

**徐火辉** 我对日本并不了解。但我读过罗素在第二次世界大战之前写的评论东方文明的文章。罗素说,日本学了西方的文化,但是学了很多糟粕。他当时也预见到日本有可能会侵略扩张。

从我非常有限的了解来说,日本特别善于学习,这是海洋文明的特质之一,西风东渐,非常虚心向西方学习,包括古地中海文化中的海盗精神。

最近有一本书,*The Better Angels of Our Nature*,作者 Steven Pinker 是哈佛大学教授,被《外交政策》评为全球百大思想家之一。S. Pinker 是语言认知领域的科学家,并非历史学家。他跨界,用大数据模型统计了人类自古以来的战争,得出的结果显示,人类是越来越走向和平的。当然他在书里面也提醒,从过去的历史并不能完全推演出未来的趋势。他还特别分析了形成战争的因素,与国土、经济都没有太大的关系,相关度并不太高。战争的深层肇因,往往更多地源于人类的心理状态,往往是某些个别领袖人物的心理状态。比如第二次世界大战,德国要雪耻是重大原因之一,因为第一次世界大战战败后,民族情绪的无限扩大,民粹最终被某些领袖人物所利用,从而引发战争。

海洋文明演化到今天,实际上已经从战争走向契约。最典型的例子是美国建国的两次大战。第一次是美国独立战争。虽然它与英国打仗,但独立以后所采取的整个体制恰恰是英国体制,是商业文明、契约文明的体制。第二次世界大战是美国内战。按大陆文明的思维,南方百分百是叛国罪,但南北方完全和解。这不仅仅是格兰特本人的意愿,更是林肯的意愿。如果没有这个完全的和解,就不会有后来繁荣富强的美国。

回到罗素对东亚文明的评论,日本并没有学到基督教文明的长处。第二次世界大战之后,在美国的主导下对日本进行改制,现在基本上是相对比较和平的海洋民族。

这就回到华夏文明面临的最大问题。我们这一代所面临的问题,在走向海洋文明的同时,我们一定要避免再次同室操戈。现代的海洋文明和过去有不同之处,你可以在商业上"攻城略地",可以在科技上竞争厮杀,但是一定不要诉诸武力。这是我个人的看法。

**刘国宏** 我想先讲一个故事。

我来自河北的农村，我们农村改革之后，农民把所有的公共设施能分的几乎都分了。比如，北方小麦收割之后，有用来晾晒、脱粒打麦的“场”，这个场最后没有了。因为每一家割一小块，弄成菜园子。到小麦收割的时候怎么办？或是商议着处理，或是某一家把自己家的麦田先割了，再弄一个场打小麦。我觉得这是一种倒退。

刚才讨论的问题，我也有个人的解释。战争可能是一个过程，但我们要有一定的历史耐心，对民主，对市场也要有一定的历史耐心，有一定的战略定力。

刚发展的时候确实会出现各种问题，有一个词叫“产业生态”，不毛之地，最早先出现了苔藓，又出现了白桦林，然后才慢慢地长出了生态更丰富的森林来。如果我们一开始用森林的眼光去看这一片苔藓，结论就是“直接推掉”。我们现在用中国大陆的发展去对比西方文明的话，至少应该给自己的一点信心，任何一个文明，只有在冲突交汇的过程中才能进步提升到一个更高的文明。

演讲的过程中，李老师给出了一个非常好的命题。我们在市政府做了很多很多的规划报告，实际上连这个命题都没有提出来。我们在短缺经济的时代，深圳市是排头兵，用速度来补短缺经济。告别短缺经济之后，深圳提出来，要提升质量。接下来，深圳已经到了财富富裕的时代，我们的方向在哪儿？

我也可以归结说，我们的方向很清楚了，就是向西方的海洋文明学习，别回头，往前走。但是涉及具体某一件事的时候，包括给政府做的规划，做政策建议的时候，就要谈到突破点在哪儿？首先是别向大陆文明靠得更近，所以我们提出来，可能直辖不是一条好路，但我们需要争取其他更多的资质，怎么样争取？这是我的一个问题。

**嘉　宾** 我的理解有两点。第一，深圳的未来，必须交给未来的年轻人。怎么交？要把我们现在已经所固化在手里的利益大刀阔斧地砍掉，要让年轻人有机会在这里生存下来，因为他们是代表未来的。

第二，要改革教育。这个城市要有两种年轻人，一种是外来的，吸引全球的年轻人，如果成本太高了，他们不会来的；另外一帮年轻人来自本地，需要在教育上做彻底的试验田。这个事情是可以具体做的，通过教育的组织方式、投资方式具体实施。

至于未来能发展成怎么样，究竟哪个产业好，人工智能好还是服务业好，那不是我们操心的问题。而且我们所有的操心都是错的，所有的操心都是计划经济的头脑。2050 年的技术革命发生的事情，我们都还没见着，那你怎么判断？没法判断。只有交给年轻人啊。

**嘉　宾**　有人问我，深圳有什么？我说深圳最大的优势就是文化优势，是大陆文明和海洋文明的交汇。这和美国有相似之处。

我们现在的问题是什么？发展太快，人口增长太快。我们的行政体制决定了大家都是打临时工的，这是对这个城市未来危害最大的，这是体制方面的问题。

还有我们现在提出东进战略。东部需要什么？东部要成为深圳人的后花园。一般城市 30%的开发率就已经很高了，深圳现在是 50%，老想深圳没有空间，需要那么多空间干什么？我们现在是浮躁地求发展，房价不停地涨，什么东西都在涨，人的心态也很浮躁，这才是最可怕的。

**徐火辉**　我觉得深圳在教育上应该认真学习新加坡。新加坡有一个特别国策就是规划语言的学习。刚建国的时候，76%是华人，李光耀是华裔，但他力排众议，把英语作为新加坡的第一语言，同时，他并没有放弃母语，任何学校都要采取两种语言教学，英语加母语的双语政策，但英语第一，母语第二。通过国家政策，使新加坡这个500多万人的半岛之岛，国民同时使用20多种语言，这种情况恰恰与古希腊的沿海城邦相似。这令新加坡在地理区位优势之外，获得了全球产业链的语言优势和智慧优势。

当代脑科学告诉我们，多语种具有“杂交的优势”。整体上，双语人或多语人，大脑会更聪明，更健康。多伦多学派最早提出，要从语言文字和大脑智慧的层面分析文明，并指出，古希腊文明璀璨的主要原因之一，在于其语言文字能令大脑智慧解放。

岭南本身就一直是华夏文明圈的多语文明区和海洋文明区。我们不能只限于深圳，深圳一定不要把自己定位成直辖市，而要与整个岭南融为一体，走多语文明和海洋文明之路。

# 刑事诉讼中的公民权利与法制精神

## ——从我国刑事诉讼法的修订看中国法制进程

# 第110期银湖沙龙

**时　　间：**2014年1月3日

**主讲嘉宾：**钱列阳　北京天达律师事务所合伙人　中国知名刑事辩护律师

**主 持 人：**南　洁　中国（深圳）综合开发研究院　法律顾问

**钱列阳**　大家知道，刑事司法分为刑事诉讼法和实体法两部分。什么是刑事诉讼法？我们用烹调技术来比喻，厨师如何把羊肉做成可口的羊排，卖出一个好价钱，把生肉变成熟肉的过程，就是中国的刑事诉讼法，所谓的可口就是司法公正。通过程序最后使犯罪嫌疑人得到应有的法律制裁，这就是程序法的意思所在。实体法又是什么？就像农民，要研究如何把羊养得又肥又大，怎么提高粮食产量。

德国、英国、美国和中国法律界人士曾有过一次国际研讨会，对同一个案件组成了不同的临时法庭，分别按各国的法律进行判决，最后判决的结果不尽相同，中国和德国的法律判决有罪，美国的法律判决无罪，这就是差别。为什么在辛普森案件中，刑事诉讼判凶手无罪，而民事诉讼判他赔付前妻的家人几十万美元？很多不从事法律工作的人都不明白。今天，我会从专业的角度对一些案件进行剖析。

我们只要提到法律，就说是打击犯罪的工具。其实，打击犯罪真的需要法律吗？军事镇压就可以了。军警开一辆车包围犯罪集团，抓起来，拉出去一阵机枪扫射,效率极高,准确率极高,成本极低。打击犯罪是不需要法律的。人类社会发展的历史也是与犯罪做斗争的历史,因为有人性之丑。自人类社会迈入文明时代,就有两个永恒的主题困扰着人类:一个是爱情,一个是财产。法律逐渐从习惯法到成文法。文明的今天,法律实际上是以保障人类、保障人权为目的,打击犯罪只是手段。就像医生治病是目的,研究医学科学,研究一种疾病是手段。医生一定是把救治病人的性命作为第一目的,然后在救治性命的基础上,通过对肿瘤的切片检查积累经验,最后把医疗水平往前推进一步。

新中国成立后,国家开始制定《宪法》。《刑事诉讼法》的制定则是到了1979年,在彭真同志的带领下着手推进的。在老一辈无产阶级革命家中,彭真的法学素养是最高的,他明白要人们不犯错误,少犯错误,只有靠制定"游戏规则",这个规则就是法制。彭真担任人大的委员长,任职期间,法律也来不及系统修订,只能成熟一部出一部,所以最先颁布《刑事诉讼法》,后来颁布《婚姻法》。颁布以后,经过了十多年的运行,于1997年做了一次修订,是第二个版本,1999年推出第三个版本,2012年的是第四个版本。每一次修订,《刑事诉讼法》毫无疑问都往前进了一步。我们知道,人权保障是第一位的,财产权是第二位的,知识产权第三位,名誉权第四位。第四个版本《刑事诉讼法》在人权保障方面确实进了一大步,如:律师的介入时间从开庭前七天变成了侦查结束。新版《刑事诉讼法》颁布之前征求意见的时候,我曾说:"全国人大常委会在指定和颁布法律的时候,不是所有法都会向社会征求的意见,但是《刑事诉讼法》《民事诉讼法》都是向全社会征求的意见,不仅在专家中,更多的是向学者征求意见。"一般能够得到多少意见反馈呢?《民事诉讼法》有8000多条,而《刑事诉讼法》收到了83000多条,因为《刑事诉讼法》直接关系到每个人的底线。

《刑事诉讼法》的根本目的是保障人权,就像交通规则的根本目的首先是保障公民的安全,是为了让行人少出安全事故,而不是为了让机动车开得更快。大家都知道木桶理论,一个木桶放多少水是由短板决定的。中国法律这个木桶最短的板是人权。如果把人权再做成一个木桶,最短的那块板是什么?是被告人的权利。一个国家的人权保障水平要看底线,最弱势人的权利保障程度是整个社会权利保障的底线,是基础。

中国刑事案件审判困扰我们的一个很大的问题,就是证人不出庭作证。检方做了一个证人笔录,公诉人拿出来一念,律师觉得有疑义,提出的意见,根本没有人理会,怎么会这样呢?因为没有强制出庭权,于是没有证人愿意出庭。不来对被告很不利,意味着公诉人的意见直接被法院采信了。在这样的环境下,我们律师就觉得非常不利,尤其是在押犯更不能出庭,因为在押犯出庭要动用很多警力。

新版的《刑事诉讼法》还有一个特别大的争议点,就是技术侦察手段进入了法律。监听、录音这一系列的技侦手段获取的证据,不需要经过证据转换,直接就可以送上法庭成为定罪的证据。比如说你们上个礼拜的微信、微博、手机短信,你们之间的谈话、录音,直接就可以上庭作为证据。这一条在征求意见的时候,社会上一片反对声,因为从此以后没有隐私了,而且会侵犯人权。有一个比较极端的例子,一位女警察是搞监听的,有一天就监听了自己老公的手机,发现老公在外面有小三,由此提起的离婚诉讼,怎么判?虽说证据是真实的,但是证据的来源是不合法的,这是典型的公权私用。

但是,我要说,这仍然是我国法制进步的表现。为什么这样讲?

第一,我们进入了信息时代,对技术侦查爱或不爱,它都在那里。《刑事诉讼法》制定之前,技术侦察手段早就用了,只不过拿到法庭需要证据转换,而现在不用转换了。道高一尺、魔高一丈,罪犯在用技术手段作案,侦查机关用技术手段破案,这在哪个国家都一样。

第二,我们传统的侦查一直是口供中心主义,不招就刑讯逼供。我们看电视节目,美国的一个杀人犯被抓住了,大家都知道他就是凶手,但是证据不足只能放了他,接着又杀了俩人,他又被抓住了,最后终于找到证据了才能定罪。在中国,杀人嫌疑犯首次被抓后,先打他一顿,他就把藏匿尸体和凶器的地点都说出来了。重证据轻口供,这句话大家都听过,可是司法实践中落实不了,我们的侦查机关获取证据的手段太单一，如果不打一顿，有时候真的是找不出线索和证据。所以，刑讯逼供屡禁不止。其实1980年颁布的第一版刑法里面就有“刑讯逼供罪”，只要打了人就构成犯罪，在法律上叫行为犯。比如说我拿刀顶着李博士，威胁他把钱拿出来，尽管李博士只有两毛钱，只要抢的行为发生了，抢劫罪就构成，没抢到钱是另外一回事。但是如果趁着他在打电脑，我悄悄把手伸到他包里偷了两毛钱，这不是盗窃罪，只是盗窃行为。因为盗窃是结果犯，只有达到了法定条件，比如掏出来一看是2000块，就会构成犯罪，但是抢劫威胁人身的叫行为犯，所以在刑法中行为犯和结果犯是有严格区分的，犯罪以后达到一定结果的构成犯罪，叫结果犯，一有行为就构成犯罪了，叫行为犯。

刑讯逼供罪其实是个行为犯，只要打了人了就构成了犯罪。但是，在司法实践中却人为地变成了结果犯，只有打死人了，打残人了，打出冤假错案了，这才构成了结果，公安局长、刑警队长为保护干警的工作积极性，只要不打死、不打残、不打错，通常睁一只眼闭一只眼，但是刑讯逼供通常很见效，打完后嫌疑犯就能说出藏尸处，所以刑讯逼供80%打出来的是真话，破案成本一下子就降低了，破案效率提高。什么情况下会被追究责任？要么打死了，要么打出冤假错案。我们很多领导干部都有误解，认为刑讯逼供是冤假错案滋生的温床。这是错误的，刑讯逼供直接触犯的是宪法对人身权利的保障，而不是后果，这就是刑讯逼供是行为犯而不是结果犯的立法本意。换句话说，刑讯逼供逼出来真话，这个证据也要排除。

而这一次技术侦察手段进入了刑事司法的刑事侦查领域，目的是减少刑讯逼供，刑讯逼供只有成为不必要，它才会真正杜绝，靠纪律约束是约束不了的。这一次技术手段的加入是为了改变侦查模式，抑制刑讯逼供，增加侦查手段，而逐步实现宪法所体现的保护人权。否则，刑讯逼供就会屡禁不止。

侦查模式的改变将带来怎样不同的结果？简而言之，就像在牛车马车的时代引入了蒸汽机机动车，牛车马车相撞后果不会很严重，机动车出了交通事故则人仰马翻，损失惨重。技术侦察手段捅出篓子来，那可能就非常大。技术侦察手段甚至可以监听到高层，所以对于技侦手段，刑诉法还有一条规定："对技术侦察手段的批准、使用、监督权由检察院行使。"检察院是侦查监督部门。遗憾的是，至今也没有看到检察院关于技侦手段的监督制约的法律规定。这就如同柏油马路铺好了，机动车可以跑了，但是斑马线、红绿灯还迟迟没跟上，所以在这几年内，技侦手段的滥用恐怕不可避免。只有面临刑侦手段的滥用带来更明文制约严重的后果时，才会明文制约滥用。就像那个女警察，她如果知道不经过局长的批准，就窃听自己丈夫的手机通话，她就要脱制服，丢掉饭碗，一定不会以身试法。监听谁是有范围的，经过哪一级局长批准，而且监听时间是多长，截止到什么时间就不能再监听了，这都是有严格限制的。但是，违法的后果是什么？传统的中国法律非常简单，杀人者死，杀人者偿命，这就是后果。

打击犯罪多了就可能把好人打进去；保护人权多了，坏人会逃脱法网，这是一对矛盾，世界各国都一样。审判也一样，审判效率高了，萝卜多了不洗泥，审判质量上不去，有可能出现冤假错案。每个案子都很认真地求得司法公正，中国一年有150万的刑案，怎么办？干不了。所以，公正和效率又是一对矛盾，中国的刑事司法的矛盾怎么解决的？

我们先看美国怎么解决的。美国辛普森杀人案，开庭持续了半年多，号称世纪审判。如果每一个案件都像辛普森案这么审，美国法官要疯了，所以美国的处理办法叫作辩诉交易。这种交易的首要是被告人认罪。第二，在此前提下，公诉人和辩护人之间谈判刑交易，辩护人说三年，公诉人说不行，得判五年，讨价还价下最后四年成交。辨讼之间一旦达成交易，就直接送到法院，法官说有效，签署一系列法律文件，这个案子不审了，判刑四年。美国80%~90%的案件都是通过公诉人和辩护人之间传递辩诉交易来完成的，所以没有太多的案件积压。但还有10%左右的案件被告不认罪，到底有罪没罪要靠陪审团裁决。美国的陪审团有独立行使审判权，这是和中国的人民陪审员最大的区别。我们在电视剧里看到过陪审团，但是我估计在座的没有多少人特别研究过美国的陪审团。在美国作陪审团的成员需达到以下基本标准：第一，没有精神病。第二，没有犯罪前科。

第三,没学过法律。这一条是硬标准。法律人的思维有其局限性,陪审团的制度恰恰是要让老百姓自由心证来弥补我们法律人的思维上的缺陷。法律人老是说这个证据怎么样,证据确实充分吗?是不是还可能有别的?陪审团最突出的一条叫作自由心证,不要说理由,就凭感觉,说出嫌犯是否有罪。陪审团成员旁听了案子的全过程后,关起门来表决,他们只需要表决是否有罪,甚至不需要陈述有罪或无罪的理由。

在美国做陪审团成员是每一个公民的义务,任何人被选中做陪审团成员,公司都需要给予实际支持,庭审及判决前将被隔离,以防止受到干扰。这样一来,陪审团成员的审判就有权威性。那么陪审团成员是怎么产生的呢?控辩双方的律师、公诉人和辩护人拿到经过计算机随机摇出来的符合基本标准的候选人中产生名单,这个时候选出来一个人,控辩双方要表态,认为可以做陪审团成员或不可以,并要说出理由。辛普森案件中,选出的白人陪审团成员如果有过对黑人种族歧视的言论,只要说出理由的情况,这个人选就可以调换。也有说不出理由的情况,就是由于控辩双方各有 20 个无理由免掉的名额,所以只要有一方不同意就能被换掉,最后选出的陪审团成员几乎称得上“无可挑剔”,双方都满意。所以辛普森案件陪审团成员的筛选就用了三个月。确定下来的陪审团成员马上就被隔离,每次开庭都得去听证。这样的程序能抵消不满,让当事人无话可说。最后辛普森案件的结果大家都知道。辩护律师之一是哈佛大学的德肖维奇教授,他抓住了警察侦查工作中的一个薄弱点——袜子上的血迹。为了证明辛普森真的杀了人,警察画蛇添足地拿出了一双带血的袜子,说辛普森杀人时穿的这双袜子上就有死者的血,由此说明他在现场。但是,德肖维奇教授把这个袜子上的血迹压平了以后,重叠对着灯一看,这个血迹也是重叠的,这就说明这个血是倾倒在袜子上的。如果穿在脚上,外侧沾上的血怎么能渗到内倾的袜子上呢?所以,这个辩护律师非常聪明地证明了警察在证明辛普森杀人的问题上制造了假证,他没有证明辛普森没杀人,辩护律师的职责不是求真,而是证伪。求真是警察的事,我只是证明不是他或者证据不足。

在美国诚信是非常重要的。这位教授曾到中国来讲学，我们也和他就辛普森案有过沟通。他说的道理很简单，就像一个人吃一碗面，发现面里有一条虫，这个时候应该立刻把这碗面倒掉，不会说要看到第二条虫再把面条倒掉。只要有一条虫就不排除这个碗里还有第二条虫，不需要证明还有没有第二条，有一条虫的这碗面就不能吃了。所以辛普森案件只需要证明美国警察造了假，如此陪审团对控方就失去信任了。实际上辛普森的确杀人了，若干年后他还出版了一本书《如果我干了》。但是即使如此，美国联邦法院也没有对这个案子翻案重审，因为这个案子的审理过程在程序上没有任何瑕疵，挑不出毛病。美国法院的一个重要理念是证明没有一个错案，而不是证明是不是一个冤案。打个比方，我和张三昨天说了一句话，今天张三到法庭上说我说了什么话，我说没有，法庭让张三举证，无法举证下判决认定我们昨天没有说过话。其实我们昨天真的说过话了，但是这样的判决不是错案，不过确实是一个冤案。因为我们昨天真的说过话。但是法庭判决无懈可击，由于你不能承担举证责任，无法证明咱们说过话，法院认定的法律事实就是没说过话。

美国法律讲究的是一个程序证据，而不是实体证据，追求的是法律事实，不是客观事实，所以只要程序上挑不出毛病来，即便事实上辛普森真的杀了前妻，但是没有办法判他有罪。原审的程序上，无论是陪审团的产生、听证的过程，程序上没有任何瑕疵，结果无论是什么，联邦法院都不会重审，因为这不是一个错案。冤不冤另说，所以辛普森这个案件，实际上当时并没有入罪，走的就是程序正义。

严格意义上说，程序正义是法律上的一个专业词汇，最通俗的说法就是制定一个尽量科学的程序，在执行程序的过程中一丝不苟地把每一个程序做到极致，尊重并接受任何结果，把法律的程序放到最高层面，而把实体证明放到第二位。辛普森也的确因此逃脱了法网。

在很多国家的刑事诉讼案件审判中，发现公诉人的某一个证据是警察造假的，略过它但法官又通过其他证据判定，凶手还是能被判死刑，这就是实体正义和程序正义的差别。

回过头来，从法学界的角度说，为什么把辛普森案件定义为世纪审判？原因就在于辛普森案件实际上体现了美国文化的精髓，警察靠做假证打击了真犯罪，那不能保证未来不会做假证打击无辜。为了防止这种情况发生，向全美国警察发出通告，制造假证据需要承担法律责任的。因为利用制造的假证据定罪，意味着放纵了一个有罪的人，依然违背了美国的文化价值。世界各国警察都是打击犯罪的，都应该这么做。这就是陪审团的作用。

我国《刑事诉讼法》修改后增加了一条：庭前会议。这也是和国际接轨的一条。新版《刑事诉讼法》规定，“法官可以在开庭前召集公诉人和律师就某些问题进行协商，比如说证人出庭问题，开庭时间问题，非法证据排除问题，一系列回避问题，翻译问题。世界各国都有庭前会议，庭前会议的立法本意，就是在庭前把回避等问题都达成一致意见后再开庭，直奔主题。这个全国性颁布的法典，其实施细则由不同部门做出，如最高法院、最高检察院、公安部等，其中的关键在于各个实施细则是不能超越法典的，应该在法典的框架范围内。但最高法院却悄无声息地加了一句话：“控辩双方对没有争议的证据在庭审时可以简化出示。”本来“庭前会议”那一条解释说的是庭前不能看案卷以外的内容，庭审中解决案卷里的内容，这一条解释说的是可以看案卷的，对案卷中没有争议的问题简化出示，有争议的问题庭审讨论。出台这样的司法解释，事先没有征求过专家们的任何意见，还和刑诉法同步，从 2013 年的 1 月 1 日就实施了。为什么？就是因为法官为了提高审判效率，打开控辩双方的案卷，把有争议的问题拿出来，其他的问题简化出示，为的是节省开庭时间，提高庭审效率。这么一来，就意味着庭前会议律师进去以后完全和开庭是一模一样的，因为你进入案卷了，辩护律师的辩护工作就提前了，等于是提前开庭。这种提前开庭的模式，广大律师很不适应，但却对审判非常有利。如果我是法官，我也喜欢这种模式，开庭时就只剩下有争议的问题。但这种模式却对被告人非常不利，对控辩双方没有争议的问题庭审时可以简化出示，控辩双方没有争议，辩护人没有争议，那被告人有没有争议？

被告人的权利出卖了。

刑事案件和民事案件最大的区别是，如果民事案件原告、被告委托代理律师全权代理，那么一切可由律师做主。刑事法庭，被告和辩护人是两个独立的主体，辩护人不可以代替被告人，所以公诉人的每一个证据，都是先问被告人的意见，再问辩护人的意见；同样，辩护人拿出的证据也要问被告人什么意见，公诉人什么意见。而现在实际上是变相地剥夺了被告人的质证权，他看不到案卷材料，所以法学界从理论上讲是坚决反对的。可是庭前会议又不强求被告人到庭，被告人可以到，也可以不到庭。由于诉讼资源有限，庭前会议有90%的被告人都不到庭的，因为被告人到庭就得动用法警囚车，而庭前会议的初衷就是为了节省开庭的时间和成本。有几次庭前会议我拿出某些证据，说现在按照刑事诉讼法司法解释的规定可以拿出证据，我作为辩护人就要求把被告人找来，被告人不来我认可了，后面你们简化出示，不是剥夺了被告人的质证权吗？为了保护被告人的权利。我要求把被告人带来。法官不同意。所以我坚持只有被告人确认的我才确认，被告人不确认的我就支持被告人，我决不替被告人确认。

律师和被告人的关系，某种意义上讲也是一种斗智斗勇的关系，律师听从被告人还是被告人听从律师的，这是一个角力的过程。如果律师听从被告人的，律师就成了他的法律保护。如果被告人听从律师的，那么按照法律规则办事。

律师的第一职业伦理是不是应该追求司法公正？不是。律师的职业伦理实际上是维护当事人合法利益，是天平一头的砝码，而不是中间的轴。法官的职业伦理是司法公正，查清事实。律师不是法官，他是通过天平这一头的砝码来制约天平那一头公权力的砝码，以制衡达到公正，这个制衡达到公正的文化在中国只有一百年，中国传统文化中的公正来自于“包青天”。所以说，律师是对公权力的制约，这是对中国传统文化基因的改变，这是一个法制理念，也就是说两个坏人相互制约最后达到一个公正，和一个好人良心发现而达到一个公正，这是一座山的南坡和北坡，我们习惯走的是后者，实际上应该逐渐和国际接轨，走到一个相互制约达到的公正。因为每个人的内心都有自私的一面，每个人的自私都一定带来一场博弈，而只有相互博弈了，才能够达到公正，如果一个人的权利无限，必然导致权力的滥用，权力的滥用导致唯我独尊。所以律师的出现，应该把维护当事人利益最大化放在第一位。

律师是通过个案中的维护当事人利益来间接实现司法公正，而不是直接实现司法公正。直接实现司法公正的是法官，公诉人倒是具有直接实现司法公正的权利和义务，因为他是公权力的代表。所以检察官的标志是什么？是一支宝剑，宝剑是双刃的，证明被告有罪是他的权利，收集被告无罪信息是他的义务。但是律师没有，律师只需要维护司法正义，维护程序正义，维护当事人的合法利益，以此来体现价值。

何为一个成熟的律师？只需要具备两条：提炼、预测。首先是提炼。一个案件中涉及的资料千头万绪，律师要进行提炼，抓住主要穴位。第二是预测，别人走一步看三步，律师要走一步看五步十步，今天将会怎样，明天将会怎样，后天将会怎样？所以花律师费购买的是什么服务？实际上是买他的敬业精神加上职业经验。敬业精神有了，经验积累也有了。律师的经验是什么？是在当前的政治社会环境条件下，掌握司法审判实际的尺度和规律。同一个案件，两年后审判可能不一样，所以法律的生命在于经验而非逻辑，这就要求律师永远走在司法审判第一线，不断当弄潮儿，不断预判司法实践会变成什么样，这就像在大海里航行的船长，他一定是气象学家，时刻关注天气，预测天气，天气决定了海浪，海浪决定了船的航线。律师要把特定的当事人的利益最大化，可能顺水推舟，也有可能剑走偏锋，这完全取决于积累的经验。一个有经验的律师，就是把所有的这一个时空条件下的经验灌输在这个案子里，这是一个律师的作用。

再讲一下程序正义的话题。有一次开研讨会，我们遇到了一个英国大法官，有一位年轻人就问："有的被告人真的有罪，但在你主持的法庭里最后判决了被告人无罪，你内心是不是很纠结？良心是不是很过意不去？你心里是怎么平衡的？"法官说："我不纠结，法律是人民意志的体现，陪审团制度是人民的意志对司法个案的监督，人民原谅了他，我还说什么？"法官是这样找回心理平衡的。

有时候，我们法律人在追求程序正义的过程中，内心感觉事实离我们比较远，良心上是有压力的，这种情况下英国大法官能找到心理定位，我认为是很了不起的，这是成熟的法制的一种表现。

为什么这么说呢？英国的光荣革命完成了三件事，第一，把王位继承的程序定下来，伊丽莎白女王作为女王，王位的继承都在他们家，别人也别想篡位。第二，司法独立审判。第三，普遍法制原则。什么意思？要求所有的法官、所有的臣民第一忠实于法律，第二忠实于国王。你可以叫皇家海军、皇家空军，但那是法律体制下的。所以把效忠国王放在第二位，把效忠法律放在第一位。由于审判独立，英国经过了多年的积淀，积累了雄厚的法制基础。

还有一句话："公平不等于公正。"就像我和南律师，一男一女，每天她只吃一个包子管饱，我也吃一个包子，但是不够。公平吗？一个人一个，公平。但公正吗？不公正，我还饿呢，她已经饱了。所以公平不等于公正，为此法律的天平一定要稍微偏向弱者这边，为的是求得公正。比如说机动车和自行车相撞，哪怕是自行车负主责，交规也要倾向一点非机动车，机动车撞了人，无过错责任还要承担20%的损失，这些细节体现的就是法制的精神，法制追求的是公正，不是公平。

另外一个理念是打击犯罪的时候宁纵勿枉。行内有一句话："放纵了一个罪犯，污染了水源。"我们今天要树立的一个观念是什么？不能因为一个人、一个案子而撕破了一张法网，动摇老百姓对法制的信念。就好比渔民永远在补渔网，绝不会拿着一张破网去抓鱼，宁可放纵掉某些抓鱼的机会，漏掉一些大鱼，也不能把网弄破，破了就得马上补。而我们国家今天法制的不成熟在于过分强调把个案中的被告人绳之以法，而忽略了这张法网的完整，忽略了人民对法律审判的信任。一个法制社会最主要的是老百姓对法制理念的信任。

法律认为整个社会变得有规则效率的时候，一定是以牺牲个人的效率为代价的。比如交通，就你个人来说，穿过马路直接走过去效率最高，但是对一个城市来说，你得走斑马线，走天桥。为了保证车子能够高速行驶，所有人都要遵守交规，人要绕很大一圈，每个人都牺牲了个人的小我，换得了整个社会的高效率。我们今天能不能容忍个案中的不公正以换得整个社会的规则？这是我们今天的文化不能接受的。就像辛普森明明杀了人，但是没有翻案，也没有被再追诉，联邦法院也没有提审这个案件，就这样让一个有罪的杀人犯至今还逍遥法外，但是这换来了整个美国法制文化的传承和完整。我们的文化也要逐渐从一个人凭良心做事变成两个人相互制约形成一个公正。

就社会而言，法律是最低层次的道德，道德是最高层次的法律，这就是法律和道德应有的地位，这是我们法制文化的重要组成部分。法制就是法制，德治是最高层次的法律。

在今天这个时代，很多人问我怎么做律师，怎么生存下去，怎么发展下去？我觉得大家如果有机会还是可以看一看《犹太法典》，里面有三句话："有耐心，容忍我们不能改变的事情。有勇气，改变我们可以改变的事情。有智慧，区分前两者。"

**李津逵** 我给律师提个问题，西方是个人权利本位，中国传统社会更重视家族、集体，这两种文化该怎样结合？它们是什么关系？比如，香港的新界地区在 1973 年的时候才取消了一夫多妻制。美国耶鲁大学也有教授发现了在乡村的人民并不是每件事儿都诉诸法律，叫作无须法律的秩序。还比如说外嫁女的股权，她已经不是本集体的成员了，户口没有迁走，因此法律就判她还是这个社区的成员，因此还有分红权，但是中国的传统文化认为你已经嫁出去了就是泼出去的水，不应该再在娘家分红了。未来，我们的方向是彻底向着西方的个人本位的法律呢？还是与中国的传统习俗保持一定的关系？

**钱列阳** 不仅在中国，其他很多国家也一直存在着普世价值、法制文化和当地的乡规民约的矛盾。有一次，西藏发生了一起杀人案，杀人犯要上法庭，被公诉定罪,但是他们通过乡规民约解决了,杀人犯的家属已经向死者的家属做了赔偿,死者的家属也表示谅解,不再追究杀人犯的责任了,所以当地法庭提起公诉后,受害人家属居然冲上法庭把公诉人打了一顿,说:“我们已经解决了,你还要抓他干什么?还要判他干什么?”在现实中,法律和乡规民约互相渗透的过程是柔性的,而不是刚性的。

法制是在现有的框架下完善,21世纪的我们应该怎么看待乡规民约?作为法制文明的社会,它是逐步推进的,这个过程一定是渐进式的,而不是刚性的,不是摧毁式的,香港的一夫多妻为什么直到1973年才废除?法制的核心点是以不破坏生产力、不破坏人身、渗透式的方式来进行的,更符合自然规律。水见到石头,就绕过去,漫过去,而不是推过去,这是一个很重要的法制理念。

所以法律的本质,我们一定要认清,它的背后是人文关怀,不是暴力。

**南　洁**　李津逵老师提到的问题是公民的财产权利在乡规民约中的体现,而钱律师解释的是人身权利是否被重视。对于公民的财产权利本身,国家法律相对于刑事法律是更完善的。两大权利是有差别的,人身权利是有乡规民约,而财产权利是有一个平权的基本意识,这在法律概念上是有差异的。

**杨博士**　我提两个问题。现在社会的法律的公平和选择性执法存在很大问题,社会上也没有一个双方信任的第三者,可不可能引进西方内部交易的和解制度?承认过去的历史问题,双方和解了事。

第二个问题,今年是改革创新年,我个人感觉这个改革是法制创新和顶层设计的矛盾。

**钱列阳**　你这两个问题归纳到一起,恰恰说明中国改革开放30多年,我们的法制化做得非常不够。法制化的一个最主要的是稳定、透明和可预见。

人在社会里生活，今天做什么，明天做什么，要明确我做了哪一件事必然将受到惩罚。法制的基本理念就是这种，法制非常稳定、公开、透明，是老百姓可以预见到的，我们就会生活得很踏实。

我很清楚就法论法和法的背后，这就如同海面上漂浮的冰山，你看到的白尖只是七分之一，七分之六在海面之下。我作为律师，只能是站在律师的位置，就法律问题发表意见，有限的才是有作用的。在一个黑暗的房间，把手电打开，照亮一个光斑，这是有限的，但是是有作用的，至少出现了一个光斑。如果把手电对着茫茫夜空打开，是无限的，但什么作用也没有。我们律师的作用发挥到极致，也有自己的边界，边界之外的事情我不会去做。

**嘉　宾**　我冒昧问一个问题。美国从建国刚开始，就在公权和私权上纠纷不断，有些人认为是州法律大于联邦法律，这是私权大于公权。有些人认为是联邦法律大于州法律。美国当时建立的宪法是非常不全面的，也是非常纵容私权的，导致最后州和州之间的联系不够密切，联邦松散，最后经过修改才变成真正的宪法，才让这个国家成为真正的联邦国家。

现在美国法律有很大的争议，在第二修正案里，公民是有权利拥有武器来保护自己，也就是持枪。很多人认为公民不应该有权利任意持有枪械，但有些人认为是可以的。我的问题是：人民是否应该约束自己所拥有的权利？

**钱列阳**　法律的作用是一条红线。什么意思？人有吃饭的权利、睡觉的权利、言论自由、玩的权利、休息的权利，你所有的这些权利不应该受到任何制约。但是，当你的权利的运用影响到他人的权利运用的时候，法律是一条红线，你超越了这个红线，你就要受到制裁。比如，你应该吃两个馒头才能饱，没问题，但是你今天只有一个馒头，他也有一个馒头，你为了吃饱，去拿了他的馒头，以至于他没法吃上饭,法律不考虑你的饱和不饱,首先要制约你,因为要公平,要考虑到他也必须有饭吃。

所以,法律的界限在于哪里?不是说限制私权利,而是说当你的私权利的行使妨碍他人行使权利的时候,法律才限制你,不然,法律应该充分保护你。你该睡觉睡觉,凭什么法律限制你睡觉?只有你睡觉影响到了别人,驾驶员开着飞机睡着了,法律一定要制裁。所以法律的制裁一定是要理由的。

# 区块链给我们带来重构社会的可能性

我们的社会

# 第125期银湖沙龙

**时　　间：**2015年7月28日

**主讲嘉宾：**张　红　知名天使投资人

**主　　持：**贾洪权　思鼎创投董事　总经理

**点评嘉宾：**卢顺翔　深圳市众筹同业公会　执行会长

**张　红**　区块链和比特币产生于2008年美国的次贷危机，这场金融危机导致了经济危机，最后导致了政治危机，发生了占领华尔街的运动。在这种环境下，有一个人叫中本聪，他创建了一个算法。我不是计算机专业的，但会看一点代码，直觉告诉我，这个技术的重要性可能不亚于互联网本身，于是就一直关注，并在5美分的时候买了很多比特币，当时的想法只是支持一下。

这是区块链1.0。比特币产生的初衷，是反对各个国家用货币来奴役民众，各金融系统的不公平，当时中本聪这帮人就觉得，各个国家的统治精英都把货币变成了一个稀缺资源，用这个稀缺资源来奴役民众，他们希望以良币驱逐劣币，也就是法币。

区块链1.0，就是要用公平的方式来分发第一次货币，他们就用了一个挖矿机制，只要电脑一直开着，挖矿程序就能一直运行，我5美分买了1000个比特币，挖了300个比特币。挖矿就像掷色子一样，参与的人少很快就挖出一个，人多就要排队，就要看算率，就是多劳多得，它的多劳是多在算率上的。后来挖矿越来越难了，大家都觉得这是钱，一拥而上都去挖。为什么要挖矿？是我要分配我的货币，要公平。谁出钱买算率，你就可以挖到比特币。

从这个角度来讲，区块链其实是通过每个人的算率，只要你我的比特币钱包都开着，就提供了一个节点，就像一个热点，我们之间的沟通就是点对点的沟通。而今天的互联网是通过一个通信协议来达成连接的，我们就不用通信协议了，我们点对点，只要有钱包就好，把钱包开着，我们自成一个网络。

那比特币可以做什么？这是一个问题。货币有两重性，第一，可以作为等价物来交换，买东西。第二，作为货币要储存，形成财富。其实在我眼中，储存货币这个功能是可以解决今天所有的问题的。金融风暴就是市场上的货币不足，大家都很害怕，不敢把钱投向市场，市场上就没钱。没钱了国家倒是可以再印，但是这很伤害一般老百姓，因为购买力被剥夺，生活水平下降，对经济增长和创新没有好处。

一开始做区块链的人是想颠覆央行和银行的金融模式，大妈们一拥而上，大咖都被挤走了，价格就跌了。区块链的钱包是所有人共管一个账户，是去中心的，分布式的。比如你丢了银行卡，也不记得银行账号，还可以用身份证找回来，因为银行都把所有的账号都放在一个中心的地方，可以找得到。如果你把比特币账号的地址和密钥丢了，那谁也找不回来，因为账户并不由一个中心控制。

这样就公开透明了。你的比特币钱包有一个身份叫作 ID，我不知道你线下是谁，但是这个钱包上的 ID 所做的事情都是全网公开的，因此，欺诈成本是很高的。比如我找你买东西，付了钱你却没送货，我被骗了，我就在你的钱包上做一个标记。区块链有一个特点，就是所有记录的东西都不可撤回，所以说一旦欺诈，就是全网公开的。

这就是区块链 1.0，我讲了货币的产生，我们再来看看区块链 2.0。

我对这个东西感兴趣，一直在观察。区块链 2.0 已经超越了货币的概念，是智能合约，开始了众筹行为。众筹就是大家一起投资，有人领投有人跟投。区块链的众筹，合约是不可撤回的，如果把合约和钱包放在一起，那就不用法院了。

现在我们做生意需要签合同，律师就合作双方谈好的起草一个协议，反复修改。协议签完了，一方签好了却不遵守，接下来只有进入法律程序，至于最后能否拿钱回来，还得看执行力度。

区块链 2.0 的智能合约可以做到什么呢？比如，每人都有一个钱包，我们两个人做一项 100 万的交易，我们在网上商谈，一按 ENTER 键，100 万自动付给对方，不可撤回。欺骗会让你在未来找不到合作伙伴，这就是智能合约的方式，把人类的行为和钱包挂钩，就变得很有效率。智能合约未来会什么样？怎么改变我们的社会？金融服务和所有的交易，都不再需要律师了。

另外，众筹的应用突然之间变得友好了，为什么？因为区块链能帮助实现流通性。再过 30 天，小贝壳会尝试上线“贝投”，贝投是用小贝来投资初创企业，也就是历史上从来没有初创企业可以有流通性，就像股票一样流通的。没有区块链，众筹是不可能有流通性的，包括阿里众筹、京东众筹，你投进去就会发现，什么时候有流通性，一定是要么企业被卖，给别人买走，或者是企业上市。

区块链对于金融有新的可能性，其实还可以做很多服务。有一个应用叫作数字资产。比如，我们两个人要创业，去工商局登记至少一个月，接下来还要融资，融资了以后因为有新的股东，又要去更改登记，很麻烦。在区块链，因为登记是不能撤回的，我登记我们两个人一起创业公司，上面记得清清楚楚，我们可能又把一些股份卖给另外一个人，只要把这个人的钱包登记上去就行，而且全网公开。

我们公司正在做艺术品，假如有人看中了一幅画，只需要购买该画的股权，买下后在家里挂一个月，接下来还可以卖给别人。这样，艺术家第一次可以只靠一个钱包，直接找到客户，这就是区块链。还有，现在做原创歌曲的都拿不到钱，盗版猖獗，如果把原创歌曲放在区块链里，让所有的钱包都能够听，喜欢这首歌的就支付 2 分钱，假如有七千万用户，一百万用户，每人给他打一点，那这个音乐家是可以是靠大家的“包养”而活下去的。这是数字资产在区块链 2.0 智能合约上的一个应用。

我们还有去中心化的存储和计算。只要有一个钱包开着我们的网络就存在,大家通过一个分布式的算法,通过 APP 和 APP 直接交流,也就是说,我们在今天的互联网上又加了一层。

目前,深圳发展到今天,机会在哪里?智能硬件是希望所在。为什么要智能?如果看区块链,就不难发觉世界正在往这个方向发展。比如,这盏灯、这个空调是智能的,那它是吊在网上的,为什么要在网上?中国制造毛利永远3%,所以只有把产品变成服务,才能产生支付。机器怎么支付呢?机器和机器要会交易,这就是区块链 2.0 的贡献,让一个机器内置钱包,就可以变成一项服务。比如,我们的空调坏了,以前我必须打电话找客服,然后等待修理人员上门;如果是区块链的世界,因为空调内置钱包,如果坏了就自动通知另外一台机器,可以远程修理或者派人上门,然后又会自动把钱支付给来修理的人。

智能也是节点,只要节点开始,我们就有一个不用通信协议的网络,我们自成一个互联网。物联网的概念就有了。如果不带钱包,物联网是空调的,没有商业模式。如果机器能支付,那么他就是智能的。这是区块链 2.0 给我们的东西。

区块链的社会学价值叫共识机制。没有中心,虽然小贝壳是我创造的,许多人让我做一个规定,我说我不做,要做也得95%的钱包都同意才能做。所以说这个共识机制是大家共同来做这件事情。

由于有钱包的功能,可以成立一个自主运营的市场和交易网络。举个例子。Uber 刚出来的时候,政府有很多管制,但是还有很多司机在使用。因为这个平台 24 小时全开放,使用的司机可以业余,也可以全职,司机不借助任何人或组织,靠一个 APP 就可以谋生了。前面已经提到了,今后的连接是 APP 对 APP 的。后来出了一件事情,武汉有一个车管处的人用钓鱼执法的手段抓了一名 Uber 司机,说是黑车,那个司机就在 Uber 司机群里说了一下,一时间引来 2000 名 Uber 司机,围攻车管处,最后连武警都出动了,还朝天开枪,差点出人命。我就和他们有联系,劝他们离开,应该想别的办法来解决社会问题,重新进行一次服务设计。我建议他们用我们的钱包,小贝壳 24 小时都可以换成人民币。Uber

载了客人，从 A 点到 B 点，可以收钱，我的钱包只要开着，只要你去开车我们就可以付你钱，他一边开着，就等于在挖矿，一个一个区块就挖出来了，我们的网络就有了。

我们再讲区块链 3.0。

区块链 3.0 的想象力就更大了，它重组了人类组织生产方式。举个例子，在区块链里面，大家说所有的话都是全网公开，但是在法律上，钱包的 ID 是域名，没办法证明 ID 在线下就是你，所以区块链 3.0 解决了言论自由的问题。又是一段算法，最重要的是去中心化，用算法保证，不是人为的。

这个算法很厉害，都是开源的。就是一个逻辑，比如说我们计算机的算法，0101。区块链的货币主要是加密货币，一个货币就是一个密码，只能用一次，如果我付给你，这个货币就只有到你那里了，做不了假。也没有裂变，没有分拆的方法。

**嘉　宾**　这实际上不叫货币，货币是人们强加上的，它是一种数据，一组独立的计算机内部数据，这个数据又由于代码方式的存在，所以说只能是一次性使用，所谓的增值都是第二次的叠加而已，靠金融市场或者是计算机内部的“金融”系统，但是物理性还只是一个数据而已。在计算器的内部，实际上没有减法，从来都是加法的概念，也就是一批硅的芯片中间打的小东西，一旦定型，由图灵来进行保证，作为密码的方式。区块链也是我们附加上的一个语言的说法，形成了独特的封闭环节，如果要渗透进去，必须要用密码法的方式来驱动，说起来还是一个程序。

**张　红**　区块链重构社会，它给了我们一个什么可能性呢？举个例子，我是小贝壳，你是大贝壳，我们都认可这个世界观，我们就可以成为一个社区，互相把各自的需求满足了，没有一个人在区块链里面可以做独裁者，或者是用一种货币去控制大家，大家自由生活，不依靠任何人。我觉得这是一个可能性，也就是自由，每个人都有比较自由的意志。

接下来看一下区块链的未来，我觉得有几个趋势。

第一，可以以匿名的方式证明你的存在。也就是证明你爸是你爸。我们现在都有身份证，其实区块链登记身份更准确，不可撤回，你生下来是张三就是张三。

第二，区块链政府，去中心化的政府的服务可以通过区块链实现某些东西。比如卫生和慈善。现在大家对慈善组织都有意见，我捐钱了，但钱到底用哪里了？说不清楚，即便说了，你也不相信，这一点很糟糕。区块链重建了信任机制，是一个公共账户，大家都用区块链来看，钱用在哪里都清清楚楚。

第三，在科技方面，区块链基因学。这方面很有意思，大家都觉得很隐私，我不想让别人知道我的DNA，那只要匿名就可以了。你的DNA提供给数据库，让大家研究怎么治病，可以用知识引擎模拟。在保护隐私的同时还把你的DNA的知识和内容，贡献给想研究某种疾病的人，这对科技的研究会产生很好的效果。而且大家可以在区块链里面一起来做一个项目，这一点也好。

还有后面会有很多的私人货币，法币会越来越弱。为什么呢？每个人都希望有自己的桃花源，自己发货币，相同想法的人一起生活。本来每一个区块链都是一个个独立的，最后出于某种需要，不同的区块链间可以互相交换，变成一个策略。

我简单总结，区块链是一种新的组织范例，比以前能更大规模协调人类所有的活动。同时很重要的一点，它还是货币。去中心化的模式也是未来的计算模式技术。

我今天的演讲就到这里，看看大家有没有什么问题。

**贾洪权**　比特币出现了这么久，被各界人士所引用，大家都一直保持神秘感,同时也没有出现任何丑闻,比如比特币贪污了、丢了、造伪了,都没有。作为边缘的新生的事物,没有与负面的东西联系起来,这个本身就是值得思考的问题。因为它基于区块链的技术,去中心化,分布式,不可撤销,不可违制。

我们人类的价值体系传统上是依靠法律来保障,我们的公平、正义、透明、自由。法律在执行当中,不能尽如人意。但是突然有一天,我们的价值财富可以通过某一种技术来进行保障,我们所需要的公平、自由、透明、公开,都可以通过某一种技术在网络世界里得到确保。

人类社会的物质财富,从原始社会到今天,有朝一日,如果我们真的过渡到了科幻电影里面刷信用点来生存的时代,我们的信用点到底怎么玩?既然是数字的,应该比货币、纸钞、铜钱,比以前的以物换物的效率更高。那么区块链也提供了一个范例,让我们觉得物质财务的信用化在未来也是这样的趋势,是有保障的。

一旦实现了真正的智能,可以实现机器与机器之间的交易。更可怕的是,在这样的情况下,我们突然发现,原来包括政府在内都只是一个媒介,这样的技术会让所有的行业全面脱离,不光是金融行业。那是一个什么样的时代?这值得我们好好思考。

**卢顺翔** 我的思考有很多。首先,我认为这是一种创新。我们小时候看的科幻小说,现在大部分都已经实现了。现在互联网的发展已经到了无所不能的地步,接下来到底会发展到什么程度,我们仍然和看科幻小说一样,我们最后的创新、发展会不会被机器人全面代替?区块链的创新就是去中心化,就是做到公平。

我的第二个观点,不知道对不对,央行也好,世行也好,货币组织也好,都是人类在历史进程中逐步建立起来的,从原始社会以物换物,到发展货币,发展金融,再发展了世行和央行,现在发展出了互联网的币,大家能够公开公平享受整个社会财富，听起来是世外桃源，关键是谁帮你修路？谁帮你通电？如果两个世外桃源产生矛盾，谁来维护法律关系？所以，我觉得应该是有条件的去中心化，在一定的秩序下的去中心化。

**张　红**　我们这个时代，是边缘的东西会变成主流的时代。如果我做投资，不会投给太有逻辑的对象，没有一点想象力，就可能没有颠覆力，就是没有创新力。每一个货币后面是一个理念，是一群人想这样生活的一个生活方式的设想。

**嘉　宾**　技术问题主要依靠程序员，再难也不过是一个工具性的活动，核心问题是您刚才讲的理念，每个人都要发，发了以后干什么？从某种意义上来讲，以前现金社会，现在的信用社会，都是建立在有中心管理方式的前提之下，现在又走到了无中心化的趋势，实际上是站在了互联网技术的肩膀上。这又是一个原始的竞争，一个币出现，会有很多同样的币紧接着出现。五十、一百年之后，又是现代化的重新返回，那时候还会产生新的，建立在互联网、现代化模式上的一种协议，那时候地球是统一的，不存在国家的概念。

**郭万达**　因为我是做经济学研究的，所以这对我的冲击非常大。我听了张老师的概念之后，就觉得这其实是一个权利的再分配，是一个强者的再创业。

这样一个未来的世界是有原型的，但在原型之下又是另外一个世界，与现在的世界其实是不冲突、不矛盾的。想明白这一点，我就不用害怕了，只不过张红老师创造了另外一个世界，这个世界里面就是权利的游戏，其实和拉斯维加斯的赌场没什么两样，进了我这里就按照我的规则，换我的币，但全世界的赌场都有共同的规则，第一愿赌服输，第二到这里来就得遵守这个规则，离开这里后你该怎样生活就怎样生活。原来这个世界并没有被消灭，也不可能被替代。

**张　红**　我们要怀着最大的善意来做这件事情。第一个是我们改变了什么，我们有没有机会为需要的人打造一片天地。小贝壳可以做一个实验，通过一个虚拟的世界，也不影响到所有人。

我跟大家分享一本书，叫作《有限游戏和无限游戏的哲学》。有限游戏大家都玩过，它总是会结束的，无限游戏是每一个参加游戏的人都尽量不让游戏结束，可以玩一千年，那是什么？哲学家讨论了这个问题。我想知道，在一个无限的游戏中，我们能不能建立一个共识机制，就是 90% 的人都觉得这个机制 OK。我们回到哲学上来讲，什么叫作幸福？每个人的定义都不一样。还有，说一套做一套的人实在太多了，他如果在一个互联网的社区里面，他的行为可以通过一个钱包告诉你，他喜欢什么，是很真实的。最后你整理数据，作为一个机制分析，然后用投票得来的共识机制与大家再一次讨论，至少我不是你的独裁者，我不会把东西硬塞给你，这是一种理念，我不知道会不会成功。

**嘉　宾**　我想通过一个例子来发问。前段时间，互联网上有一个叫作六六的作家，因为买到了假货，借自己名声把这件事情散播出去，引起社会上的讨论。这是我们身边很多弱势群体没有办法做到的。这是属于中心化的一种趋势，就是中央电视台一家在播放信息，13 亿人民在接收信息，我们希望每个人的话语权都能行使。我不知道区块链能不能解决这个问题？

**张　红**　一个人的影响力还是中心化的东西。如果一个非盈利组织老是靠施舍，最后肯定做不下去，传统的慈善组织我一点都不看好，因为他们没能解决问题。

我们先来说这些弱势群体在区块链的生活方式中扮演一个什么样的角色。

他们在区块链上，会开车的就可以做一个 Uber 司机，或者擅长做饭的可以为邻居做饭，以前邻居间也是不认识的，现在通过钱包，把饭做好，钱就付给你，每个人都可以广而告广自己掌握的技能。

因为觉得目前的社会不够有效率，因此建立了各种各样的组织，比如说公司。比如，美甲师可以上门服务，但还是得靠一个网站来做，或者说这个美甲师必须去一家实体店才能获取用户。如果用区块链点对点的话，以前的那些问题就都解决了。

什么是互联网+，就是你用一个服务设计的方法，重新看他们的问题在哪里。我问所有的创业者，你解决了什么问题，给社会带来了什么改善？否则，创业这是为了赚钱，与社会有关系吗？如果你想改变别人的命运，如果我们的区块链还要靠一个中心化的权威来告诉我们这件事情很不公平的话，我们也不要做了，我们与传统的互联网，和线下的现实社会就没有什么差别了。

所以，我们要从另外一个角度看，设计的思维是什么？就是从另一个角度看怎么解决问题，因为原来的办法造成了这个问题不能解决。

**嘉　宾**　可不可以这样理解？去中心化以后，每个人就是中心。

**范志明**　如果在现场，就是现在这个发言的问题，如果用您的理论区块化怎么处理？

**张　红**　很简单，就做一个智能合约，我们要怎么设计一个机制，而且让这里 95%以上的人都同意，就 OK。

**范志明**　还有一个更好的解决方法，我认为我勇敢地站出来，我相信其他人会允许的，因为他内心有机制，这个机制不是内部出来的，是与生俱来的。

**张　红**　对,这个就是人性。

**郭万达**　他讲的人性,你讲的是规则。

**张　红**　对。当然我们要从人性出发建立一个规则,并不是说要扭曲人性。

**郭万达**　意思是人性从长远来看,永远是不可靠的,而是出发点往往是基于人性,但是不能永远基于这一点。

**范志明**　第一,人性天天在变,外部环境在变,人性也在变,参与的人数也会变,会发生很多问题。我们的规则永远来应对人性的变化,不知道能够撑到什么程度,这是我的疑问。

**张　红**　我的理解是,每个人的人性可能因为种族不一样,文化不一样,可能美国人的人性和中国人的人性有所不同。所以在设计一个服务的时候,你在我的区块链上搭 APP 应用的时候,它是一个公开的机制,比如说我只对某一帮人的人性设计服务。

**范志明**　刚刚还有一个例子我不明白,你们给所有的人智能设备,他开 Uber,无论他接上人和不接上人,我都给他钱,那这属于什么?

**张　红**　这是一个技术问题,他在为其他区块链的用户提供节点,因为没有节点的话，我们不成网络。

**郭万达** 这个规则的变化不界定为完全是出租车，已经变成了一种社交的平台，一种生活方式。因为 Uber 带来了巨大的冲击，不光是对出租车这一行，包括所有的媒介，颠覆了所有的信息不对称，现在已经发生变化了，但是这个变化是规则的巨大变化，这是新的规则。

**范志明** 我也同意去中心化，我的问题是，你有极大的善意，但是这种影响，上对下的影响，这种基于血缘关系，亲情关系的教育和影响，在你的区块化里，怎么看待？

**张　红** 我自己也投资了两个教育公司，用区块链在实验，并不是说我知道应该怎么做，但我愿意做很多的尝试。教育是什么？为什么要教育？他的目的是什么？这变成了一个哲学问题。但不能漠视的是，我们从小被人灌输，被灌输以后还要考试，考试后还有一个标准答案。因为我是互联网人，我觉得要描述场景，要把场景搞清楚，把人性背后的东西搞清楚，才能改变什么。

**贾洪权** 在教育这样的领域中，它天然就是经验主义的，需要传承，需要上行下效，所以区块链在教育上有没有可能？

**张　红** 为什么要去学校？在互联网时代，我认为学习即搜索。既然是区块链，人工智能，至少有一件事情可以做，那就是知识引擎。

我说我们以后就可以搞一个创新的教育，要让学生主动学习，他必须知道他在做什么。

把区块链放进去，我说小朋友你们可以自己召集做一个简单的编程项目，如果把作品传上来，我就给你 1 个小贝壳，他们共得到了 8 个小贝壳，他们在群里面说今天赚到 8 个小贝壳，因为他们学会了编程以后，再教其他的小朋友编程，循环下去。

**范志明** 作为非营利组织，第一个是慈善和公益的理解，第二个是教育的理解，这两个其实是商业模式里面的软肋，或者说是当下中国商业模式的软肋，为什么一到了中国，所有的商业模式就开始变形，变成一些很坏的东西，就是因为在教育环节和公益慈善的领域里面，我们欠账太多，不管是欠文化的账也好，还是商业模式的也好，这两个不补上，在中国想做创新，简直是空话。

**张　红** 很简单，我们必须放弃精英主义的想法，区块链与精英、权威没有多大关系，因为其中的机制会不断形成，由大家自由选择，你怎么认为不重要，我怎么认为也不重要，也就是，你认为你帮助了别人，我认为你没有帮助别人，因此要把一个机制重新设计好，才能改变。

**范志明** 慈善早就超越了某个精英拿钱出来就解决某个问题的阶段，或者是中国根本就没有这个阶段。我去凉山以后，是带着敬畏感去的，所以我很小心地和他们谈。很多支教老师去了以后，有一个问题解决不了，就是孩子偷东西。在传统概念里面，孩子偷东西是一定要教育的，因为偷东西就是侵犯了别人的私权，但黎族人的孩子会把所有的鞋都拿到家里。结果老师问，你为什么偷人家东西啊？把别人的鞋都拿了，违反了规则。这个孩子一脸木然，老师又问，你为什么不拿电脑？为什么不拿投影仪？孩子回答我搬不动。那真正的原因是什么？黎族人从来不认为这些东西是自己的，他认为这些东西可以共享。我们这才知道，黎族早就创建了一个分享的社会，但是汉人过去说，偷窃是违法的，侵犯了私权，所以要惩罚。如果我们只有一个善念和强大的手段，而不是敬畏，如果我不去听孩子背后的那一段话，没有一个基本的平视的角度，根本不知道黎族文化在多少年前就创造了文明。

**张　红**　很好的问题。其实，这些所谓的问题都是经济问题，少数民族的政策问题有很多的复杂的因素，要解决肯定要用一种新的分析方法和技术手段，否则的话，你也改变不了。也就是说，我比较讨厌所谓的精英居高临下的帮助，去那里只是为了自己感觉好一点。作为互联网人和革命者来讲，我觉得这个都不重要，本来生活得蛮好的，你觉得他们穷，其实他们说不定过得很开心。我就觉得这些东西都不重要，重要的是人的自由意志，可以自由选择他的生活方式。

**贾洪权**　这也说明了一个问题，您今天传播的是一个自由的理念，当您播下一颗自由的种子，将收获更多自由，包括言论自由。

我们这个社会确实是多元的，不光有郭院长说的线上和线下的，现实和虚拟的，也有范总说的文化的维度，也有互联网的技术的维度，人作为一个不完美的生物体，本身就有他的经验主义，有自己的局限性，人类也是在摸索。每一种新技术的出现，都不能解决所有的问题。区块链不是我们未来的全部，我们未来还是需要文化，需要传统，需要习惯法，需要商业模式。

今天的分享带给我们大家很多启发，敢于挑战的人，实际上收获是最大的，因为你点燃了他心里的某一团火，让他忍不住要讲出来。我是感觉如果从规则的角度来讲，我们定一个规则，他说得多了，我就要让另外一个人讲。但是如果是从区块链的角度来说，我们可能会制定一个原则，让他很想说话，但是在这个技术上保障他只能说一分钟，60 秒后就没声音了。这个可能是技术维度和法律维度、规则维度的不同所在。

作为总结，我想说，最有意义的是人类的价值财富，我们所珍视的，是自由、公平、正义、透明是不可撤销的，这些是普世的东西，现在又多了一种技术保护的手段。当然，大家可以探讨，包括在以后的社群时代可能也会有无数的圈子，会更加多元化。我们欢迎这样的时代的到来，我们也期待这样的时代的到来。

# 空间综合人文学与社会科学研究

我们的社会

# 第64期银湖沙龙

**时　　间：**2010年8月13日下午

**主讲嘉宾：**林　珲　香港中文大学太空与地球信息科学研究所所长、国际欧亚科学院院士、中国科学院/香港中文大学地球信息科学联合实验室主任

**主 持 人：**李津逵　中国(深圳)综合开发研究院主任研究员　理事

**林　珲**　我先从自己的经历开始讲起。1974年,为响应"四个现代化"的目标,全国各省将总参系统的测绘处扩建为测绘局,进行了"文化大革命"期间第一次国有企业工人招聘,我成为江西省测绘局第一批测绘工人。2005年,我回江西参加测绘局30年庆,并作为老工人代表上台发言,我说:"如果江西是我的根据地,测绘局就是我的井冈山,井冈山红旗没倒,我进测绘局之后,一直在做一件事,就是地理信息的获取、存储、分析和表达。"这条路我走了30年。我想知道,在这个社会发展到不同阶段的时候,我们这些从事地理信息的学者,到底能为社会做些什么?其中一件事情就是我们能不能在理工和人文学科之间建立一座桥梁。

近几年,大家都非常关注空间综合人文学与社会科学。60年前,美国哈佛大学首次撤除地理系。此后,几乎所有的美国私立大学都相继裁撤地理系。直到前几年,哈佛大学重新组建地理信息中心,时任校长萨默斯深有感触地说:

“不是地理重新回到哈佛，而是哈佛重归地理。”他认为，地理学的核心思想，包括空间综合方法，能够在社会、经济、管理等方面起到重要作用。

文化现象和社会问题，说到底与人相关。地理学有自然地理和人文地理。如果离开了人，自然就是一种现象，哪怕是滔天洪水，铺天盖地的冰雹。直到人类出现，这才变成洪水灾害、风灾。因此人的行为离不开空间限制，很多现象就会涉及心理学、社会学，涉及人的活动、社会活动、社会现象。我们希望量化空间，这就需要经得起检验的科学方法，其中的基础就与地理信息的框架有关，包括坐标体系、表达方式，还有其他多种手段。

任何社会问题都离不开时空信息。时间与空间是记录表达事件的基础，如何把它们联系起来，是大家都关注的。在我国60周年大庆时，我们用科技手段从太空七百多公里外拍摄天安门广场，形成一个宏大的和平鸽图像，政治研究人员可以从中诠释和平崛起，以及国家精神。

如何将时空信息联系起来？如果一张图像的平面是城市地图，纵轴是时间的标量，就可以描述一家人一天生活的轨迹，形成经典的时空框架。早上，妈妈骑自行车送儿子去学校，再去购物，最后接孩子回家，妈妈的活动过程都记录在这个时空坐标系中。爸爸也许比较简单，从家里去办公场所，最后又回到家里。

什么是空间综合？空间综合就是利用空间坐标系统整合多元的信息。信息来自自然或社会，各种数据源，利用空间坐标、经纬度或者X、Y、Z，建立一种带有空间特征的数据库，如此就可以把信息综合起来。如果没有建立一个好的整合平台，我们就没办法对多元的信息进行相关分析。在研究社会的不同发展阶段时，从原始人类、农业时代、工业时代，到信息时代，涉及各类空间因素，比如空间障碍因素等。在原始社会，地理障碍对生活资料的获取影响极大；到了农业时代，则受到地形的制约，比如农田灌溉问题等；进入工业时代，物流则受距离这一空间障碍的制约；但在信息社会，我们关注数字鸿沟，传统空间障碍就被弱化了。

空间综合理论及方法如何运用在人文学、社会科学中？首先要提倡空间思维，空间思维包括位置、方向、尺度、距离等。比如，如果把中国GDP按省表现，东部沿海地区、中部地区和西部地区的差异很大；如果我们把尺度改变，从县一级层面出发，三者的差异又是不一样的。所以，建立空间分布框架后，同时还要采用空间分析方法，以不同的角度分析问题。我们还将珠江三角洲的城市化发展做成卫星影像，用黄色代表楼房建成区，从 1980 年到现在，黄色区域不断扩大。通过这样的空间分布，我们可以联想到生态系统，比如在深圳人口迅速增加的情况下，把土地压力、淡水问题放到时间空间框架下，从不同的角度切入，就会有很多问题凸显出来。

空间思维可以运用到很多方案当中。比如利用空间构架把不同的犯罪在不同的时空点上标注出来，可以研究犯罪率的密度与城市的关系。还可以结合场景、模型做分析，比如利用空间框架，可以落实东部 19 个省市支援新疆的实施方案，因为地区的优先度、物流、少数民族人口分布等问题都能考虑其中。台湾的一位做基础语言研究的语言学家，调查了各种方言在台湾的分布，包括通婚以后与别的语种结合产生的各种语音变化，依此形成一张地图，并和台湾的行政框架地图相叠加，就成了落实对少数民族补贴政策的依据，每个市、区、县、乡该分配多少补助款，非常清楚客观。

我们还可以利用空间概念和思维达到心理层面的效果。比如形成一个地区的凝聚力。当年，重庆建成了直辖市后，政府就把每个乡镇点画出来，连在一起，点画图像一只凤凰，凝聚了人心。

空间综合方法运用最广的还是地图学语言、地理信息系统（GIS）语言和虚拟地理环境，它们越来越多地被运用到政策研究、社会学、规划研究等领域。

先说地图学语言。有人研究成吉思汗的后代在地球上的分布，首先需要理解当时帝国是怎么扩张的，人是怎么迁徙的，他们现在在哪里，原来从哪里来，研究国际移民，引申到各地服装、饮食等文化的改变等。

地图已经发展到第四代了。第一代是通过测量用线画的地图。第二代是有成像的地图，通过航空照片、卫星影像，拍下实物用到地图上。第三代是网络上的谷歌地图，它可以提供道路信息，甚至是多元的照片信息、人口统计资料、历史的描述等。第四代是微软开发的“虚拟地球”，比如有一辆小轿车在行驶，我们能从电脑屏幕上看到鸟瞰影像，也能通过各个车窗看到的街道影像。在地图上，不仅可以看到平面的城市道路网络，还可以看到路边的信息。这是一种新的地理信息的提供方式，各种资料综合集成，包括侧视和鸟瞰综合起来的信息。

那什么是地理信息系统？比如，我们在手机中保存了一个人的电话号码、名字之后，下次来电就只显示名字了。地理信息系统会更复杂一些，需要把周边的情况用点线面结合起来。地理编码数据库的分析是有空间性的，可以显示距离，比如这里到罗湖的距离，相邻的单位，同时带地图链接，能看到空间格局。

那么，地理信息系统能给我们带来哪些方便？我想说几个故事。

1993 年，我到香港中文大学任教，有一天想去借金庸的《天龙八部》，我查询后发现书在新亚图书馆，但是我不知道路线，管理员就打开地图告诉我。到了新亚图书馆，那里的管理员又打开平面图，告诉我书架的位置。我觉得这太复杂了，就改造了这个管理系统。改造完毕后，我一搜索《天龙八部》，就会出现香港中文大学的平面图，然后有一条路指向新亚图书馆，接着指明放置该书的书架位置。

之后，香港警方让我帮忙做一个项目。警察说他们经常接到游客的求助电话，但游客又说不清自己的位置，所以警方希望把所有公共电话亭的位置数字化，游客一拿起电话求助，警方就知道具体位置。

后来，我们把这个来电位置显示系统放在网上，一开始没有什么影响。不久，香港新界的博爱医院出了一个事故。有人呼叫救护车，但是救护车司机不清楚位置，还错开到另外一个地方，耽误了很多时间，最后这个患者因为没能及时医治，不幸去世了。当晚，香港 TVB 电视台一位李先生得知我做过来电位置显示系统，特来采访我，报道后引起了社会的关注。第二年，香港政府拨款 17 亿，要求所有的消防局、救护站等地装上来电位置显示系统，有了这套系统，甚至能找到当地的消防栓，没有地标就找不到位置，只有在地理坐标明确的情况下，救助人员赶到了现场才知道水源在哪里，才能避免更大的损失。

还有一个是我在美国买汽车保险的例子。国内的保险公司是追着要你买保险,在美国却需要自己去联系保险公司,并且只需要电话联系。保险公司只问几个问题,年龄、性别、是否结婚,其他问题就和地理有很大关系,比如居住地,公司或学校。综合以上的问题出报价。报价通过一个公开处理数据的公式,这关系到车型、居住地、公司,过去几年被偷窃的概率,还有上班途中出车祸的概率等,用地理信息系统将数据统计好了。

当数据越来越多,我们不仅能共享数据,还能共享与交流知识,当然,这需要借助第四代地图或虚拟地理环境的辅助。通过它们,城市规划局可以做出非常漂亮的城市三维系统图,还可以把城市的二氧化碳污染情况也呈现出来。故宫博物院和 IBM 就曾做过"超越时空紫禁城",里面就有很多互动。日本京都也把古代京都的古城区全部做到网上,模拟当年人的生活场景,这样的网络图景不仅仅有导游功能,实际上还变成了一个文化活动,是城市吸引外界的文化品牌。

虚拟环境的方法就像电影《阿凡达》,制图人员和使用人员界限越来越模糊,制图人员可能也是使用人员。在香港中文大学,每个人都可以用自己的学生号码在网上创建自己的脸形,新生可以带着父母一起"飞"进校园,参观宿舍、教室、校园管理处等。

这引出了一个新的问题,我们说有人的地方就有社会学、心理学的问题,在虚拟的校园里,系统中"人"的表现是通过现实的人的操纵,虚拟的外壳下表现的却是真实的心理状态,不同于我们在真实环境下却戴着面具,比如不好意思穿某些衣服,不敢弄某个发型等。所以,现在很多心理学老师利用这一新的校园地图开展人际关系的研究,它反映了虚拟地理学、虚拟社会学的问题。

讲明白了地图、地理信息系统(GIS)和虚拟环境的方法以后,我们再来谈谈空间统计的办法。空间统计不仅需要空间记录、表达,还需要空间统计,因为很多空间是有关联度的,根据两地之间的距离,根据交通网络的便利条件等,找出在一个城市某些问题关联度最高的东西。还有找出一些热点、地理加权,可以研究一个机场到另一个机场运价的问题,或者某个地方的便利程度。我的学生曾做过一个为老人提供服务设施分布的课题，具体情况就是政府为了方便老人，根据人口统计资料，把所有老人的住址、设施分布都在地图上标注出来，再结合老人的需求，计算出是否给予了老人方便。

以前我们多用地面的田野调查，历史的检索等方法，这是人文学和社会学典型的分析方法，现在的调查数据要录入各种平台，需要数据的整合、空间的统计，从而形成了一种新的方法。

下面的例子提到了将空间综合方法用到社会学、人文学甚至日常生活中的方法。我在美国读博士的时候，和美国人一起做人口数据库，当时我提出不要那些老的数据了，美国人则认为老数据有时候非常有用，如果没有老数据，我们仅用"婴儿潮"时期的数据，那预测的结果就会是人口将飞速上涨。实际上，根据美国沉淀下来的几百年的数据，那一定是往下走的。因此，一定要拿历史来对比，才会比较客观地了解人口增长的规律。美国人正在做一个中国上下五千年的地理空间框架数据库，如果这个系统做完了，我们中国人对国内某一特定区域的了解，可能还不如美国人熟悉。语言方面，美国请了上百个博士研究中国各种各样的方言，集成一套系统，将来只要一检索，不管哪种方言，都能被识别而中国人却未必也听得懂。美国哈佛大学与我国复旦大学等正在建立中国历史 GIS 系统，现在已经做到中国的县一级，非常仔细。

香港中文大学也在做一些历史 GIS 系统，由于经费有限，主要聚焦在中国的纺织业情况。这个项目落实需要两方面数据的支持，一个是自然资源，就是棉花产地的分布，第二个是生产力与生产关系，包括家族制产业的分布资料。将二者联系起来，有助于我们分析与理解当时棉纺织业的发展状况。

首都师范大学的教授现在把四大名著里的人物生命轨迹纳入电子地图和 GIS 数据库，包括当时农民起义地点、灾荒地点、历史人物的人生轨迹等，通过不同要素图层的叠加，可以把每个人物的时代背景了解得非常全面到位。

还有利用该技术做哲学研究的，研究孔子、孟子等中国百家争鸣圣贤思想的诞生地，当时社会各国的状况，思想的传播路线也可以通过点、线和面相互叠加。

如此,我们看到的就不是单独的一个学说的影响,是不同的学说的共同影响。

运用到语言学上,可以把纯语言学的研究和发放补贴、形成管理结合起来,根据文化的转移,对中国少数民族语言的研究,来解释现在很多文化现象,通过语言这种基本的文化要素解释文化的变迁。

在人文学科上,有人研究张爱玲,就在地图上把她当年在上海住的地方标出来,以此来研究小说人物的形成背景。

南京师范大学闾国年教授正在研究中华家谱 GIS,他认为这可以成为解释中国文化发展的非常重要的线索。他把个人、家庭、家族的关系挖掘出来,把全部信息都放到时空框架的地理信息系统里,包括正史、家谱、地方志等,构建中华文明虚拟地理环境。英国的伦敦大学也做过类似的工作,Paul Longley 教授建立了一个全世界的人名数据库。有一次,我查询"林"姓,系统把全世界的林姓人数,分布区域都展示出来。这些地理数据还可以用于国际迁徙、服饰文化、饮食文化等研究。

那么,家谱 GIS 是如何建立的? 这需要建立时空坐标,比如说万历几年、光绪几年,都要转到统一的时间轴上,换成表达纪年、纪时的方法。在空间上也要转换,都在统一的数据库平台上进行总结,再统计人口、族群的变化。地理信息系统有很多表,每个表都有自己的特征,不同的特征有相关点,连接起来就可以查到很多其他的因素,建立相互关系和空间上的表达,从各种时间、位置、属性,统一地把框架建起来。

在社会学方面,地理信息系统的运用越来越多。一位清华大学的社会学者曾说过一个比喻:"如果我们不用地理信息系统或者空间方法的话,在研究社会学的时候,就好像一个医生在研究血液循环,中间没有血管一样。"所以利用空间的构架,可以讲清楚很多事情,在哪里发生、为什么这样传播、传播到哪里,都有空间上的通道,以及它的一些障碍,相关要素联系。美国加州大学最近成立了空间综合社会学研究中心,使用地理信息系统,得出一种崭新的研究社会学问题的视角。圣芭芭拉大学的社会科学综合研究中心的学者从政治学、经济学、社会学、人类学、地理学、公共政策、城市研究、统计学、犯罪学等领域采用空间综合办法,通过各种各样的会议、调研,提出新的认识和看法,寻找新的解释。

在政治学方面,尤其是美国总统选举上就运用了地理信息系统。美国没有户籍管理,每次选举之前,因为国会人数的限制,一个议员要代表多少人,所以在选举之前要做一个重划选区的工作。以克林顿为代表的民主党就用了中国田忌赛马的思路,比如俄亥俄州当年经济发展很快,人口激增,这个地区要划三个选区,如何在这个地区拿选票,关键就在划区。民主党利用 GIS,对美国的人口统计做完分析,街区、人种、教育水平、工资收入等,有非常多的数据,再把问卷调查落地,基于这些数据信息几乎把握了每一个街区的倾向,并且把支持共和党的人划到同一个选区。

在经济应用方面,地理信息系统介入较早。20 年前,丰田公司要做到零库存,这就需要一个地理信息系统调查市场需求并合理安排物流。还有 7-11 连锁店,雇员在顾客结账时多敲两个数据,即打上消费者的大致年龄与性别,这样就可以统计出连锁店覆盖区域的 24 小时内,购买该物品的人的年龄、性别,更好地安排物流,减少库存量。搞清楚用户在哪里,用户的消费倾向,是现在用地理信息系统做市场非常重要的一种办法。诺贝尔奖经济学获得者就有利用经济地理思想和空间综合方法取得重要研究成果,利用距离概念、空间概念,把很多城市的经济,区域的经济学问题讲清楚,对经济现象进行表述。

除此之外,还有利用地理信息系统中的路网信息,找到所谓的中心度、邻近度。我的一个朋友要开中餐馆,决定餐馆位置前做了一番调查,目标客户,半小时的就餐时间对距离、位置的限制,都要考虑到。很多时候人对空间的概念是带着感情色彩的,或者说是模糊的,这是"心智地图"和"心理距离"。当我们没有一个比较量化的标准时,就常常会被误导。只有通过计算,才能找到可达性是最高的点,包括救护车在提供快速服务的时候,如果找不到那样的点,就会造成很多资源浪费。现在,城市提倡减碳,如果我们的城市规划布局不合理,生活区与工作区配置不合理,就会造成很多浪费性的通勤,增加碳排放。

在公共卫生和规划方面也需要用GIS（地理信息系统）。禽流感来临时，要求在某一个时间段内宰杀所有的鸡鸭，如果能把飞禽的栖息地、高危地区的路线、影响的范围整理出来，会在一定程度提高处理效率，更能保证公共健康。GIS（地理信息系统）甚至可以让癌症发病率可视化。泰国曾有一种疾病，病患遍布全国，临床没法解决，我的学生找来所有病例，追踪病人的生命路径，直到出生地，都标到图上，最后几乎所有病人的生命轨迹都与一条河上游的两个矿的排水口有关系。人是到处移动的，在矿区感染了后，又到了其他的地方，临床上知道它对身体有害，但是不知道如何产生，所以无法从根本上解决。学生做的综合数据，就量化到空间上，通过空间寻找病源。

空间综合方法对研究犯罪学也很有意义。香港的屯门犯罪是多发地，警察巡逻是非常随机的，实际上，根据地理信息系统的统计，在高发点时期的巡逻车通过率是最高的。还有美国警署利用大量的地理信息系统发现犯罪的某种类型分布与某些设施、与某些居民区的关系都有关联，对症下药起到了有效的防范。

地理信息系统也用在教育上。办教育，首先要分析教育资源在哪里，不然教育资源分配上就会出现偏差。我在美国做过一个项目，为一个学区做五年后的规划，以此为依据向州政府申请资源。我们将这个地区的人口做了一个树状分布，2~7岁，5~10岁，五年后进入学龄的儿童，这个区域有孩子要上学的家庭分布就出来了。通过路网分析，可以算出接孩子到学校的校车需要的时间，孩子不能在车上坐久，需要限制距离和时间，计算出需要多少车、多少教室、多少教育器材，一目了然。其他几个城市都是凭现在的数据或个人经验甚至想象，只有我们学区用了GIS，所以最先拿到了更多的资源。另外，用专题图的制作，可以把不同区的家长的教育水平、收入水平等其他资料一起叠加，甚至在一些地区，可以结合人口密度和学校的分布，来进行学区规划。

最后小结一下，GIS的综合方法对人类社会科学具有增强科学性与应用性的价值。首先空间数据的系统化，透视不同图层的叠加，可以把不同数据之间的空间关系比较明确地呈现出来。第二，是空间数据可视化，非常直观，可以使讨论过程公开、公正、透明。第三,是空间变量测算的精确和方便,因为所有的数据都有 X、Y、Z 坐标,空间量化很清楚,很多空间统计的方法可以让我们找到区域的关系,还可以通过空间构架模拟个人行为。

总而言之,空间综合人文学和社会科学方兴未艾。去年,我们在香港中文大学召开第一届会议,海内外来了很多人,还出了一本书《空间综合人文学与社会科学研究》。我认为这是一个开始,以前,地理信息系统只是运用在工程、自然科学方面,现在我们要让它与人文社会科学结合,这是一个非常大的突破。在美国,有这么一句话:“我们的历史很短,我们往前看,有很多科学幻想。”中国的历史很长,沉淀了很多历史资料,比如北京文化的转变,从封建变成半殖民地的过程,在这期间,医疗、经济、治安、教育等方面发生的变化,这都是我们可以研究的。

当然,地理信息系统有其局限性,需要在使用过程中,大家一起来优化。

**吴文媛** 我有一个问题,我们无法考证资料的准确性,而 GIS 的研究与资料的问题非常有关系,如果资料是错误的,研究的结果肯定是错的,所以如何在庞杂的资料中找出准确的资料?

**林 珲** 数据库本身并不是智慧的。有一句行话:“垃圾进,垃圾出。”如果没有准确可靠的数据,地理信息系统本身解决不了任何问题。数据的质量是数据库存在的前提。提高历史数据的可靠性,这其实是非常困难的,并不是 GIS 技术所能解决的问题,是数据输入者、提供者,或者用户本身必须要解决的问题,当然在多种数据源的考证过程中,会带来一些线索。用在历史研究里面,其中的数据并不能像我们对现在的自然环境,可以重复测量,任何数据都必须通过多元的考证。数据的可靠性一直是最关键的问题,并不是 GIS 本身能解决的。

**范志明** 我有一个问题特别想请教林教授，与教育资源的配置问题有关。大家都知道，因为城市化，很多农民工带着他们的孩子离开原住地，导致大量的重复建设，比方说校舍的重新建设，希望工程的荒废，在现有的资源之下，空间综合人文学和社会科学对我们在这方面是否有启发性的建议？第二，房子可能会荒废，上次我去河源，1400 人的学校规模，在 5 年之内减少为 600 人，这样的大幅衰减，造成的结果肯定是教师资源的浪费。我也想知道，在您研究的范畴里面，对软性的资源部分，有什么启发性的见解？我也非常希望在这方面做一点尝试性的工作。

**林　珲** 地理信息系统空间统计方法可以辅助教育研究人员、资源管理人员去做相关方面的研究。技术手段可以把所有的数据和原来的统计变成空间的统计，这样就有空间的格局，便于我们推算多年以后空间结构的变化，我们只是在方法上提供方便。但是，一个地理信息系统之所以能够可持续发展，能够成功，要素并不完全在于我们，而是在于用户，或者是使用者，比如历史学家、教育管理人员，他们才是这个系统的灵魂，因为他们知道该放进去什么数据，应该做哪些分析。我们所做的，只是把各种分析平台、数据平台呈现出来，提供给各方面的使用人员，就像我能够提供制图方法，但里面应该画土地利用、商业规划，还是城市规划，这是专家考虑的，我们是帮助他们用得得心应手，比较容易地把信息放进去做进一步的分析。

提到您的新农村的问题，我们《空间综合人文学与社会科学研究》一书中，有一位清华大学的建筑学教授在家乡黄土高原上，保护新农村建设的传统建筑。另一方面，他想让不同年龄层的人对这地方都有精神上的集体记忆。就像我回南昌，市长对我说：“林教授你经常回来看看吧，这里和香港一样美。”我就说：“如果家乡变得像香港一样，我就不用回来了。”我们在建一个虚拟中文大学校园，不光是建设我们目前的校园，还把 50、60、70 年代的校园都做出来，这就实现了虚拟校园最重要的方面，就是不光有虚拟性，而且也能超越现实，让不同年龄层的校友，都能看到自己当时的校园环境，同时，在这样的虚拟环境里实现时空走廊的穿越，从当年走到现在，我想，这样的校园甚至比真实的校园更具有凝聚人心的力量。

**孙骅声**　我是做城市发展和城市规划方面工作的，GIS 技术我是外行。深圳市关于城市 GIS 最早出现在 90 年代的后期，头一阶段主要是了解硬件，采购硬件，其次就是软件的设立，还有互联网，再一个就是大量的数据输入，从全国招来一些人，365 天不休息，录入的时间长达两年，才把当时的数据整理好。然后，规划国土局就宣布可以在局系统内部提供服务，那时候第一步提供的服务都是一些物质性的东西，比如说盖了多少房子，修了多少管道，当然是起了很多作用，因为过去没有。这些数据也运用在城市规划中，但使用的时候出现了很多问题，今天我也想与林教授请教交流一下。

第一个问题是信息的及时性。因为我们做城市发展、城市规划，既要了解历史的很多数据和图形，更要了解现状。在这个基础上，城市规划就是要做好预测，这是一项与未来相关的工作。我们不能算卦，但是总要有科学性的预测，这就非常需要 GIS 及时为我们提供信息。目前，据我了解，国内就是两种手段，要么是体制加经济，要么是依靠 GIS 本身，因为现在出现了互联网。有人说，既然互联网都普及了，大家都把道路、电气的数据输入到 GIS 中心不就可以了吗？但是，假如你不送怎么办？或者送晚了怎么办？我要用这个数据的时候，你还没送来，怎么办？这是我们经常遇到的问题。

第二个问题，是多学科、多方面、多领域的信息怎么样才能及时结合。城市规划究竟是做什么的？经济、社会、环境、生态、历史性保护、安全，这几个大学科是我们不能回避的。你要说某一个学科，我不一定很清楚，可是这几个学科之间的综合，是城市规划的事情，这之间有矛盾了。所以，一块土地的用处不全由规划师决定。我的意思是，我们做城市发展、城市规划，一定需要多学科的支持，反过来说，我也要多学科的数据、图形等。我觉得，刚才林教授对于这方面讲得非常精彩，把它在多领域的应用、覆盖都说得非常清楚。但现在我们中国大陆如何落实它？我个人觉得要有一套机制和经济的变化。这些科学方法我们都有，但是如果有一方不遵循，应该怎么办？

第三个问题，与数字城市发展相关。2004 年，我有幸参加联合国 UNBP 的一个项目，项目名字叫“中国不发达城市发展规划管理”。它分两个层次，一个是全国到省，最后有 5 个试点城市，其中最小的一个城市是四川眉山。项目人员个个雄心壮志，觉得不能白拿十几万美金，得做点实际的事。大家讨论想做数字城市发展，这与今天所讲的 GIS 有直接的关系。现在，已经做好了交通的数字化方面的一个子项，目前非常需要一个立体、三维的信息系统的数据。因此，立体、三维在 GIS 里面应该怎么样拓展？在试点城市，数字城市的概念里面，它们可以起到什么作用？说到数字城市，国内也有不少城市开始研究，比如北京、上海。但是，根据中国大陆的国情，我们应该先干什么、第二步干什么、第三怎么干，基本的条件是什么，谁来创造？如果不落实，“数字城市”的概念也只能坐而论道。

第四个问题是物流与 GIS 的关系。大概从 2005 年，深圳开始发展物流业，物流并不是一个仓库加上一辆车，必须有电子商务，这样一来，就又与 GIS 有关系了。物流也需要国际交流，服务链就比物流又前进了一步。当然我不会具体介入到电子商务领域，可是这与城市的基础设施有关。我也希望林教授将来也给我们补点课。

**林　珲**　这些问题我可以做一个简短的回答。第一，是城市地理信息的及时性问题。地理信息系统必须要结合它的信息源，简单地讲就是遥感，现在更进一步，叫传感器网络。遥感是什么呢？比如城市要拆迁，如果你没有及时的数据，那么原来一栋楼，赔偿的时候可能变成两栋楼，一层楼变成三层楼，那是很不得了的。所以，我们要把这个地区的情景记录下来，遥感就是非常重要的地理信息更新手段。传感器网络就把遥感的手段变成了多通道的，不仅是从天上看，甚至在地上都有。比如，我们的每个出租车都有全球定位系统，出租车司机不像私家车司机，他是愿意不断地开动来赚钱的，当他在道路当中停下来的时候，就可以反映这个地区的交通拥堵情况。我们可以通过在全市运行的出租车网络，实时反馈当前道路的用途状况，这是我们讲的传感器网络概念，通过这个来及时更新。

第二，是信息共享，这是政策性问题，不是技术性问题。北京市东城区做过非常精细化的管理，是靠行政手段的，通过一套地方和信息中心联动，形成扁平化管理，把整个东城区管起来。

第三，是不发达城市如何进行数字化，过程中的优先顺序等。根据多年的经验和教训，就是必须有规划，必须有设计。数字城市建设，如果没有设计，会出现很多问题。就像房子的设计如果不好，怎么期望房子能盖好？很多城市在“数字城市”概念都不清楚的时候就急忙跟进，先是买了许多计算机，之后又买软件，把数字地图输进去，花了两年时间输进去数字地图，软硬件却又要更新了。这就像一个地区的经济还没有发展起来就修了高速公路，日晒雨淋得空置了几年，等到真要派上用场，道路却又要修理了，这样的浪费是数以十亿、百亿计的。我们首先需要了解数字城市要解决什么问题，在这个问题里面需要什么数据，需要哪些功能，仔细设计好解决的方案之后，才买软件、硬件。技术平台现在都有了，关键是设计的问题。

第四，是物流的问题。1995 年，我获得了中国第二届青年科学家奖，那时我做了京九铁路沿线开发的投资环境信息系统，提出了一个概念：数据库不是单向的，而是流动的。具体是指数据库要上网，京九沿线 72 个县市，每个城市有 3 层数据，第一层是城市的基础设施，比如桥梁、公路、飞机场等，以及这里的山川地貌，水灾频率。第二层是由人口统计出来的，比如多少人受过高等教育、中等教育，文化水平怎么样等。第三个层次是地方政策性的因素，比如，特殊政策辐射的范围。我把这些数据分门别类地做到数据库里,不同的城市挑选不同的因子,各个县市再来打分,他们来自不同的地区,对这些城市哪些方面感兴趣,最后我形成了一个对地方区域发展规划局人员需要的数据,这么多人打分下来,我们有了用户使用我们信息服务而产生的新数据库。比如,我们如果有1个亿,可以改善我们的投资环境,是要改善我们的人口素质,还是要改善我们的基础设施?利用用户返回信息的数据库,就可以通过网络达到了动态化。在物流方面也是这样。如果把电梯运到不需要的地方,就会造成了极大的浪费。利用遥感技术,可以非常清楚地看到每个城市有多少楼盘,这个楼盘是商业楼盘还是居民楼盘,里面需要多少电梯,然后根据这里的商业需求,决定区域的物流中心应该放在什么地方,这才是最佳决策。

有一次,我出席一个活动,路上开车只需要30多分钟,但是我在找停车场时,用了近40分钟。后来,我和学生做了一个停车系统的研究。我国香港地区的每一个停车场都有计数器,进一个车减一个数字,走一个车加一个数字,将这个数据及时反馈到网上。这样,当我开车到某个地点还有15分钟的时候,就可以查出附近停车场在哪里,是否有停车位?如果有位置,这个系统就通过电子商务,打进我的信用卡号码,就可以把前面半个小时稳住,定下这个位置。在美国,有所谓的"精准农业系统",我们在卫星上看到美国的农业规模是大片的农庄,而且是圆圆的、方方的,实际上,稻田里有很大的轮子,带着水管滚过去,在卫星上看到不同的稻田里缺水了,或者有虫子,看到了就把图传送过来,与GIS中的地图叠加,农民通过卫星了解到哪里缺水,就把那个轮子滚到缺水的地方洒水。将来,整个物流就可以通过传感器网络、电子商务网络,把很多东西做出来。

**吉　峰**　如果做一个政府部门的劳资关系项目,叫劳资关系地图,如何做得好?

**林 珲** 我觉得管理部门要定一个方案，我只是提供技术上的手段。解决劳资关系，首先要解决劳资关系的要素，有哪些问题会引爆矛盾，就把什么要素放到这个地理信息系统里面。

**邓教授** 现在中国正在面临产业升级，在GIS的研究领域里面，对产业升级方面的应用有哪些先进的成果？

**林 珲** 这个问题要涉及具体产业，因为产业有很多，服务业或者制造业，在升级的过程中是需要资源还是需要解决交通物流。有没有这方面的应用？我想应该会有的。针对某一类型的产业升级，比如保险业，已经用了很多这方面的知识。很多时候警察还没有到，保险公司就先到了，就是因为保险公司有电子监控系统、电子地图，还有很多信息，能准确定位。

**王希悦** 如果要管理一个城市和一个空间里的人，需要掌握每个人的信息，然后集合起来运用。但是怎么利用这个信息，又能避免虚拟世界人类的隐私问题？

**林 珲** 关于隐私问题，不光是地理信息系统，所有的领域都需要面对。信息化的时代，隐私需要高度集中，如何保护个人的隐私，这是很强的政策性的问题。

**嘉 宾** GIS在房地产咨询服务领域有没有一些新的应用？尤其是国外的一些经验，能不能帮我们拓展一下视野？

**林　珲**　现在已经有楼盘的虚拟系统，买房不需要到现场，可以在虚拟的地理环境里感受。该虚拟系统有一定的法律制约，虚拟房屋不能和实物相差太远，必须和真实的东西紧密相连。

我刚到香港的时候，要找住所。GIS 可以根据指标，把符合条件的地方挑出来，定下区域后，再进入某间房子看内部状况，再看房子外部的情况，这就减少了选房的成本。到最后，确定了各种地理因素，再看少量的实物房，这就降低了很多成本。

我们还帮一个房地产公司做了一件事情，统计环境中的噪音数值。有的房子噪音是 24 小时都存在的需要根据房屋周边路面材料计算出限重车辆通过该地时将产生多大噪声，而且是动态的。上班高峰期的噪音数值呢？挑选的时候，还可以戴上耳机，感觉房间的噪声有多大。通过科学计算，可以在设计的时候调整窗户的朝向，或者增加隔音罩，进行减噪。

我们的知识来源除了做研究，还可以用于科学计算。以前德国人做汽车，还要做真实的汽车做碰撞实验，后来几乎把各种数据都收集齐了。不同的钢材在什么样的碰撞下会造成什么样的结果？不同车体的风阻是什么样的？现在，不需要真品了，直接在计算机上虚拟制造一个台车，再送到流水线上，这是科学计算的最高境界。

**梁　平**　现在水污染特别严重，能不能做一些预警系统？

**林　珲**　水污染的预警系统是可以做出来的。比如松花江的污染，我们把污染源、可能出现的突发事件的场景模拟出来，找出解决方案。比如，玉树、舟曲这些地方发生了灾害，我们分析灾害的诱因，以后就知道在几级降雨的情况下，哪个地方可能不太容易倒塌评级，找出是危险区。火灾也一样，森林公园中哪个是引火易燃的树、草？什么样的风势、风向最易让火灾蔓延，火灾在山腰的时候可能最容易蔓延，那又会蔓延到什么地方？我们经过科学的调研，最后形成的模式，结合到 GIS，就可以找到解决方案。所以，将来的地理信息系统就是一个森林管理系统、城市规划系统、台风跟踪系统，它里面有 GIS 的模块，也有一个制图的模块。这就是技术发展的方向，不是只有数据库，而是要解决方案，这是我们发展的前景。

现在 GIS 已经有了国际标准，将来如何防护森林，怎么样保证及时找到台风的拐点，或者怎么做好城市规划，都将会更加科学。这是知识型的系统，已经不再是一个数据的时代，而是交换知识的时代。这还有一个重要的指标，就是公众参与，大家一起对未来规划，才会有参与感、归属感，才可能持续。

# 现代物理学发现对社会科学研究的启示

# 第91期银湖沙龙

**时　　间：**2012年8月16日

**主讲嘉宾：**曹远征　中国银行首席经济学家、中银国际董事、首席经济学家、中国(深圳)综合开发研究院理事

**主 持 人：**龙　隆　中国(深圳)综合开发研究院主任研究员　理事

**龙　隆**　本次沙龙比较特别，一位大学时期外语专业的大牌经济学家，讲《现代物理发现对社会科学研究的启示》，非常新鲜，我自己对这个题目很感兴趣。

我们现在研究问题，工具都很时兴，网络、电脑、手机各种工具，尤其是年轻人用起来得心应手。我记得自己早年在做数量分析的时候，要自己做模型，自己编程，然后要画图，拿着比例尺，用对数计算。

当然，曹远征教授更重要的是讲方法论、认识论。现在，如果讲到认识，一般就是从世界观、价值观的角度，然后是认识的方法论，这三个方面是真正考验思想的基本功夫。曹远征教授每天面对当今世界最复杂的经济问题，因为长期关注，在方法论、认识论上，肯定有自己独特的研究，所以我们今天请他来给我们开阔眼界，大家欢迎。

**曹远征**　刚才龙隆总结得很对，大家都知道物理学不是学问的问题，是

思想方法的问题，物理学要做思想实验，因为在大尺度的宇宙中和小尺度的微观中很难用实验来解决问题。因此，物理学的方法，特别是近代物理学、现代物理学的进展会对各个学科的方法论起到很大的帮助。

为什么选择这个题目？是个巧合。北京有一个公开的读书会，叫“金融博物馆读书会”，它有一个奇怪的要求——请知名人士讲非专业问题。今年春天请到我，要我谈谈对我启发最大的非专业问题，并要我推荐一些书，我推荐的是《时间简史》《果壳中的宇宙》《大设计》。后来，读书会的效果很好，网上流传甚广，还说我是一位物理学家。其实，我真的不是，只不过一直关注它的进展，一直了解它的问题，希望这能对我们所从事的社会科学研究，起到一定的帮助。

现代物理学大概只有一百多年的历史，但是却改变了人们对整个世界的看法。当代物理学有两个最重要的事件。第一，1905 年以后随着爱因斯坦相对论的产生，改变了人们对世界空间的看法和理解；第二，量子理论的出现。

一个是超大尺度的研究，一个是超小尺度的研究，非常矛盾。但对于思想方法，都是极大的挑战，这个挑战还变成了全球的哲学大讨论，到目前为止，还在寻找把两个理论统一化的途径。

今年恰好有一个重大的发现，就是出现了希格斯玻色子的证据。希格斯玻色子被称为上帝的粒子，因为是一个暗物质，在超微观世界中物质对冲，有一个粒子就有一个反粒子。说它是上帝的粒子，是因为它能给所有的粒子提供能量，也就是说，没有希格斯玻色子的出现其他物质是不存在的，所以被称为是上帝的粒子。现在，欧洲的原子能实验室在超常的加速器中找到了证据。

在物理学的世界中，目前发现了四个力：引力、强作用力、电磁力、弱作用力。引力和电磁力属于宏观物理上的，强相互和弱相互是属于微观物理方面的，弱相互就是有辐射发生，强相互就是电子和原子核被紧密缠在一块儿。

物理学正进入一个新的领域，这个领域试图统一世界上所有的物理现象，这就是终极事件了。现在已经有可能，这个可能就叫超强粒子，它发现世界是弦组成的，是一个振动。这个振动的世界由十一维组成，其中六维是在这个非常小的空间中,不可能被发现,只是理论上看见,只有四维可以看见,就是我们看见的空间的三维和时间的一维,这对我们来说是不可想象的事情,但科学上能够证明,终极物理学是要把整个世界描述出来。

如果从哲学的角度讲,社会学和中国哲学的契合处在于我们经常讲的天人合一,世界就在我心中。大家都知道,这就叫量子物理学的测不准原则,不确定原则,再就是终极物理学。如果是这样,世界是不是就完结了?人就知道了上帝所有的事儿。我们得出一个终极的结论,就是无中生有。所有的物质都是从无变到有的,中国的《易经》讲的就是从无到有,一生二,二生三,三生万物。中国文化和西方文化最大的差别,是中国没有形而上学的过程,不能极端形式化,物理学是把所有的问题极端形式化,极其形而上学。所以,了解物理学的进程,可能对我们的研究是非常有帮助的。

要谈到近代物理学,不得不说1900年开尔文最著名的演讲。开尔文说,牛顿力学以来,这个世界的问题已经被人类终结了,我们掌握了所有的东西。但是,在这个世界中有两朵乌云,一朵是汤姆生实验,就是一个运动系的参考系的问题。因为在牛顿物理学中始终认为空间是一个客观的存在,运动是在空间中运动,这就类似于在海里面,鱼在水中游,那水是一个固定的存在。推到物理学,任何一个相对立的三角形的运动,这个三角形就是以太,以太似乎无处不在,又无处在,那么要怎么证明它的存在?这是第一朵乌云。

第二朵乌云通常叫黑体辐射。所谓的黑体辐射是说,我们知道烧铁的时候一定会有辐射,而且随着温度的提高,颜色会变化,刚开始是暗红色的,后来变成红色的,最后变成白色的,如果不到汽化,还会变成蓝色的。随着温度的提高,从化学上来讲,是辐射在加强。温度和辐射之间有什么关系?当时,有一位科学家做了一个研究,发现了矛盾,就是在短波情况下和物理实验极度吻合,但在常规情况下不吻合。

这是20世纪初牛顿经典物理学的两个难题,就是这两个难题颠覆了整个世界。我们知道,世界上有三个常数是最基本的常数:一个是布朗克常数,一个是光速不变，一个是引力常数。由这两个难题推出了两个最重要的理论，第一个难题导致的最终结论，就是洛伦兹变换，第二个是布朗克常数。

洛伦兹变换和布朗克常数出现以后，就形成了两个完全不同的物理学事件。有了洛伦兹变换，后面就发现了时空在变化，这就出现了狭义性和广义性的相对论，还有一个最著名的代表就是 $E=MC^2$。布朗克常数出现以后，发现变成了微观，就带来了一个很重要的发现，就是波粒二象性（Wave-particle Duality），任何一个粒子既是波，也是粒子，而这个波粒二象性是测不准的，这就是最著名的光影学实验。正是因为它们导致了整个物理学的混乱，整个世界观的改变，也导致了哲学和社会科学的革命，现在经济的发展也和这种思维方式连在一起。

所以说，20 世纪人类思想世界是急剧变化的。我们先看第一个变化：人对时间和空间的感觉。

在牛顿力学中，最重要的一个概念叫伽利略变换（Galilean Transformation），在惯性系统中，所有的物理学是增加的。怎么解释呢？比如，我和龙隆都是从这里出发去坐公共汽车，三点钟的时候，一辆公车来了，龙隆先上车，我的还没有来。那我的问题是：一分钟以后他离我有多远？这是小型论证的问题，一定是说我的坐标系和他的坐标系，如果从坐标系看，他一定是变成在这一分钟的时间中间那个速度与这个坐标的距离。这一分钟差的十米是时间的一分钟差的十米，还是我的坐标是移动十米？这里就出现了一个很重要的现数，时间是一个时间，当 3:01 分的时候，都是 3:01 分，因此时间是同时，只有空间的相对变动，由于这个变动，就导致了很多物理学结论，就是在运动中间和不运动中间，在一个惯性系中看到的实验和看到的结果是一模一样的。也就是说，在飞机上做物理实验和地面上做物理实验的结果一模一样。

这就叫惯性。惯性是什么？按照通俗的物理学来讲，动之恒动，静之恒静。在这个变化中，时间在同时的情况下，所有的物理学定理不管是运动状态、非运动状态都是一致的。这是牛顿静态物理学。牛顿把这种现象提升到极限，发现了牛顿三大定律：惯性定律，作用、反作用，万有引力，把整个物理学都描述清楚了。

在牛顿看来,运动和你的参照系无关,运动是在一个空间中进行的,空间是客观存在的,与你的运动无关。由于空间是三维构成的,我们通常称之为三维空间,运动还有时间方向的,于是有一维时间。那么一维时间和三维空间是分离的,因为时间永远是超越空间的,空间是三维的,是分离,是客观存在的,所有的运动物体在这个空间和时间中运动,所以说空间和时间没有关系。

随着物理学的进展,第一朵乌云就出现了。如果运动与空间是客观实在的,那么从理论上讲是可以证明和发现的,鱼在水里游,水是客观实在的,你可以用别的方法知道水是存在的。那怎么证明空间的存在?当时认为这个空间叫以太,就像船在水里航行,一定会感到波浪,人在空气中行走,一定会感觉到风,那个风就是客观的空间。如果物理实验能够证明高速运动的物体,在运动时出现阻力或者变化,那么一定是有空间的客观存在,这就是物理学上的汤姆生实验,是全球最有名也是最失败的实验,他们做了非常精密的装置试图来证明,但是做了几天以后,困惑就出现了,就是以太本身是否存在?如果以太存在,这个装置毋庸置疑是可以发现的;如果不存在,那就发现不了。那意味着牛顿的物理学问题,空间和时间不是客观存在的,那它又是什么呢?

在这个过程中,著名物理学家洛伦兹发现了洛伦兹因子,他发现,在速度变化之后,长度是在缩短的,从这个意义上讲,时间是可以延长的。这是他在无意中用数学推导出来的,解释不了。他认为,长度的缩短是由于在高速运动中受到某种压力,由于长度缩短,所以和过去的长度相比,事物是在延长,这还是牛顿的框架,但是他发现有一个因子在里面,就是高速运动中的长度与一般的不一样。

什么叫高速运动?光速每秒 30 万公里,有时候你会发现,光速不变是一个绝对真理,任何速度都不能超过光速,光速就证明我们的世界是封闭的世界,时空是弯曲的。

**马教授** 打断一下。在牛顿力学的体系下,是否可以把您刚才的解说理解成速度是可叠加的，在静止和动态上，光速是不一样的。刚才所说的实验，两个方向不一致，这个差存在，才能被证明，换句话说，客观的那个以太是存在的。如果两个是相反方向，但最后观察的数据是无差异的，就证明以太不存在。如果证明以太是不存在的，就涉及一个怎么解释以太的不存在性。所以，爱因斯坦最后才引出一个光速的大胆的猜想，光速是恒定的，这个恒定一旦给力，那么整个速度可叠加的基本框架就会破坏掉，只要速度不可叠加了，所以这个体系就完全突破了牛顿力学里面经典的体系构成。

**曹远征** 有道理，但不是这样解释的。伽利略认为，在一个惯性系统中，物理定理是不变的；而爱因斯坦解释在所有的物理系统中，光速是不变的。也就是说，参考系统发生了变化，即使用光速行驶，你看到的东西也还是恒定的，即使是光速世界中，光速还是光速，这样是把所有的速度都拉到了一个参照系统中，这个参考系统就是速度本身。这个速度本身就推出最后一个结论 $E=MC^2$。当运动开始后，如果你画一个轴，这个速度是快不过光速的，那么就意味着要推动这个速度的质量，越高，越加速，重量就越高，当接近光速的时候，质量无限大，动能无限大，这就是 $E=MC^2$。在任何空间、时间上，客观只有一个标准，就是光速不变。所有的世界、时间和空间就是运动本身，而不是运动依赖的一个环境，是运动本身构造了空间，所以得出一个最重要的结论：在高速运动情况下，空间是缩小的，时间是延长的。空间的变化，相对运动而言，时空本身和运动相关。这就是狭义相对论。

随之而来，还有广义相对论。狭义相对论发现，如果说时间、空间本身是运动状态，那就意味着时间和空间有某种关系，不是分离的，肯定是一个整体，于是，时空就闭合了。这就是我们物理学上经常讲的四维时空，它是闭合的时空。

闭合的时空是怎么样的呢？比如龙隆比我重，我们俩都坐在一张椅子上，我坐的屁股压的印就比他的浅。在引力情况下，时空是可以弯曲的，屁股也是一个弯曲的时空,如果重力越大,引力越大,时空就陷得越深。这时候,所有的东西都在时空中间,都会旋转地往塌陷的地方走,如果速度快,会从这边穿下去,在那边跳起来,这是物理学的道理,你会看到抛物线,在相对论里,抛物线是理解时空观的结果,并不是你扔的东西出现了抛物线,而是时空本身旅行是沿着抛物线的。这时候,如果引力无限大,坑就无限深,当引力大到能把所有的东西都被吸引进去,连光都超不出来时就成了黑洞。

如果有黑洞存在,时空又是弯曲的,那就意味着时空可以改变方向,但时间是闭合的,这个方向可能是转 180 度才往回走,这就是经常讲的穿越问题。在闭合的空间,理论上是有解的。这个闭合空间可能有两个世界的存在,这两个世界怎么连接?就像龙隆讲的,当一个黑洞无限深,是往下走的,一个闭合过去的空间又是无限往上走,两个洞连在一块儿,这就是虫洞(Wormhole),穿越是经过了虫洞到达另一个世界。

所以黑洞的问题就出现了。黑洞有独特的性质,在黑洞中时间是永远静止的,当引力无限大,空间是无限大,时间就无限小。于是出现了一个悖论,假设宇宙飞船飞进了黑洞,时间静止了,对他本人来说可能早就变成了粒子,但他是一张照片贴在那儿,你看到的永远是在黑洞中挂着,后来多少代孙子看着照片说“这是我爷爷”。

黑洞说明时空是可以弯曲的,可以回去的,这就出现了很多逻辑上的困难。比如,我回到过去把我祖母杀掉了,如果我的祖母不存在,那么我就不存在,但我又能回去把我祖母杀掉,如何解释?这在逻辑上提出了一个很大的困难,科学研究上对此有什么办法呢?一个解决办法就是挪,这两个时间是可以挪过去的,但并不证明历史是唯一的,会变成两个历史,一个是你把你祖母杀死了,另一个你祖母还在,两个历史同时并行,在社会科学方法中叫多历史论。

比如,我们研究的东方史和西方史就不一样。可能历史发展的方向是多线性的,而不是单一的。过去,我们受的教育都是历史唯物主义,历史发展是有阶段的,从原始社会、奴隶社会、封建社会、资本主义社会一直到共产主义社会。但若是多历史的，就可能不存在唯一性，那么在社会科学方法中就无法用马克思主义来解释历史。我们通常讲，东方社会，亚细亚生产方式、社会发展过程和西方发展过程是不一样的。中国社会科学院现在最大的难题是中国断代史研究。断代是核心问题，中国封建社会从什么时候开始？你会发现这个概念是有问题的。我们理解的封建社会是马克思主义理解的封建社会。但如果不存在这种形态，也就是说中国的演进形态不符合马克思主义所说的演进形态，历史就变成了不可捉摸的事情。这样的想法经常被认为是修正主义学说，是异端邪说，但历史上证明东方的过程和西方的不一样。

马克思在研究欧洲封建的时候，发现封建是分封制。一个庄园主征战打赢了，得到很多俘虏奴隶，分得了一块地，奴隶们就去种地。下次再要打仗，就把奴隶武装起来，为国王效忠，如果失败了，庄园主就变成别人的奴隶。于是，在欧洲历史中，常常有欧洲小公国之间的勾心斗角，就是庄园主不断效忠不同的国王而盘算自己的利益，这就是封建历史，这个封建历史和欧洲的地理有关，因为地中海气候适宜游牧，以此形成政治组织形态。

当把这个形态放到中国社会的时候，你会发现不一样了。什么是亚细亚生产方式呢？如果从地理学上来看，亚洲光照好，昼夜温差大，适宜农作物的生长，最大的问题是缺水。所以亚洲文明的发展都与河流相关，两河流域、印度河、黄河。过去，农户根本没办法对付水，灌溉系统投资浩大，洪水来了也很困难。那么如果要治水，就有一个组织的过程，所以亚洲最早出现的国家概念、国家利益是超越个人利益的。“普天之下，莫非王土”，权力高度集中，公权超过私权，不是阴谋，这一定是历史规律决定的。

中国人多地少，人对土地的压力太大，我们经济学常讲一个概念“分配剩余”，中国是一个负剩余，也就是贫困，那公权力的责任是什么呢？公权力就认为，并不是把富裕平均分配给每一个人。中国的基本家政制度、分家制度，与西方分家制度是完全不一样的，西方是长子继承制度，我是老大、我就继承了爵位，我的弟弟、妹妹是没份的。于是，才会有人去当骑士，去征战，获得名号、分封。

中国就是几个兄弟平分，每个人都少得可怜，这时候怎么办呢？由于农作物非常重要，农作物最重要的投入是人力投入，所以人一定要多，那就生孩子，而且还要儿子，因为男孩的体力强于姑娘。孩子很小就去干活，等长大了一成家，同样的问题又出现了，又该分家了，于是无限分下去。这种办法就是把贫困的资源均分到每个人的身上。这是中国社会的微观结构。

回到物理学的问题。物理学中的历史是一个事件发生的过程，不同的事件有不同的过程，同一个事件可能也会有不同的过程，这就是多历史。多历史的物理学研究是历史学科最重要的一个发展，现在叫另类历史，包括现在文学中的另类解读，都与这个观念相关。

相对论出现，有狭义的，有广义的。别人可能会干扰我的历史，但干扰的结果，我的历史还是我的历史，然后干扰出另外一个历史。

随着大尺度物理学的发展，人们逐渐认识到时空是一体的，任何运动本身就是时空，时空本身是弯曲的，这种弯曲就带来了一系列的悖论，比如说可以回到过去。这个悖论最后会出现什么结果呢？

2005 年，纪念爱因斯坦相对论一百周年，一百周年有一个标志，像一个沙漏，这在相对论里面非常有名，叫光锥。我们很难理解什么是四维空间，我们只能理解三维，长、宽、高。那么我们说，时空是闭合的，四维空间会是什么形状呢？有数学家和物理学家做了一个简单的描述。

这个描述说，当我们把三维世界简单比划成两维，因为空间是可以任何象限的，可以向前也可以向后，时间是一维的，如果我们把三维世界变成两维的话，就会出现一个图形，任何一个运动是在空间和时间中运动，比如匀速运动一定是一条直线。如果加速运动有空间上的移动，比如把石头扔到水里面，这个运动就会变成一圈一圈的。如果是光运动呢，就一定是锥形的，这是物理学中的重要定义域。所有的事件都落在这个光锥之上，一个奇点上。怎么理解奇点？就是整个宇宙在初始的状态中，有一个很小的但质量无限大的奇点，突然爆发，然后沿着这样的线路出现。这就是大爆炸宇宙论。

那我们看到的宇宙是什么样的宇宙呢？是膨胀的，就像一个气球吹大了，所有的星星都镶在气球上，而宇宙还在膨胀中，最重要的科学证据就是红移现象，你会发现宇宙中所有的星星都在远离地球而去，在光谱中出现红的方向偏移（波长变长）。按照物理学的道理，当膨胀到无限大，一定会塌陷，宇宙会缩小。

黑洞就是这个过程，一切都塌陷进去了，连光都逃不出来，但究竟是黑洞还是白洞呢？现在不知道，如果是白洞，就意味着在我们的世界以外还有世界，那个世界的过程和这个过程是一样的，方向正相反。

**嘉　宾**　如果用红移现象来支撑宇宙大爆炸理论，我们能观察到地球和太阳之间的距离，甚至是月球和地球之间的关系是在互相不断变大，可是在实际探测中，距离是恒定的，我们观察不到这个现象。

**曹远征**　有的，有红移现象。

**南　洁**　这样说，霍金的黑洞理论是逻辑的推定，还是实验的佐证？

**曹远征**　是有实验佐证的，从几个方面可以看实验中的黑洞。

第一，黑洞无限大就会形成透镜，比如我们看宇宙，你看到的应该是均匀分布的，但如果无限大，一定会变成非常不均匀的分布。第二，人们发现引力无限大的时候，一定会把别的星球吸进去。第三，现在发现了霍金辐射，正在放大。

黑洞是围绕一个轴心在转动。黑洞给我们带来了空间和时间的困惑，真正的困惑是我们的宇宙本身也是一个时空的存在，也有涨落，也有生长和消亡，有始有终，宇宙并不是无限的。这对我们的挑战非常巨大。

其实，大尺度的物理学不是非常难理解，不过，小尺度的物理学理解起来就非常困难。宇宙大爆炸，除了红移定论，最重要的是 3K 辐射，宇宙背景辐射

(Cosmic Microwave Background Radiation)。3k 辐射被认为是宇宙大爆炸的理论,温度均匀分布,从高温地方到低温分布,使得温度一模一样,然后是死寂。死寂中间一定也有痕迹的存在,这就是绝对温度 3K 左右的背景辐射,证明宇宙是一个爆炸的过程,温度在宇宙中均匀分布,宇宙就进入死寂。当然,这都是宏观物理学,而且都是有实验能证明的。

但是,微观物理学中有很多是没办法检测的,比如普朗克常数。我们知道,麦克斯韦方程是用数学表达最漂亮的方程。麦克斯韦方程的含义,是波在逻辑学的概念中是一个连续的过程,但是发现如果有能量出现,能量是分一份一份的,那就意味着不是连续的过程,而是粒子的过程。光究竟是波还是粒子？现在没有人可以证明,我们只知道光是波粒二象性,既是粒子,同时也是波。

后来,普朗克在算黑体辐射的时候,发现在高温的情况下,不同的波长情况有转换。普朗克常数是宏观物理学和微观物理学最重要的发现。普朗克常数认为任何一个微观组成都是由粒子组成的,这是我们现在理解的原子的概念,无外乎是电子、质子、中子,以至再打碎就更小了,各种玻色子等。但是,在过去,在牛顿力学中,无外乎是引力、电磁力,也就是波。粒子出现以后,人们很惶恐,说这是怎么回事儿?

爱因斯坦的诺贝尔奖的论文是量子力学论文,是研究光电效应的。人们发现,如果光线照在金属上会激发出更多的电子,但是激发的过程很奇特,能不能激发出电子来与频率相关,但能激发出多少又和强度相关,强度就是粒子现象,而频率是波的现象。这就引起了对微观世界的理解。

在微观世界里,有一个不能忽略的人,德布罗意(Louis de Broglie,1892—1987),这个人凭一篇博士论文拿了诺贝尔奖,他发现任何一个粒子在运动的过程中都会自然产生波。那么你会看到什么,突然出现一个粒子本身带波,它既是波也是粒子。这引起了整个 30 年代,包括量子物理,乃至整个哲学界、生物科学界的大讨论。

这时候,要讲到著名物理学家玻尔了。玻尔当时在英国留学,他跟随卢瑟福

(Ernest Rutherford,1871—1937)学习,卢瑟福发现了X线,他当时有一个物理实验室叫卡文迪许实验室,这个实验室获得了11个诺贝尔奖。玻尔跟着卢瑟福想了解原子结构到底是什么样子的结构。他们用辐射去照射金箔,像几十万门大炮一样的,突然有一个炮弹被打断了,按理说这个粒子是可以穿过这个金箔的,为什么有的粒子会被打回来?因为原子中间有核,是实体存在的,并不是空的,所以会反射过来。同时,人们又发现,原子如果有核的话,周围是有电子包裹的,电子包裹的轨迹是相当规整的,是按量级分的,而这个轨道一般都是相垂直的。这就是玻尔发现的。我们现在看到的原子核的图像就是互相交叉的,而不是自由散漫的,沿着一定的轨道,轨道的中间一定是整齐的。而整数级中间的差呢,就是一个普朗克单位,于是宇宙化学就构成了。元素周期表是这种速率,表示多少层到多少电子层,元素中第一位是氢,一个质子,一个电子,先讲化学,物理化学或者是分析化学就可以看得很清楚。这个组合中间还有一个很有意思,叫作泡粒不相容原则,指每一层原子核里的电子是有数量限制的,这一层满了,就第二层、第三层、第四层等,每一层中间好像被占满的空房间,如果占不满,一定会形成比如氯化钠,也就是盐。氯原子就是最外层中间只有一个空位,于是氯和钠进行了划分,这就构成了化学基础。

这样,人们发现,这应该是一个粒子,但是粒子这么运动,按照万有引力又会塌缩下去,一定会靠近原子核。如果不会塌缩,唯一的解释就是它不是客观实在的。

后来又出了一大批量子物理学的专家,其中最重要的就是海森堡。海森堡是粒子最重要的贡献人,他用复杂的算法,证明了光是粒子。于是就引出又一位重要人物——薛定谔,他用另外一种算法算出光是波。我们发现,一个光子可以用波来描述,也可以用粒子来描述,那么光子究竟是什么?这是世界上最大的哲学争论。

大家一定听说过薛定谔的猫。光既是粒子,同时也是波,在这个过程中,会导致叠加现象。一个原子是粒子,就有辐射放出,能量和质量就会减弱,如果是波的话，一定是存在的本真态和意识的叠加，就是既是衰变的又是不衰变的，我们的头脑没有办法理解这件事。于是历史上又出现了一个实验装置，叫薛定谔的思想实验。在宇宙里放一个原子，我们也不知道原子会衰变还是不会衰变，如果不衰变，就会启动另外一个箱子，这个箱子里面放了一只猫；如果是衰变，就会打开那个毒气的瓶子，猫就会被毒死；如果不会衰变，瓶子不会打开，猫就还活着。我们现在都不知道这个过程，箱子扑啦打开，那这只猫是死还是活？

**龙　隆**　咱们讲中国股市，中国股民是不是薛定谔的猫？请远征教授用经济学来解释一下。

**曹远征**　股市和这两件事儿是互相有关系的，理清关系前，首先我们要搞清楚，什么是经济学，什么是金融学。经济学最基本的概念，是均衡，供求均衡，价格和数量均衡，永远是从不均衡恢复到均衡，比如宏观调控，均衡是静态到动态的演进。金融是什么？金融全部是概率，是不确定的，是风险问题，那么金融怎么处理呢？通过两种办法，一种是按时间配比，通过流动性资产把风险往上推。这是在时间轴上的处理。还有在空间轴上处理，投资银行是对冲，把风险分在市场所有参与者的头上，一定要买卖干净。

你会发现，大概率事件就是基础产品，小概率事件就是衍生产品，更小概率是衍生加衍生。我们说，如果基本粒子中间测不准，就是决定论和概率分布的问题。怎么理解呢？爱因斯坦认为，任何的事情都有定义域，是独一无二的存在，这个定义有定义域、有实体，一定服从因果关系，如果你看到一个基本粒子是不确定的，不确定的概率分布，那么第一个风险就是不知道定义域，第二完全是疏离关系，最核心的一点就是没有因果。我们在处理金融危机的过程中，突然发现是没有因果的，只有相关，但是不一定有因果。这也是玻尔和爱因斯坦最著名的争论。爱因斯坦说，宇宙全部的神秘就是一个巨人能被我们理解，可理解就是因果，可以被预测，可以被证实。玻尔说，这至少是一个概率分布，可能会出现这样，可能会出现那样，而二者中间没有任何关系，预测全部是错的，不可能有任何的预言能力。

**龙　隆**　大家更关心的是启示，尤其结合当下的经济问题。恐怕很多人还关心，自己在这个世界上，自己个人的历史是什么？有请曹教授启示。

**曹远征**　可能是因果组成的，也可能是没有因果的，同时共生，这个困惑在各个学科中都有体现。从我所熟悉的经济学来说，经济学讲确定性，否则政策就没有方向，宏观经济政策为什么说一定要达到平衡？因为有一个确定的因素，通过这种办法可以达到平衡，所以是叫作宏观的经济政策，确定性就是均衡，所有的波围绕着均衡进行，最后回到均衡状态。但是，从另一个角度来看，经济活动是不确定的，是一个概率分布。我在银行工作，我们对风险的算法是算概率的，监管就是监管分布。金融学是怎么对付的？通常是坏账准备，从收入中间提取多少来做准备，是有分类的。如果要讨论中国的经济问题，就要关注贷款。第二，大家都知道资本冲突，所有大概率事件都控制在资本覆盖率里，只要资本重置是 8%，这个 8%就覆盖了 99%，剩下的小概率事件，还有 1%的小概率事件出现，在西方国家是存款保险。这是对付不确定性的原则，这个分布的原则中间没有相关性，没有任何的逻辑。

但是，确定性和不确定性是有交集的，交集在什么地方？如果我们按照物理学来说，一定有一个像洛仑兹变换或者是普朗克常数的表现，但是在整个超大宏观中找不到。从全球经济来看，类似一个布朗运动，是服从概率分布的，这时候要改善国际货币制度，改善经济制度，让监管标准化。但是你要知道，一旦被确定以后，金融就不存在了。这就是我们说的精确的测不准，当限制一个变量的时候，另外一个变量就发生变化；当你控制那个变量的时候，这个变量就发生变化。

于是金融学和经济学是两个不同的学科,虽然处理同样的事件,但是描述的方法完全不一样,且不交融。

金融危机就是分布超过了我们的控制范围,是非常小的概率,大概是三十七亿分之一,我们不能从逻辑上描述它。金融学是一个行为学,每一个人的行为不一样,每个人的风险变化不一样,用概率风险来看风险偏好,风险偏好可以画成一个曲线。比如,年纪大的人风险承受能力比较弱,倾向于储蓄类的产品。那以年龄组分类,会分成年轻的与年老的,也有不同的分类,是一个不连续的过程。但是,从另一个角度,是有连续的过程的,你怎么知道个人的风险偏好是到了这个年龄的关系呢?本身就有两种风险偏好,都是存在的,只不过是哪种表现得更明显,这本身也是概率。那么,金融危机为什么解决不了?风险偏好不同?唯一的逻辑是人要追求幸福,追求利益最大化,俗话说我一定要挣钱。但是如果你不想挣钱,那所有的经济系统就不能解释了,超出定义域了。

我投资要有回报,所有的金融政策开始有效,当介入资本经营的情况下,我们发现投资回报取决于两个变量,一个是价格,价格在自由竞争市场中是稳定的,那么只能取决于另外一个变量——成本,唯一可对比的就是财务成本低。凯恩斯说,你介入资本金,成本怎么降低呢?就是利息降低。利息怎么降低?可以印钞票啊,加大货币供应量,于是就会提前发生投资,那么危机就延缓了。凯恩斯是从货币政策出发,通过货币增加改变你的资产负债表,从而使整个投资发生,因为你的行为是确定的。

从使资产负债表的最小化而不是利润最大化的角度看,因为高负债率,即使利润前景很好也不做投资,而是先去银行还账。日本就是使负债最小化,虽然日本的宏观经济表现都很好,日本的企业都盈利,但是日本的企业赚了钱就还银行,利率降到零,没有人借款,因此货币政策完全无效。这在宏观经济中如何解释?凯恩斯的流动现金被认为是一个确定,突然发现行为是怎么回事儿?行为是一个概率,这个概率是会改变的,没有任何原因。

这是有关经济学方面的一些困惑。我们恰恰看到了,从这个方面类比,如果说经济学就类似于爱因斯坦的相对论、宏观物理学，那么金融学就类似于量子物理学。

那么，这给了我们什么启示？第一，用什么样的方法？过去，我们基本上是用归纳法。我抓一只乌鸦很黑，再抓一只乌鸦，还是很黑，抓第三只，还是很黑，所以得出一个结论，“天下乌鸦一般黑”。但是你永远抓不完天下所有的乌鸦，你如何归纳全部呢？我只问世界上有没有白乌鸦，只要我找到白乌鸦，只要出现反例，就能证伪。中国人的很多研究方法是证实，如果找不到反例，就证明我的是正确的，如果你找到反例，就自然破产。这是70年代一直公认的科学方法。这是最经济的方法，也是最捷径的方法。也是物理学给我们的第一条，一定要找出反论、悖论、反证。

第二，要服从什么？奥卡姆剃刀原理，假设最少的理论是最好的理论。科学一定要设很多的假设，同样一个问题都能假设的，我们要比较哪个最少。对问题最简单的解释就是最好的解释。为什么爱因斯坦的理论伟大呢？他把所有的事情统一在一个方面，不去做很多的假设。

第三，是有边界。任何一个理论都是有定义域的，只能在定义域中间有效，超过定义域就无效了。比如，微观问题和宏观问题。

第四个，所有的科学证明都和悖论相关。如果没有悖论，就不能成为一个科学的话题，在经济学中我们也存在这样的问题。在货币中最重要的一个理论就是蒙代尔的三元悖论，只能是两两存在。货币政策的独立性，资本的自由流动一定和浮动汇率相关，如果固定汇率制，要么你资本不能自由流动，资本是封闭的，要么就是和货币政策悖论，没有独立性。那么如果说你选择了货币政策的独立性，同时又选定了固定汇率制，那么一定意味着你的资本自由流动。这个悖论有解吗？有解。我们在规划人民币国际化的时候，就是寻找它的最佳点。所以，悖论是推动一个问题继续深化的前提。

第五个，不同的问题可能有不同的处理方法。有很多问题是符合因果的，有很多问题则没有因果，而我们现在全部都说相关性，这是没有逻辑的。比如，大家经常讨论金融危机的很多现象，然后把现象归结为多种体制、制度，这可以很容易做解释，但并不是最科学的解释。物理学的进展是一个形而上学的过程，但是演绎的过程是思维的实验，这个拓展本身形成一个系统，这个系统可以检验真伪，可以形成一套方法，这套方法可以基本判定对还是不对。

大家可以看到，现代物理学对人类的思维方法是很好的训练。

**嘉　宾**　今天，人类用分科的分隔方式构造的知识体系，本身就与奥卡姆剃刀原理存在一定的冲突。换句话说，人类今天用科学名义构造的知识体系，本身还存在着重大改进的可能。

**曹远征**　是的，这就要上升到更高一级的终极，那时候只有一个假定。为什么神学有这么大的威力呢？他就是假定上帝，上帝无所不能，于是所有的逻辑全包含在这里面，所有的都解释了。

**嘉　宾**　如果说现代物理学带来的启示说明了多历史观的存在，那么我们又同时得出唯一的宇宙大爆炸理论，这两个之间本身又是一种矛盾。

**曹远征**　你说得很对，现在更多的理论是表象红移的爆炸，逻辑上是存在的。

**嘉　宾**　您刚才说的证伪，是不是每个人都说的你的理论不是成立的，存在一定的可能性，只不过那个伪我还没有找到。

**曹远征**　如果你找到了塌缩的理论，那么这个大爆炸就是错的，是反向走的。但是逻辑上是存在的,在逻辑上白乌鸦也是存在的。

**刘宪法** 刚才曹教授讲,中国人有一个习惯,把很多问题搅和在一起,没有定义域的概念。第二,总认为什么事情都是有解的,实际上很多事情是没有解的。为什么物理学是从西方而来,我觉得它和神学训练实际上是有关系的,西方的知识分子都是宗教人士,宗教在几十年的讨论中慢慢形成了比较严谨的逻辑训练。中国缺乏很严谨的逻辑训练,曹教授如果能够刺激这种理性交往,尤其是深圳这样的地方,我觉得就是很好的贡献。

**曹远征** 谢谢刘教授的评说。只有把问题推到极端,才知道问题的局限在什么地方,而中国人的思维中,往往认为事物一定是统一的。现在,中国的大学都沦落成不再讲这些基本的训练、基本的引证,而是奢望直接在高层次中看到这个世界的全貌,忽略了整个过程,西方的科学和中国的科学最大的区别,就是西方讲过程,结果是过程中的自然呈现,而不只是追求的结果。而我们往往是把结果当成了前提来考虑,我要达到这个结果,然后我设计的过程应该是这样的过程,这是最大的差异。

**马教授** 我感受最深的,是我们都用一种形象的方式来表达,我们没有命题,我们知道桌子是什么,知道人是什么,但是要给桌子、人一个定义几乎是做不到的,所以整个训练在中国的文化体系里面真的是很缺失的。

曹教授提出的最深刻的问题,是人类看待世界的客观性到底存不存在,因为物理学是研究客观事件的形态,可是如果用今天的现代物理得到的启示,整个客观性受到了强烈的质疑,这是对社会科学最大的启示。如果物理学或者是自然科学代表的客观性都在发生变化,那么社会科学是否有一条新的出路?

我认为,人类最后走向科学的方式,一定是社会科学的定义体系大于自然科学的定义体系。实际上，自然科学用数学表达的所有的问题，在基础数学里面都会不完备，一切逻辑缺陷都是依然存在的。人类在世界变化的过程中，尤其是相对性的变化过程中，寻找着相对化的同时又如何寻找绝对性、客观性，这个命题就不像我们以摆脱相对性为前提来寻找独立的客观性，这个问题可能是未来社会科学的重大的挑战。如果社会科学能通过一个相对性为前提的方式，寻找新的客观性、统一性，那么社会科学超越自然科学的可能性就会突然呈现，成为历史中的黑天鹅。

**曹远征** 你后面的观点不能同意。我的推论中自然和社会是一体的，最后自身就是自身，就是人本身，因为你理解的世界就是你理解的自己，这是高度统一的。

**王溪悦** 我觉得社会科学可以借鉴自然科学的方法，因为科学越来越量化。借鉴自然科学的方法有用，但是内容要不要形而上？

**刘教授** 您一定看过《科学的反革命》，作者是强烈反对用物理学的方法来诠释社会学的。

**曹远征** 我们说被证明的过程就是科学的过程，一定要用形而上学的办法才能做到，但是为什么社会科学不可证明呢？第一，不可重复性，社会科学拥有自己的历史，是一维的，所有的历史推断在未来可能不显现，于是就不存在有确定的因果。第二，意识既没有重量，没有气味，也没有方向，而我们知道很多社会科学和意识相关，比如说信仰问题、文学问题，不可被物理学描述，因为你证明不了，但它同时又是人类特有的东西，由很多原因造成，这个原因又和自然科学、微观的量子力学，或者是大尺度的宏观物理学有相似性，变量极其多，处理方法就不是经典的物理学的处理方式,就变成了物理学的哲学问题了。

**龙　隆**　但物理定义一个东西一定有质量,有能量,或者有空间、位置,但是人的意识显然是不能这样定义的。

**马教授**　是不是无论在自然科学领域还是在社会科学领域,我们都面临一个共同的问题,知识体系的完备性,这就是最科学的标志,不在于因果关系,奥姆卡剃刀原理只要前提假设最少,而且最完备,实际上这个体系就是我们今天人类科学中追求的完美体系。是不是可以这么理解?

**曹远征**　你的理解部分是对的。最后的完美并不一定意味着是客观存在的,比如宗教问题,在宗教里面,上帝是不证自明的,但你不知道上帝是否存在。

**龙　隆**　从科学的思维角度,所有的完备都和定义域有关系,超出了就不完美了。绝对的完备是不可能的,完备只存在于当下的个人,当下的意识,只在这个意义上,在一定的时间内,一定的空间内。

**马教授**　在笛卡儿的哲学体系里面,已经要求人类进行一个完全彻底的反思,怀疑所有的事情,乃至是怀疑怀疑本身。人类在知识的构造里,会不会有一天能达到一个境地,在这个境地里,确实存在一个无法进行前提化给定的前提假定,以这个假定为前提,构造完备的人类知识体系。

**洪　勤**　我特别想知道超出定义域外面的问题,从哲学角度来讲是属于哪一种类型的问题？因为您都在讨论定义域内部的问题，我也是今天才意识到定义域外的问题。

**曹远征** 我回答你的问题，不知道。这些是不可见的东西，可能不存在，可能我们的范围就是在这个光锥里面，光锥以外的世界可能是另外的世界，是我不清楚的。

**汇　轩** 我的工作中，除了物理学的问题，行为学的问题，心理学问题，社会学问题，金融学问题，还涉及伦理学的问题。也许我们对人的内心，人的意识的了解、研究，应该是一个不能被突破的障碍，否则我们永远解释不了自然界中最复杂、最独特的人的这个问题。由于对人自身的了解都不够，带来这一切的问题，所以我们只好去给我们研究的问题设定一个定义域。我今天受到了很多启发，但是依然没有办法完整地了解这个世界。所以，我们还有很多地方需要研究，需要改进。

**曹远征** 其实对于物理学的问题，我也是门外汉。我想说，这个世界最不可思议的事情就是这个世界可以被理解，这个世界最不可思议的事情就是这个世界居然可以被这样理解，实际上这是一种探索精神。

# 社区治理的道与术

我们的社会

# 第128期银湖沙龙

**时　　间**：2015年10月9日

**主讲嘉宾**：范　军　深圳公众力民间智库创始人、马洪基金智库百人会副总召集人、深圳改革30人论坛成员

**主　　持**：王英杰　中国（深圳）综合开发研究院　副主任研究员

**范　军**　今天，我的题目叫作“社区治理的道与术”。对“社区”的定义有很多方面，有虚拟的，有跨界的等各种各样的小区。如果再加上“治理”，就有了一定的官民互动和对话的性质。

我们生活在不同的社区，我们有不同的社区体验，有不同的从业经验，也有不同的关注视角。但是我们对社区本身的认知肯定是很复杂的，我们有很多的关键词，比如，社区融合、社区冲突、社区自治，每四个字背后可能都有很多专业学科、服务机构、领域和问题，听起来特别复杂。

社区本身就是一个大杂烩，就是各种原子化的个体堆在一起，形成说不清道不明的复合体，是一个混沌的状态。但是，这对我们很重要，我们感觉到，社区的问题就是中国的设计，是我们所有宏观政策、法律的缩影。我们脚下的每一个神经都对应了五脏六腑，社区同样如此，社区里每一个反映可能就是国家社会变革的预兆。我们要正确认知社区，寻找我们在社区中的定位，这也是我今天要和大家分享的一个话题。

什么是社区？社区是什么样子的？我从1998年开始，一直在深圳做社区规划，早年在规划系统，在规划师和居民之间承担桥梁的作用，编法定图则，标配的公共设施。那时候，更多是从空间、物质的角度看，但没有把居民当人看，都说“人口”，而不是“人”。我们没有考虑更多的服务，现在需要站在人的视角，从不同的视角，看社区的问题。

那社区研究发展是怎么样沿革的？从欧洲开始，把社区当作公共体，只是当有冲突和矛盾的时候，才发现每个人都是身在其中的一分子，跑不掉，躲不开，所以才主张把生活方式的冲突作为社会变迁的一个结构。

后来出现了社区自治理论，就是认为居民是社区中的主人，而不是由国家和党包办整个过程，倡导建立社会组织自治，国家和政府也是其中一分子，是共同治理的概念。另外，还出现了社区行动理论，强调自上而下、自下而上推动社会的建设，建立各种各样的新型社会关系，强调团体的参与感。

还有一些人文理论、功能主义理论，都强调人和人之间的互动关系。在中国，也有整体功能体系，社区的核心是文化，单位是制度，制度运营的是功能，要把社区当成一个整体来看待，不再是某一个切片、某一窗口，只有从整体来认知社区，我们才可能描述出基本的模样。

现在又有人对生活方式和结构进行解构，还有依托学校、社会和家庭进行乡村建设，通过一定的教育方式促进乡俗、礼仪和经济的建设，这些是前辈在20世纪五六十年代或者七八十年代做的尝试。但改革开放30年后有一些断层，近年来才开始提社会建设，很多方法重新提上议事日程。

认知社区分为四个步骤。第一，把社区当成一个缩影，解剖各种资源。第二，目前公共服务的实质是资源配置，梳理现在服务的清单，对照居民的社区，查漏补缺和精准化。第三，更重要的是社区的治理、自治和组织化，比如蛇口基金会。第四，整合各种各样的社区里的人与人的关系，资源与资源的关系，政府与社区之间的关系。

社区是由什么构成的？首先是空间载体，有一定的空间。深圳基本上都是两三平方公里范围内的一个行政社区或者是工作站。第二是有一定的社群关系。第三是有各种各样的组织，有党组织，有政府组织，有私营的，也有合作的。最后还有自身的文化，同在南山，蛇口，文化肯定是不完全一样的，因为这两地人的经历不同。

我可以提供一些社区治理研究的方法。

一方面，要谈社区治理的现状。一个是从数据的研究，里面住的是什么样的社群，他的权利结构是怎么样的？还要从社群发展的视角，比如创新的趋势。这两个视角是一定要考虑的。

另一方面，要找存在的问题。第一，是否存在社区自组织。第二，居民参与度和参与的途径？第三，是否存在复合治理的模式，或者是怎么样的运行状况？第四，全服务体系的对标。最后，就可以为每个社区提出本社区整合的优化策略，提出治理的建构。

民生、民主，民权等问题的社会治理的重点在基层，基础在社区。治理可以从四个角度出发。

第一是权利和责任的问题。政府编了很多的权利清单，也有很多服务的内容。政府有一万多项的权责，最后实施有效果的，可能就是几百项，很多的权责是错位的。我们都在谈理清政府和社会组织以及居民之间的权责，但是，完全理清楚是不可能的，三者间是割裂不开的，是混为一体的。在未来，社区治理应该是一个模糊的理论，社区不能划得太清楚。

第二是供给的问题。现在的公共服务产品，我们只能满足居民 10%的实际需求，虽然我们有上百项的清单，受众是很小的人群，大部分的人群，特别是政府认为你有自给能力的，是不提供服务的，全部靠自己。所以在供给之间有很大的落差。

第三是在主体问题上，我们一直说，“一合多元”，这个多元怎么组成？这个“元”还没有发育成熟，社区组织就很难做成。所以我们强调社区统战。

第四是机制体制。现在，各种权利的机制是完全失衡的状态，能够产生财政收入的政府肯定会花大力气支持，而保证基本公共服务的就会有意料外的障碍，所以我们没有一个常态化的机制，我们每天都在创新，而创新的目标就是为了拿奖，获得报纸的报道。这几年来，前一届政府的各种创新有上千项，真正留下来的又有多少？

政府是怎么看社区的？排在第一位的是党建工作，是否有各种各样的党组织。第二个是行政的触角无所不在。第三个是财政，钱的投入问题。第四是民政的问题，考虑弱势群体、市政等。第五个是民主，包括参政议政等。

对老百姓来说，社区又是怎样的？是家里的家务事，婆媳关系，小孩上学，自己的生老病死，还有邻里之间的关系。还有小区里面的事情，业委会是一种共有权利。还有很多社团本身内部的事情。还有一些超越了小区之外的社会公共事务。

这两方面罗列出来的是不相干的。这就需要一个沟通的接口，怎么找？我们发现了，视角决定了行动和未来的各种方向。根据我们多年的研究基础，社区的档案，社区的很多要素，除了文化是虚拟之外，很多是可以量化的。

第一是人力资源。原来把社区的人当成人口，没有把他们当成资源。一个社区 10 万人，在欧洲就是一个国家了。改革开放 30 多年，社区积累了很多资源，空间也好，人才也好，技能也好，工具也好，设备也好，是一个很丰富的矿。我们没有分析社区的人的年龄结构、性别、家庭、婚姻；已婚的多少、单亲的多少、户籍及民族结构是怎样的？就业的、教育的、信仰的、佛教徒多少、收入是多少……没有人研究这样的事情。如果弄明白了，是不是就可以把社区分析得很清楚了，就知道有多少人愿意投入到公益组织。我们要改变一种观念，不要把社区的人口当成负担，要当成未曾开发的资源，重新激活。

第二是服务资源的问题。这里面既有资源，又有需求。比如，组织资源，有各种组织，我们要怎么样让他们参与到社区，成为社区建设的一分子。比如，场所及设施资源，是否健全？

社区建设和社区治理，最终又回到一个单元，就是人和家庭。广州前几年一直在做家庭的综合服务，深圳是做以单个个体的社区服务。中国老百姓一直都是顺民，只要不被逼得鸡飞狗跳、无路可走，一般不会说什么，我们的社区治理真的是很容易的。老百姓追求的大角度对外表现为宜业、宜居，宜购，宜乐，对内是教育、健康，情感、关系，影响的是法律法规，良俗道德。

政府一直在强调我们是以需求为导向，是以问题为导向。问题真的是导向吗？不是导向。举个例子，2016 年上半年，我的腰很痛，消化也不好，我就以为是腰有问题，肯定是劳损了，就天天去按摩。结果是因为有胆结石，才会影响到反射痛。所以完全以问题为导向的时候，可能会下错药，可能病会越来越严重，还可能会耽误。所以目标导向要结合需求导向才能满足。

第三是全主体的服务供给。对政府而言，一方面我们要以管理为中心、以服务为核心，更重要的是要会为人民服务。你是否了解人民的需求？社区需要形成一种社会的力量，告诉政府，我们需要这样的服务，大家一起来完成这样的业务。政府的视角与老百姓的有很大不同。所以，民间一定要告诉政府，社会是什么样的内容，这是我们下一步要共同推进的。

每个社区服务中心都有社工机构，几乎一年换一次，每年花很多钱，辐射到的人群却很少。我们要改变这些规则。我们的理想是希望能够在社区治理的过程中，第一个要建立社群的覆盖，每个人都要享受服务，就像每个人都要吃饭一样。

政府也有很多服务，比如妇联在三八节、六一儿童节会搞活动，那平时做什么？平时就没有服务，因为政府总是把活动当服务，搭一个舞台，领导颁个奖，讲个话，就是服务了？不是。活动是为服务造势的，不是真正的服务，也不是长久的服务。在全口径社区覆盖的基础上，要建立全天候的服务响应，居民有需求的时候能够快速得到响应。

服务还要有质量，这需要做精准化的研究，要定量、定员、定点。如果能够把社区的服务按照一种很精准的定量，就可以做社区服务的预算，需要多少小时，在什么时间段做社区服务。

社区服务有一些关键性的指标。第一，服务流程。怎么发现需求，怎么对接，怎么转接、跟踪服务。第二，服务的费用问题，谁来出钱？因为有些服务是无偿的，有些则是有偿的。第三，服务的指标，度量权和权责利。这里就不展开了。

还有其他许多关于社会服务的方式，直接服务、政府间的协议等各种各样的形式，未来，政府要针对不同的服务类型和不同的社区，采用不同的方法，不能用一个药方治百病。要有各种各样的组合、配置的方式。有无偿服务，也有代偿服务，政府出钱请人帮你服务，就是政府帮你买单。还有公益价服务，就是低偿的。还有有偿服务，大部分是商业化的，这里面需要建立补偿的机制，一方面不能让政府的财政无限制地产生，另一方面又希望政府的钱真正回到民生，不能老是修大马路或者大广场。

再来看现在的变化。目前我们关注了深圳对一些社区治理的新动向，谈得更多地是“一核多元”，理想的是党、政府、社会怎么协调、合作，一起治理。“多元共治”起源于南山，其实核心的作用能不能发挥，也是下一步需要培育的。真正是这两个“元”：工作站、党委——还在搅动。需要做很多文章，还有很多课要补。

这背后还要更多的主体，比如说物管，文化服务机构，专业服务机构，社区生活服务机构，社区基金会，各类社区组织，包括群防组织等，要相互合作，社会整个社区的力量，“一核多元”才具有可能性。

社区工作站有很多思路、布局，与很多部门息息相关，但是它的权利很有限，看得见的管不着，发现了问题又没有办法层层上报，没有办法解决。一个社区有各种各样的系统，有人口的、计划生育的、出租屋管理的、工会的、残联的。我们在增值服务信息化这一块，投入了很多钱，花了精力，但是效果真的很糟糕。各样的报表、事务耗费了工作人员的时间精力。但是政府的这条腿又不能缺，因为街道办、区政府管了那么多人口，又把工作站和居委会合二为一，本来是自治组织和政府组织，合二为一就把两个翅膀绑在一起，那还怎么飞？

居委会是目前我们能找到能够突破自治的，因为居委会是委员有法定条件的社区自治的载体,哪怕是成立基金会也是其中的一分子,是社会组织之一,不可能代替居民自治,成立业委会也只是一个组成部分。但深圳已经把居委会完全废掉了。我们研究了1989年《居委会组织法》的初始版,包括可以兴办实业,兴办服务业,成立若干小组,怎样设定委员会,有怎样的职能,国家的法律已经规定得很清晰了。

但我们没有落实一项,老是说我们要创新,其实规定已经很清晰了,但是没有人做。如果我们真的落实了,依靠法律文本我们可以拿到一个最新的社区载体,重新培养载体是不可能的。没有它,社区自治无从谈起,功能一定要恢复。

业委会的权利是在社区治理上的正能量问题,比如罗湖、福田也在探索业委会的法人登记制度。业委会就是一只蝴蝶,有4个触角:业委会和业主大会之间的关系,和居委会之间的关系,和综合党委的关系,还有和物业管理之间的关系,这里面有代议的关系,自治的关系,契约的关系和治理的关系。业委会搞好了,大部分问题就都可以有效解决。

我们能不能把业委会进行适当扩大,变成居委会的某一个居民小组参与自治的一个平台呢?这个法律关系是可以拟得清楚的,下一步可以这么做。因为一个社区,一个居委会肯定包含了若干个小区,每一个小区有一个业委会,就是一个居民小组,这种关系在法律上可以站得住脚,这种关系就可以形成。

另外,需要培养更多的社区组织。当然,这中间有一个孕育、发育、重整的阶段。社区组织有很多类别,有休闲的、教育的、互助类的、行动团体类的、共同治疗类的。社区组织本身是有很好的功能的。如果我们现在开展一个新的计划,为0到3岁孩子服务,按照惯性思维是怎么做?就组织几个老师去讲课,科学喂养,母乳喂养,搞亲子关系,讲四堂课搞定了。能不能换一种思维?分成三步走,第一步是居委会把这些家庭连接起来。第二步,以小区为单位,或者是以籍贯为单位,或者是以某一种爱好为纽带,结成很多小组织,于是就有了需求。第三步是配资源,需要老师的,需要设施的,需要场地的。第四步是组织的自我运转。

整个社区里面的体系是四个,一个是法律层面,一个是道义的,一个是友情的，还有专业知识。社区就是一个容器，要怎么调配这四个比例、怎么样解决？更多的需要政府、国家、社团的配合。现在缺的是什么？缺的是专业的支持体系。所以我们需要把第四个体系作为一个专业的队伍，通过这四个网络的构建，才可能形成比较重要的互相支持的具体的方法。

在这个过程中我们要怎么做？

公益组织缺钱吗？不缺。我们老是说募款，所有的公益募款是第一要务。其实公益组织找钱做什么用？你需要请人，需要自愿者，需要买东西，需要租场地，需要租设备，需要租办公室，其实社区本身是有这些资源的。我们能不能从单纯的募款变成募一些方法，喜欢发表意见参与评论、传播的、发微信等；也有出钱的，有人捐款，有人做公益消费，有出力的，有出智慧的，有的会写歌，会算账，会打官司等；还有出物品的，有出设备的。

还有社区协商。在城乡社区协商的过程，怎样尊重表达权等，这也是可以做的。比如，如何提高参与能力，提高积极性。很多时候，我们的顶层设计是完美的，但下面的就会一层层选择性地做，就变成零件化了，那就很麻烦了。

所以说社区治理的理想做法是通过社区治理的灯泡点燃，最终的目标是把法制化、扁平化、专业化、信息化、网络化的手段，当成一个工具。最终的目标是让居民真正地动起来。

关于社区服务，福田区出台了关于公共服务清单，提供 13 大类，还有很多评估指标，但是现在很难找到每一项的流程、服务对象。只有一个文件，一个目录，目录背后的具体内容很难找到，分散到不同的部门，当成秘密一样藏起来。

我们也做了一些尝试，与居民一起设计服务，与政府提供的清单图是完全不一样的。比如，怀孕的阶段需要什么服务，这与政府提供的很少有交集。政府说我没有这个规定啊，没办法提供，但是居民想要，怎么办？下一步要怎样解决？拉近政府响应服务、调动机制的问题。

我还希望未来在深圳成立一个社区服务联盟，打破原有的社工机构垄断的机制，各种专业组织通过联盟的方式来配置资源，包括服务和专业机构，通过这个链条吻合进去。

作为个人的理想，首先是真正的公益模式要重新得到激发，不再是政府一元的覆盖，应该要进化各种社会组织。第二个要整合社区资源，活化社区资本。第三个是构建开放的空间。第四是聚集中坚力量。第五是细化社区服务。第六是夯实社会底盘，强化社区自治。第七是达成共识，谋划社会关系。大家都在谈社区关系谋划不够。我们希望的，也是我们倡导的社区治理能够达到的效果，能不能实现？能不能像北斗七星一样的指引我们往这个方向努力，这是我们需要做的。

社区治理最终的目标还是形成共同体。我们在一起生活，共享某一块地方的时候，大家有归属感，有认同感。

前面涉及的面特别多，所以我希望给大家一个认知，社区原来是那么复杂的载体。现在，我还有四个问题要向大家请教。

第一，社区如此复杂，我们有统一的治理模式吗？如果没有怎么办？我们需要找一套工具包，至少有一套思考体系和逻辑关系来解决这些问题。就像吃饭一样，吃的口味不一样，但是做饭的程序是一样的，买菜，洗菜，炒菜，因为味道每个人的原料、口味、佐料、手艺不同，菜出来的味道也会不一样。社区治理是否可以遵循中国的厨艺之道呢？

第二，党建工作是日趋强化的，现在支部建立在任何地方，建立之后怎么办？怎样让党更好地为我们服务？这是我们的权利，把公共资源用到老百姓的身上来。

第三，我们有很多社会政策，但很多没有实施。因为创新我们错过了很多入口，我们走远了，怎么办？深圳研究社区不是太少了，而是太多了，太多人想把社区玩出花样来，结果忘掉了社区最本质的东西。

第四，在当下的环境，你、我能做些什么努力来下好社区这盘棋？

希望大家一起共同讨论这个社区问题。谢谢大家。

**李津逵** 范军一直在深圳做社区自治、民间评议政府、评议人大政协委员，做民间政府工作报告。深圳这个城市的温度就是因为一个个这样的人，他说“责任在我，不在别人”。

他的“道”指的是政府治理和社区自治的关系，“术”是丰富的工具箱，比如社区里面各种各样的网络。我的理解是这样的，社区自治和宪政是中国百年梦想，由于战争、社会现实等各种原因，这个梦想和现实渐行渐远。

而今天这个自治如果再不做起来，说严重点，可能会让党和政府与人民群众的关系越来越疏远，这是非常要命的。但是政府本身没有办法解决这件事，一定要靠外在的力量来制约、制衡，因此在这个过程中，社区组织怎么成长，可能是一个最大的问题。

范军的这几个问题，我觉得就是一个回答。就是我们要让社区成长，怎么成长？自然不能揠苗助长，有一种是自我成长，有一种像范军一样走到各社区去，叫作陪伴成长。自我成长需要公民精神，陪伴成长需要企业家精神。

我们的公众财政投入的速度铺天盖地，如果没有一个外在的力量去制衡政府、对话政府、促进政府、帮助政府，把公共服务、公共投资更加精准化，我们将会遇到更大的麻烦。

我先抛砖引玉。

**王英杰** 我们可以就社区的问题再讨论一些东西。我是一个初学者，很难界定社区服务的边界和服务范围的问题，这也是比较困扰我的事情。范老师也讲了，现在的社区就是延续着居委会的架构下来的，当年居委会的边界在哪里？而且“社区”这个词本身是在行政体系内的，但没有社区的完整定义，所以现在有“一站多居”的说法。这是我想讨论的。

生活问题是公共服务非常重要的一部分，但实际上，社区是承担了生产功能的，这个功能在社区治理中如何体现？比如蛇口，不是只有居民在，还有很多的企业在，社区治理未来的目标一定是综合性的、全方位的。就像综合开发研究院，对于银湖社区来说，就是一个生产单位；但是对于我来说，又是一个生活单位，我如果要想把银湖打造成一个美丽的风景度假村是一个做法，打造成中国智库的基地又是一种做法。这个时候，社区治理在这方面还能做一些什么样的事情？

**范　军**　你的问题很好，社区是谁的社区？你住在这里，但你决定不了社区的发展方向，就像我们的住宅楼，开发商有土地开发权，可以设计成各种各样的户型，但是卖完了之后，业委会可以决定这个社区的发展方向吗？他也决定不了。这个肯定是最大的问题。银湖社区工作站的书记可以决定这里的发展方向吗？决定不了。

所以说，看得见的人是管不着的，想得到的人也做不了主，这就是社区治理中最大的难题。

这也正好是社区的难题。我和很多书记也聊过，他们有很多的想法，等问题反映上去，兜一大圈，还要自己解决。所以，社区治理不如城市更新带来的变化大，因为我们的权限真的很小，城市规划师真的是什么也做不了。

**嘉　宾**　我现在有两个问题很困惑。如果我代表党委，引进社会组织，成立各种协会，但是我现在就是怎样都做不起来。这时候，老百姓又很排斥，会怀疑你在秀？有时候，我们也很想把事情做好，让社会组织、周围的团体来为社区做贡献，盘活起来，但是我们无力，不知道怎么做会更好？

所以我们现在最主要是改变，通过倒逼，用一些社会组织的力量来做一些事情。

深圳的服务中心、党委、居委会和工作站是四摊子，各顾各的，甚至会互相抵制，这是很可悲的现象。所以一定要找一条主线，能不能往这个方向扩，让居委会把职责立起来。

**嘉　宾**　社区实际上是20世纪二三十年代开始做的事情，那个时候的社区是以血缘为纽带的，比较固定，族权就解决了大部分的问题。皇权在和族权合作的过程中是非常有分寸的，不会轻易侵犯族权，这是传统治理的好处。

到了现在，随着市场经济的发展，产生了大规模的城市，把乡村的结构打散了，就形成了现在所谓的社区。现在的纽带主要是地域的利益纽带，所以，我们的社区发育的核心在于公民社会。

为什么出力不讨好？老百姓习惯于向你要，只要给得不及时、给不到他的心上，老百姓就会不满。因为我们的政府是一个无限责任政府，无所不能。现在政府就处于这样尴尬的境地，花很多钱效果并不明显。

现在最重要的是做什么？让老百姓知道还有决定自己的权利，我在这个地方的利益、机会和基本的东西要培养。如果培养起来了，老百姓自己会把自己的事儿做好。

就讲深圳，深圳发展是什么？是规划的结果吗？是管制的结果吗？是放开的结果。你放开了，他自己就搞好了，老百姓有这个能力。现在我们恰恰背道而驰，因此提供再多的公共服务都是徒劳的。

**嘉　宾**　的确，如果给社区充分放权、自治，他的人才、邻里的能力都可以调动起来。

回到改革的话题，很多时候是因为管控太多，而管控的目的是维持政权的稳定，并不是追求小区的效率，就是一个形式，就是一种管控的手段或者是一种心理暗示，效率是很低的。

**子　青**　我今天听得特别过瘾，也特别欣赏范老师讲的，很多东西不需要创新,回归常识就行了。所以我们这个基金会成立的时候,首先是关注权利的来源,是竞选来的。

还有一个问题也是我们最近碰到的,就是党建工作强化的问题,深圳市要求每个社会组织都要成立一个党支部。如果没有公民意识,就没有社会自治的意识,再大的顶层设计都没有用。

另外我还关注议事规则,社会组织确实比企业还要复杂,有很多专业的东西。我们从没有成立基金会的时候,在发起人大会时,就第一次用了罗伯特议事规则,在合适的时候就要用,在什么时候用头脑风暴,我们都关注了。真的有太多东西要学,希望以后范军老师多给我们一些指导。

**范　军**　我们现在参与了很多政府改革项目,在制定治理方案的过程中,我们就把多元利益的相关者加进来,搞全过程的公众参与。通过开门的方式,公众参与的方式,原来的很多问题得以解决了。以前拍脑袋的项目根本就实施不了,现在发现很好实施。所以,在中国,未来自由参与是趋势,如果可以争取到更多参与的空间,参与渠道的平台,让更多的人参与进来,在制定规则的过程中,必须考虑这部分人的意见,只有这样才是未来。要想全部改革,基本上是妄想,我们只能取其中,扩大各种各样的可能性。

**李津逵**　对于党组织、党领导的事情,我们讲讲袁庚就明白了。如果袁庚不是共产党的干部,不可能做出这种惊天动地的事业。正因为他是党员,他向我党的最高领导人汇报“时间就是金钱,效率就是生命”的时候,这句话就能走向全中国。你们的基金从一开始就不是为了身边那点事儿,而是有一种使命感的,要把蛇口的星火传下去。30 年前,证明了党把经济发展的权利还给人民,就有了蛇口,有了深圳。未来 30 年,你们要带头证明党把社会建设的权利还给人民,会出现什么样的情景。这个过程中,你们一定要建立党组织。

**嘉　宾**　李教授讲得非常好，政府不是不想做事儿，只是个别时候方法没有找对。社会组织如果没有政府推行，公民意识很难培养出来。移民城市恰恰是最容易培养公民文化的。现在真正要做的是做本职的事情，一点一滴培养老百姓自我做主，不要想着我代表某一个组织给老百姓东西，这个想法压根儿就是错误的。现在需要的是以开放、开明的心态，把权利归还给老百姓，而不是恩赐。

**嘉　宾**　互联网思维是一种要升级的思维，我们首先要做的是打碎自己，如果你不打碎，越走越艰难，这就是大联盟成立的意义。因为大联盟是游说或者是游走于政府、社区、民间的一个小平台，是希望大家都可以联合到一起，一起把这个事儿往外推，让这些事情更容易落地，而不是硬着头皮要在这个社区宣传或者是推广，最后路会越来越窄。

如果我想推动的话，会做点什么？一定是与平台合作，大家一起来做，如果20个基金会讨论一件事情的时候，可能推动起来会更容易，大家会集合各自的智慧，一起凑资源。

事情是不是光鲜不重要，重要的是，我们在这个过程中做了一点点，对推动社会是有益的，是做底下的垫脚石，而不是金字塔的尖，这个事情就容易了，可能慢慢就会形成社会影响力，可能其他人也慢慢复制、拷贝。

我想表达的是我们最好的做法，不管是商业也好，企业也好，基金会也好，甚至是社区的工作人员也好，我们想办法联合到一起，共同做事。

**嘉　宾**　我说一点个人想法。

第一，社区问题的本质还是人的问题。所以我们要做社区工作的话，肯定是离不开人的需求，真正的需求，真实的需求；而不是表面的、浮夸的、宏观的，是从生到死遇到的所有问题，是包罗万象的现象。怎么让大家自治？居民如何自治？就是解决从生到死的所有问题，解决完了，就可以做到自治了。

第二，是时代变革。回到社会看企业，当下所有的企业都在讲如何转型，如何从农耕时代转向现代化的时代，社区服务也要从农耕时代转化到互联网时代。现代化的互联网时代明显有几个特点，人们普遍趋向精神上的追求，在社区体现的第一个是节约，第二个是环保，第三个是品质化，第四个是体验化，人们需要体验式的服务，而不是流程化的、机械化的。老百姓只有真正受益，我们做的工作才可能真正得到认可和喜欢，所做的一切，还是围绕如何让老百姓真正的受益、喜欢来服务。设立不同的服务，复制的不是做事的项目，而应该是做事的思维模式，问题是包罗万象的。

第三，是深圳的本地文化。深圳现在缺少什么？不缺钱，不缺物，缺的是精神，还有居住的氛围、关爱、邻里关系。

第四，是如何下好这盘棋？要下棋，首先要想达到什么样的目标，目标首先要明确，要建立一套标准，标准建立之后，首先是要做成什么样，第二是需要哪些要素，需要包含哪些东西？第三是成员有哪些。用太极图做比喻，中间是服务中心，服务机构，上面是党员，下面是居民，外面这一圈全部是社区，就是直接连起来的，最终是一个圆的循环。

这一套思维模式如果为老百姓树立了新的思维模式的话，就可以做到自我管理，自我循环。

我的发言完毕，感谢各位。

# 商业智慧在社会企业中的作用

# 第127期银湖沙龙

**时　　间：**2015年9月25日

**主讲嘉宾：**叶中平　香港恒业集团和广东宝丽雅实业发展有限公司董事长、顺德政府公共决策咨询委员会副主任委员、顺德文化艺术发展中心（法定机构）理事长、圆方中外（社会企业）执行董事

**主　　持：**李津逵　中国（深圳）综合开发研究院主任研究员　理事

**李津逵**　叶中平先生的经历非常奇特，他在顺德政府部门工作过，曾被政府外派来深圳工作，之后又成为了港商，他是香港新兴同乡会理事长、顺德总商会的会长、顺德外商投资协会的会长，同时又创办了社会企业。所以，他是社会建设的践行者，又是一个商业空间的弄潮儿。

我今天是有香港的问题要请教他，也有顺德的问题要请教他。感谢中平抽出宝贵的时间到现场来，咱们掌声欢迎。

**叶中平**　大家好，认识各位很开心！我今天讲的是“商业智慧”于“社会企业”的作用。

首先，我将集中讲述社会企业中的“商业智慧”。

在座的你们更多的是做“公益组织”的，而我是香港恒业集团与广东宝丽雅实业发展有限公司的董事长，我是做“商业组织”的。我觉得这个中间还有“社

会企业”，它不同于公益企业又不同于商业组织，但是又与二者有交集。今天在座的各位可能对公益组织和社会企业的交集区更感兴趣，这一块的操作需要一些什么？

之前，我去了很多地方参观，杭州、上海、成都、汶川等地，也看到了包括香港等不同地方的慈善组织、社会机构是怎么运作的，所以还是有一些了解的。

社会企业多是用非营利组织的模式运作，但又和商业企业一样要产生利益，区别是它要产生社会利益。

貌似很复杂的一句话，让我们展开来讲。慈善组织的对象是社会这张保障网的基层民众，社会保障网的高度与社会发展水平相关，不同国家，不同地区，高度不一样。这张网更上层的民众，慈善组织不一定能解决其相应的问题。而我们社会企业服务的恰是这保障网以外的民众。这就是慈善组织与社会企业最大的差异。所以，社会企业是一个填缝剂，社会服务有很多层面还是空白的，那么社会企业就来填补这些空白。

大家都在网上看过《乐享中国》的视频，它在美国纽约时代广场上放映，是国务院新闻办做的一个宣传片，里面有顺德的元素，网上很快就热闹起来了，微信朋友圈传播得非常快，我们是利用了新媒体让事情来发酵的。

那么多媒体在讲这件事情，和圆方社会企业有什么关系？把这件事做得有影响力，这就是商业智慧。圆方社会企业是希望在这事上先宣传顺德，第二才是宣传圆方，然后能够获得包括政府、企业更多的资源，让社会更多人认识圆方。这个过程，我们没有动用政府的资金，我们圆方也没有投入多少资金。

圆方这个社会企业是 2014 年年初成立的，到现在还没出过一分钱的广告费，但是它成了一个媒体，《南方都市报》称它是“没有出生就已经出名的企业”。因为我们知道怎么和媒体打交道，我们有大众感兴趣的消息，那就不存在要给广告费的概念了。

前几天，圆方把广东省政府请来的一个美国犹他州经贸代表团拉到顺德，在古色古香的饭店里，为他们现场表演了炒牛奶、姜撞奶等顺德著名凤城小吃。我们用很少的投入,同时把“世界美食之都——顺德”的概念用这种方式传递出去。这个活动也引起了媒体的关注。

我们把它定义为“民间外交的实践”。圆方,是在众筹智力、人脉、资金这三种资源。

所以,社会企业就是一个填缝剂,哪有不平就去填平。这就是社会企业的核心作用。因为有很多缝,圆方只挑了其中一条缝,就是区域国际化的服务。

1999年才有对社会企业的最早定义:任何可以产生公共利益的私人活动,或者是具有企业精神策略,以达成既定的经济和社会目标,不以利润最大化为主要追求,且有助于解决社会排斥以及失业问题的组织。这是欧洲经济合作委员会的定义。

1980年上台的英国女首相,推动私有化,在这个过程中,会产生很多社会问题,原来的社会体系支撑不了,有些东西跌入到这张社会保障网里,而没有跌入这个网的可能也挺艰辛的。后来,有企业老板成立一些组织,为这些多在非社会保障网内但又有问题的事情来服务。所以,到今天为止,全世界社会企业发展得最好的是英国。

社会企业是新生事物,在中国国内也刚刚起步。我国香港也是从七八年前才开始推动社会企业,到现在,已经大概有400家的社会企业在运作。

国际上有很多著名的社会企业例子。第一个例子,穷人银行。全世界最有名的社企就是“穷人银行”,诺贝尔奖获得者尤努斯创立的,它是盈利的。当时,没人愿意借钱给在缅甸、印度山区的农民发展生产,但他借,利息很高,但是不要担保。

第二个例子是公平贸易认证机构,最有名的是咖啡豆。在这个过程中,他要你在整个链条上,首先你买的东西价格相对高一点,有些钱要给产地农村修路等,最后零售环节还要返钱。就是产品在市场上卖大约贵25%到30%,多出的钱就流回到这个农村。

在我国香港,也有这几个案例。比如,魏华星为了把海外的一个项目引入香港,就成立了“香港社会创投基金”,建立了“黑暗中的对话”体验馆,就是在一个黑暗的房子里吃一顿饭,要付费的。他用这个项目赚的钱扶持另外一些项目。这种模式必须要有商业智慧。现在,“黑暗中的对话”体验馆已经变成做企业培训的生意了。不一定在这里吃饭,可以做一些游戏,你就会了解原来以为我明白实际上我并不明白的道理。

还有一个例子是 L plus H Fashion Limited(针织毛衣工厂)。创办人何小姐原来在香港也是做投资的。她想做一些与慈善相关的事情,并希望得到其他企业老板的投资。她要做什么呢?她说:“本来可以做一个盲人的按摩店,以我的能力很快就能把店做旺,但周边同类型的店的生意也许就会变差了。”后来她开了一个公司,概念是“爱”与“望”。她说香港 20 世纪六七十年代很兴旺的制衣行业已经没有了,当年的制衣工现在基本上都成婆婆了,她们有很多空闲的时间,而且手艺还在。她就做了这样的一个针织厂,里面有大量手工制品。她去接名牌服装的订单,用这种方法把一家企业运营起来了,打造“香港制造”。她的员工都很开心,都是五六十岁人了,在财务上已是独立的了,但是还能用自己年轻时候学的手艺做出名牌高档的衣服,这就实现了人的价值。

还有语言治疗中心的例子。语言治疗中心的老板娘同何小姐一样,都是顺德人,她请了一个比利时皇家退休大厨,来到香港开了一个西餐厅。她家的牛扒很贵,但是很多人去吃。她用这个西餐厅的盈利去补贴她的语言治疗中心。为什么要开语言治疗中心?她说,她有语言障碍的儿子 11 年前去世了,于是想开一个关于语言障碍治疗的机构,去帮助别人。因为语言治疗师工资很贵,没有办法支撑下去。机缘巧合,她在比利时认识一名大厨,大厨也有兴趣,就开了一家西餐厅,餐厅运作起来了,就用这里赚的钱补贴语言治疗中心的开支。

那顺德社会企业是什么情况呢?顺德在 2010 年 6 月通过了 3 家认证的社会企业,只有圆方一家得了满分。圆方都做了什么?最近众筹很火,所以我就讲了圆方几个众筹的案例。一种是资金众筹,这非常简单,到目前为止我们的钱还没用,因为自己能赚钱。

第二种是资源众筹。每年暑假的时候我们有夏令营,主题是“国际少年领袖培训”,一个营区 10 个人,这 10 个人来自世界各地,就在那里生活两周,有教练在。因为这个模式不一样,我们很清楚美国最早的夏令营是怎么做的,这个国际资源不用我们去找的,是我们在做商业多年认识的朋友。圆方有很多有国际经验的人,大家有不一样的资源,看问题也是多角度的。

第三种是智力、人脉的众筹。圆方有自我造血的功能,商业的模式下的盈利不得用于股东分红,而是投放到区域的国际化服务中去。我们章程中有几条规定,恰好这几条规定现在也变成了顺德做认证的一个范本。第一,不能对外借款,投资入股。第二,公司不能提供任何的担保。第三,在有盈利的情况下,利润分配只付股东本金和本金直接的利息,付完为止。第四,公司如果终止的话,资产处理的办法,不是先还股东的钱,而是拿出 2/3,给其他社会企业。这个是写在章程里面的,工商局注册的文件里有的。

我们在这个过程中,也要思考怎么提供超值的服务给我们的股东?就是要为我们的创二代服务,而且他们多是海归,我们不单是吸引他们,更重要的是他们的智力与人脉。

这个项目(顺德上时代广场的视频)是我负责策划的。但是对我的企业来说,我不可能做出这样的东西,来引爆我们公司的话题!我只能引爆顺德的一个话题。

再说说佛山市观效文化传播有限公司的例子。这家公司的创办人是尚可喜的后代。他作为清朝人的后裔,对景泰蓝的制作很精通,所以他就做了这样一家社会企业。一开始工厂在南沙,现在顺德也开了工厂,请一些残疾人做一些画,用景泰蓝的方法呈现出来。

第三个是佛山市永亮善品文化传播有限公司。他们为残疾人提供就业服务,主要是靠老板余先生支持。

圆方还有两件事情值得在这里讲一讲。当时在顺德、佛山区域出现大量戴有“圆方”字样帽子的美国 MBA 学生的图片。这个方案是我们公司临时想出来的，因为我们有烫衣板的业务，就用帽子那种布来做。在活动策划里面，当所有的外国人都这样穿的时候，就是大的新闻点。

顺德圆方接了“美国再制造”的路演，很多美国州长、市长来中国的上海、武汉、顺德三地做路演。当时央视本来只想拍几个图片做新闻，我们就跟记者讲了一些观点。“美国再制造”是奥巴马再次竞选里面的一个核心，但需要有市场条件才能支撑，而中国不比美国好的条件有什么？记者觉得有新闻点，结果央视就做了一个40分钟的节目，中间就采访了我们圆方几位股东，并且是由我们提出的观点而引出话题的。作为圆方，第一，自己把对事情的看法呈现出来。第二，在这个过程中，我们也宣传了圆方，多位股东都出镜了。

社企是一种新公益。过去的公益被认为是纯粹的、无偿的。新公益的核心是以市场模式作为公益，使得公益不仅是一个无偿的捐献，而且可以变成一个可盈利的事情，其目的也是帮助弱势群体，不是把穷人变成一个单纯的受捐助者，而是变成一个潜在的创意伙伴。

社企还是授人以渔的帮扶者。顺德对连南扶贫的部分工作是放在总商会，模式包括今年我只给你买猪苗的钱，你养好了以后，我再支付多少钱把猪买回来。扶贫的网还在，但扶贫对象是要付出努力的。社会企业对帮助建立造血功能，大有可为。都是做扶贫工作，商人一进去就不一样了，我们不是社工。

前几天，我刚刚参加了美的创办人何享健基金会每年举办的本土文化保育项目评选活动。基金会每年都出几百万，放在顺德本土元素保育的项目上。我和一个中大的教授以及香港的保育工作者等五人作为评委。当时我看完11个项目以后，发现里面多数都是社工思路，都是用社区营造的模式。我说，我需要做文化保育传承，这不一样。因为基金会要做历史保育的事，做文化保育必须要有一个有文化底蕴的体系来支撑，而不是社区营造的模式，社工项目与此没关系。

放眼全球，社企又是怎么样的呢？英国有1万多家社会企业，从业人员达到47.5万人，提供30万个志愿者岗位，营业额是270亿英镑，每年对GDP的贡献是84亿英镑。90年代,日本因为经济下滑才出现社企,你会发现英国是这样,日本也是这样。日本现在是用一个新兴产业来定位,是用产业的角度推动社会企业。韩国,社会企业是要认证的,日本没认证,英国也没认证。我国台湾现在有一个趋势,由原来的社工体系往社会企业转变,必须要有一个会商业运作的领头人。2014年,是我国台湾的社企元年,现在,台湾的社企发展非常快,已经在推动对限制社会企业发展的一些法律进行修改。印度也有社会企业,但是它的问题比较多,因为它社会的问题特别多。

关于社企是否要认证,是有争论的。2013年顺德政府做了一个认证的草案,我作为政府公共决策咨询委员会委员参与了此事。我看完了以后,问你为什么要做认证?因为政府要给社会企业资金,如果没有认证就没办法,也很难出这个资。这是政府人员的想法。

但是我说,从社会企业的角度看,这样做会把社企的定义收得很窄,那就不符合社会企业的发展模式。既然要认证,没关系,就宽泛一点。其次,作为社会企业是不是应该先做事,政府再给钱呢?因为毕竟和慈善是不一样的。

现在顺德是全国第一个认证社会企业的地方。西方国家的左右派政府都支持社企。台湾学者说社区是社企的点,可以在社区里面做社企。另外社企也可以作为一个改变社会的创新,该台湾学者也认同认证是不能解决问题的。

最后我再总结一下。社会企业的核心目标是填补社会的各种缝。我做语言障碍的这条缝,我就努力做好。我们必须要靠自身的运营能力来保证财务收支平衡。这一点对社工来说有些难度,需要从商界里面获得知识和灵感。社企的运作需要商业智慧,商人干的就是资本增值的事情,只不过在资本增值的过程中,社企不是纯赚盈利分红而已。社会企业一定要关注社会价值最大化。如果能进行量化,是最好的。

谢谢大家!

**李津逵** 谢谢叶总。叶总是一位优秀的企业家,而且他的血液里都流淌着顺德人的智慧和香港人的理念。从希腊、罗马、文艺复兴、大航海一直到科学革命、宗教革命、政治革命、工业革命,所有西方文明的精华都经历的英国人把文明带到我国香港,已经150年了;而深圳是一个前现代的、中世纪的、蒙昧的城市,文明过来才30多年,我们离香港太远了。叶总的这些智慧也不是打他生下来就在脑子里的,因为他身上有着岭南文化最经典的顺德的这些文明,又受过香港的训练,所以他讲社会企业,我发现和别人讲的不一样。他真的是把它悟透了,企业家除了经营企业之外,还有很大的一块是剩余资源,谁都雇不起的资源,我们把这些资源加在一起,就可以把一个社会的缝隙给填平,这个缝隙是政府解决不了,慈善解决不了,社工解决不了的缝隙。

下面请刘海军为我们点评,海军本人就是一位公益人士、志愿者,一位改造社会,推动社会向更文明、更友善方向进步的深圳年轻人。大家掌声欢迎。

**刘海军** 自从IBM的全球公共关系主席吴士宏先生出版了《如何改变世界》这本书,中国人开始追捧社会企业,然后延伸出来一系列的词,所谓的公益金融、小额信贷、普惠金融等。但是从2006年到现在近10年的时间,我们的圈子里有无数的新理念,但很难看到有效的实践,这就是社会创新领域"雷声大雨点小"的状态。

刚才叶总提到几个词我的印象特别深刻。第一个是商业智慧。叶总提到了一个社会企业的概念,我再回应一句话,这个是2009年夏季的达沃斯论坛提出的:"用商业的方式解决社会问题,用极具竞争力的产品和服务推动社会进步。"今天大家来听叶总的各个案例就会发现,完全不是恳求别人,而是利用自己最优势的资源,也就是极具竞争力的产品和服务,从市场获得利润,进而推动社会进步,创造社会价值。这就是社会企业,所谓的商业智慧是你所有的思想层面的东西。

我有一个企业家朋友,一开始,为了解决他智力障碍的孩子的未来问题,他做了一个培训有智力障碍的孩子的洗车厂。营业第一周,没做任何宣传,但是新华社、中联网都找上门,说在深圳开了一所全中国喜憨儿停车洗车场的培训中心。现在有很多大的投资者找他,这些投资者说:全世界还没有洗车厂的连锁店,他说你培训完了以后我来给你投资。在解决孩子问题的同时,他们提出了一个概念,叫"守望相助,幸福相伴",成立一个机构,再成立一家公司,所有的董事长是轮值的,由家长来做。他完全是用他的商业智慧来做。

吴中曾经讲过一句话:我们现在很多公益人在做什么?在做行为艺术。他说他32岁就退休,32岁就挣够了一辈子的钱。"珍爱梦想"在中国用了不到三年时间就成为中国排名前几名的基金会。

商业人士在面对一件事情的时候看的是结果,如何利用资源来实现这个结果。但是,社工和很多公益朋友有时候目标会有偏移,刚开始的时候是要解决弱势群体的问题,但是慢慢地,变成关注今年做了多少培训,而不是关注培训完了以后,有多少人就业了。也就是说,实际上这些弱势群体成了你的工具,因为没有他们,你的组织就不会存在。

我们现在大量的公益项目是这样,投入了多少钱开始做项目,结果这个项目真正做评估的时候,根本就不是这么回事儿。

下面就涉及第二个话题,也就是叶总提到的新公益的概念。现在很多人都在谈创新,其实无所谓新与旧。社会问题应该分两种,有一种是没有办法自己解决的,这就是传统的救助资产和社工的阵地。但是有些所谓的缝隙,这一块实际上我们的政府职能、社会组织永远都做不好。还有蕴含的潜在市场能力这一块,就应该交给新公益。

第二是人员的培养。我们企业培训招聘,要看简历、背景,看是否合适。而我们做社会企业培训的,谁报名都可以,这就是一个重大的失误,你不可能把莫言培训成马云,你也不可能把莎士比亚培训成爱因斯坦。不同的人有不同的特点,不同社会问题有不同的解决方法。

第三点,社会创新和技术创新、经济领域创新是完全不同的概念。技术创新是先在某个产品、某个服务上小规模实验，做成之后，再投入运行。技术创新基本上是在所谓的概念出来之前就有了，我们称之为前置的。而社会创新是后置的。

商业智慧讲究的是时效性，一个企业成本在自己的预算的支持下，有一个三五年的规划，如果三年里没有完成，企业可以迅速做抉择，退出来。但是，我们有大量公益界的朋友，在这个圈子里待了十几年，都没有解决的问题。

我们做过一件事情，就是去寻找有哪些企业具有所谓社会企业的影子，它可能不是社会企业，一直就是普通企业。

比如劳力士，世界顶级的奢侈品品牌，从来不公布财报，因为劳力士100%控股股东是一家家族慈善基金会。它完全是以股民的身份，选最优秀的董事会，选最好的总经理班子，让品牌能赚更多的钱，赚了钱以后，唯一的股东就是一家慈善基金会。当有稳定的收益的时候，就可以面对其他复杂的、更全面的社会问题，能做更大的事情，还可以做战略性资产。如果我们是一个只是靠募款来的基金会，就不能做这种战略性资产。

第二个是宜家，宜家比劳力士更进一步，除了它的股东100%是一个慈善机构以外，它的整个生产工艺上，更倾向于环保。全世界所有跨国公司的超市，法国人开的家乐福，美国人开的沃尔玛，没有一家超市有残疾人的洗手间，只有宜家有，里面绝对不会有其他人用，而且宜家的停车场永远离电梯门口最近。

第三个是比尔·盖茨基金会，是全世界最有钱的基金会。但是它会干什么？比尔·盖茨基金会刚成立基金会的时候，巴菲特送给他一本书，实际上奠定了美国现代慈善的发展模式，就是《安德鲁·卡耐基》。书中说，富人拥有财富后，有三种做法，第一种是我死了以后给我家里人；第二种是我死了以后就捐出去，这两种都不是最好的，最好的方法应该是在你活着的时候，用你的商业智慧把钱花完，做一件事情。这本书深深地影响了比尔·盖茨，并知道了自己要做什么，巴菲特听完他的想法后，就把三分之二的钱给了他。比尔·盖茨把大部分的钱给了北欧的研究机构，要解决疟疾的问题。很多人攻击他，比尔·盖茨就回应过一次:“全世界哪里的医疗研究能力最强?北欧。我可以承诺,当他们研究出了抗疟疾的药物之后,所有的知识产权全球共享。”这就是比尔·盖茨要做的事情。

再举一个中国的例子——伊犁资源。一提到沙漠,提到植沙,要么是政府牵头,要么是一个志愿者,抛家弃子,非常悲催地到沙漠地区去,这种精神极其可贵,是非常感人的故事。但我们再看伊犁是怎么做的?他们的创始人说,我想种甘草,哪里种的甘草卖的价格可以更高一点?沙漠里面。第一气候特殊,第二沙漠里面没有污染,所以就开始种。但是那个绿洲在沙漠的腹地,为了种甘草,就要修路,要做产业园,修好的路怎么不被沙漠覆盖,怎么保证路边种的树100%存活?于是就找到顶级的科学家一起研究。伊犁资源已经坚持了30年,现在已经变成了全世界治沙领导者,每年的联合国治沙会议都是在他们公司举办的,公司的资产1000多亿,进入全球500强企业,他的社会效益是回迁了14个村子,解决了10万牧民的就业。所以,只有可持续发展的模式才能解决社会问题。

商业人士的思维和社工是完全不一样的,从刚才我们提到的所有概念来看,商业人士的智慧有时候是学不来的,是他在这个圈子里的习惯性思维,他觉得就是这样玩的,没有理由。所以说,社会企业要想真正做好,其实并不是那么容易。

我要强化一个概念,我们经常说,社会企业不以盈利为目的,是为了创造社会价值最大化。大家不要误解,不以营利为最大目的,不是说不盈利,如果连钱都赚不了,还凭什么做企业?企业最基本的是要平衡,干了半天,工资也发不起,各方面也没有自己的竞争性产品,那为什么不做民非?民非和企业唯一的不同,就是民非不能分红。当你谈社会企业的时候,如果不能创造很好的经济效益,何谈解决社会问题?我们在飞机上讲安全教育的时候,有一个最重要的原则是当出现危机的时候,自己先戴上氧气罩再帮旁边的人。

如果要做社会企业,首先是企业,企业就要讲自己的战略,就要有自己的成本经营,就要逐利,还得有资源分配的考虑。叶总的公司可以聚合那么多的资源,那么好的收益,为什么不能分红呢?也可以分红啊。就像全球顶级的社会企业,新三板挂牌,挂牌之后必须分红,我们的券商,会计师事务所、律师事务所直接告诉我们,刘总,你们一定要把你们的公益成本全部抹掉,因为如果不抹掉,我们还要转中小板,当公众看你股票的时候,发现你们是做公益的,谁敢买你的股票。你在市场上,就要展示肌肉,你在赚钱,赚钱回来以后,再想你的分配问题。我们的高管在里面持股,高管全是残疾人,分红解决了他们的生活问题,不是很好吗?基金会再做慈善,有什么不好?

在评估社会价值上,哈佛大学有一个很有意思的概念,把社会企业的输出分了三个层次,第一个是直接输出,第二个是间接输出,第三个是社会效益。以我们为例,我们主要是一些高学历的残疾人就业,比如今年招募了10个人,直接收益就是解决了这10个人的就业问题,在我这里很稳定地拿到同行业的工资。间接收益是什么?按照中国的统计数据,每一个残疾人和4.3个家庭成员相关,10个人就影响了43个人,10个人就影响了10个家庭,这就是间接效应。我们的父母再不会因为孩子担心了?他就会和其他人的父母一样去追求自己的生活。整个家庭的幸福指数就会提升。第三个最重要的是社会效益,这10个残疾人就业挺好的,慢慢通过媒体的报道、传播,很多企业想法转变了,其实残疾人做别的不行,在电脑前还是挺好的啊,尤其又读过大学,我这个企业能不能也招几个残疾人?对于政府来说,未来的政策制定,能不能引导更多的企业招聘残疾员工?还有一些年轻的父母,生了一个脑瘫孩子,如果是轻度的,那这个小孩大脑没有问题,父母就不会一生悲痛了。所以,这就是社会意义。

最近,我们一直在提两个概念,就是叶总说的:“用商业智慧去解决社会问题,在公共事业里面激活市场机遇。”我们一直在强调,如何让商业成为行善的强大力量,而不是被道德绑架的一个工具。

我就简单讲这些。

**贾洪权** 我现在反过来思考一个问题,不是社会的领域需要企业化,而是企业的领域需要社会化,这是更重要的趋势。所以我觉得现在社会确实已经转型到了一个连企业家们都在谈情感商业、价值商业的时候了。如果你用社企的眼光来衡量，微信重构了人与人之间的关系，到现在还没有盈利，这算不算社会企业？或者具不具备这样的色彩？比如说Uber，把原来的消费者变成了生产服务的提供者，重构了生产关系，在全球范围内更加优化配置了社会生产资源，这样的企业又是什么性质？

我也没有答案。只是以前我搞社企，现在我是搞风险投资，但是我看的每一个项目都具有社会性，甚至我越来越热衷、越来越喜欢那些具有社会性思维的商业模式。

**叶中平** 这个话题又回到刚才讲的三个众筹的概念。

我们都是从计划经济过来的，计划经济的思路就是希望不要浪费，但是恰恰少了个人的喜好，因为喜好是很难测评的，所以就变成了大家都穿同样的衣服。

这个和您的问题有什么关系？

Uber不是这样的，现在我们能用一些计划经济的思维来操作，但是不等于是原来的模式。比如，每天我的车位有7个小时能空出来，我能用空车位收租。以前不行，技术支持不了。我经常说什么是众筹？做生意的人都明白，中国13亿人，每人给你1块钱就有13亿。但是我问：你把这13亿的钱收回来，你的成本有可能超过13亿。逻辑就是这样啊！现在不是，因为有微信支付，不一样了。

有一些东西，因为环境改变，条件改变，它会重来，但是它没有改变一些本质。人的喜好有很多，所以不能用计划经济的模式来考虑，还是市场模式好，但是可以让成本更低一些，比如用产品众筹，我可以先卖后生产。所以，现在一些工具在创新下改变，术在变，道没变。

**李津逵** 请问叶董事长，假如说有一天，圆方作为一个跨文化交流的公共关系公司，公共顾问公司，它的盈利能力大大超过你们股东原来传统行业的企业，你们会不会把他们的其他企业也变成社会企业？有没有可能？

**叶中平** 在这一点上，我们在设计章程的时候，就考虑到如果圆方将来发展得非常好，怕有人把股权收购了，所以我们不允许买卖股权，而且进来的都是同等的钱。

圆方在做什么呢？就是做一个平台，我们在做的时候，会产生很多商业机会，这商业机会将给圆方的股东，股东们可以再去组办公司，与圆方没关系。我们是用这种方法来做事情的。比如，想推动美国国际学校来顺德，圆方不会投资，其他人来投资，你们参与。项目做成了以后，给圆方一个顾问费就可以了。我们不想违背原意。

**嘉　宾** 顺德现在给了认证，认证和不认证有什么区别？认证了以后政府会给什么政策？

**叶中平** 因为这是刚拿到不久的认证，所以到现在还没有任何什么政策。但是我们能理解，因为认证了以后，比如有什么政府项目，找社会企业就好了。

**嘉　宾** 社会企业上市之后会有一个监管，上市监管就必须分红，所以和圆方的章程会形成冲突，这是一个问题。第二个问题，一个社会企业实际上有大量的社会责任，前段时间我筹备了一个综合中心，做成社会企业，在股权限制上，包括投资人的限制上进行股权分散，把它的社会企业的资源，不是单一为股东形成一个新垄断。

**叶中平** 我们在设计圆方的时候，脑子里不存在要把圆方上市的概念，圆方是不干这种事情的，因为你把太多的利益加进去就有问题了，你不能赋予圆方太多东西，只能不断赋予它社会价值，而不是用它来赚钱，赚钱机会给其他股东，其他的平台。圆方这种模式是使更多的人来参与圆方，众筹。

**贾洪权** 这是概念的东西，关于社企的概念，就是针对某些社会问题而发起的商业化解决方案，它能够吸引资金、技术和人才到解决社会问题当中来。

企业是人类迄今为止创造的最有效率的组织，远远超过了政府，远远超过了NGO，远远超过了慈善，如果你是一个企业，你不以盈利为天职，天天讲不分红，只是讲道德，那就会变成伪善之地，最后大家就全部变成行为艺术家。

**叶中平** 这个问题提醒了我。企业社会责任分成两种，一种是你的运作过程不能外移，就是在运作过程中会产生社会责任的问题。一种是可以外移的，是可以离开企业的。我们圆方可以做一些股东可以外移的项目，圆方会帮你做。第二，圆方做了之后，你是股东，又反过来会影响你，变成你的一部分。我反而是这样想的。

我觉得社会责任和社会企业是两个概念，放在一个商业型的企业里面，你也有不同的社会责任，但是有些东西是贯穿于企业具体的体系里面的，是必须要遵守的某些规则。

**李津逵** 500年来，如果说我们地球发生了巨大的变化，就是刚才洪权所说的，出现了一种新的社会组织叫作企业。所有企业成立之初都是解决社会问题的，面包店是为了大家烤面包的，修鞋店是为我们补鞋子的。但由于市场的逐利性，可能有些企业只顾自己的盈利，不顾其他人，不顾穷人，最后造成了贫富悬殊，造成了社会不公，因此出现了道德经济、企业社会责任等，就是让企业关注社会，关注社区，关注员工，关注顾客，关注整个社会生态。但今天叶总所讲的社会企业，最大的不同在哪儿？每一个企业在完成自己运作目标的同时，可能有一大部分剩余的、沉睡的、巨大的资本，而这个资源资本如果不加以利用就是浪费的，把资源整合起来，为社会所用，为股东所用，创造出新的价值，这就是社会企业与企业社会责任、莱茵模式、道德经济不同所在。

总而言之，企业在不断反思，不断调整，不断完善，我们这些局外人最好是认真听，认真看，而不是站在道德制高点的角度去挑剔社会的进步，这是叶总给我们最大的启发。

# 以社会学的视角解读深圳

我们的社会

# 第131期银湖沙龙

**时　　间：**2016年9月2日

**主讲嘉宾：**宋　丁　中国(深圳)综合开发研究院旅游地产研究中心　主任

**主 持 人：**龙　隆　中国(深圳)综合开发研究院资深研究员　理事

**宋　丁**　我今天从社会学的视角来解读深圳。

深圳经济特区成立已经35年了。这么多年来,基本上是按照传统的架构来解读的,综合开发研究院多以经济学的角度解读,突然以社会学的角度解读可能比较新鲜。

首先我要花几分钟说明,我为什么要以社会学的角度解读深圳,而不是经济学、政治学、文化学?我要利用过去的专业特长,从一个新的角度解读深圳。同时我也要说明为什么要用社会学来解读深圳,而不是解读上海、北京、广州?

中华人民共和国成立以后,我们从苏联引入的是马列主义的基本理论,而当时的社会学是从欧美传过来的,基本上都是属于图解资本主义的理论,1952年院校调整,社会学就被取消了。当时费孝通转行去研究民族学,识别55个少数民族。

但是有取消就有恢复,1981年教育部恢复社会学,我们赶上了。1981年,我是大三升大四,当年教育部决定恢复组建第一个社会学班,设在南开大学,我很荣幸进入这个全国第一班,而且有幸于1982年进入全国第一个社会学研究生班，并且成为费孝通的第一届研究生，我的硕士论文就是在他博士论文《江村经济》的产生地江苏吴江县的开弦弓村（江村）完成的。《江村经济》在人类学研究方面是有世界意义的，因为传统人类学都是到南太平洋的小岛上研究人类的起源，但是费孝通是深入到现代社会一个中国乡村群落里面研究经济、社会、人文关系，所以世界人类学大师马林诺斯基认为费孝通的中国江村研究是人类学史上的一次创新突破，这是非常高的评价。我有幸到江村做了我的硕士论文。

我当时因为某些原因没有选择读费孝通的博士，但却从来没有放弃老师交给我的任务，就是研究小城镇，研究城镇问题。他八十年代写过一篇影响到中央决策的文章——《小城镇，大问题》，对于国家政策影响是非常大的。我在研究小城镇的基础上，后来又研究了城市，我一毕业就开始启动写30万字的专著《城市学》，1987年写完并于1988年出版。

我在1991年11月3日调来深圳，住单位宿舍，和龙隆一个屋子，所以我和龙隆的缘分很深。我在深圳25年了，对这里有深厚的感情。演讲也好，采访也好，就没有断过，每天都在谈深圳，自信还是比较了解深圳的，所以我肯定会解读深圳，不会解读上海。

首先讲，社会学是什么？解读有很多，我概括为，它是研究现实中的人类社会基本关系的科学。

基本关系就是在建构、互动、冲突、变迁中的趋势和影响，研究这种关系怎么成了，怎么变了，怎么冲突了，怎么影响了，这就是社会学研究的东西。

人类基本的社会关系，包括哪几种？

第一种是人际关系。比如说我们在这里坐着的人，我和龙隆是什么关系？老朋友。人和人都有某种特殊的关系，这是社会学研究的。第二种是大的社会系统，一个社会一定有政治、经济、文化，也直接发生关系。这两种关系，前者属于微观社会学，后者属于宏观社会学。

研究人类基本关系，一个是宏观，一个是微观，两大视角。微观社会学是研究人际关系中的结构、分层、功能、行为、交换等。后面我会讲社会交换理论，就是讲人和人的互动客观上是存在交换关系的，互动、控制和影响，这是微观的层面。宏观的就是研究社会系统，大系统的各个要素，子系统之间的结构、功能、冲突、变迁的影响，最后要延伸到政府的政策制定，不是单纯的学者研究，和国家政策都是有关联的，这是两大类。

人类社会现象可以从各个角度进行分析，社会学的视角是经济学不能替代的，其他各种学科也不能替代。一旦认识到这也是人类文明的一部分，它就要恢复。社会学代表了整个人类文化、文明进程中的一种贡献，是一种独特的视角。

关系、结构、功能、权利、价值、互动、冲突、控制、变迁，这些词都是社会学中反复使用的，但是这些词语和其他的学科不是完全分开的，比如说经济学里的经济结构，现在经济结构升级调整也用结构，有些是叠加的，即便同是“结构”也是不同的视角。就像深圳，你从这个角度看结构是这样的，我从那个角度看结构是那样的。所以说观点就是观察的视点。

社会学研究成果不应该只是学者自娱自乐的东西，一定要能够成为推动国家、城市、乡村、社区、社会组织、个人决策和行为改变的理论依据，否则这个学问是没有用的。

下面看一些案例。比如，“家”，这是人际关系的符号。吃完饭回家，我的家装修得很漂亮。这个时候“家”是什么概念？用英文是 Home，是个房子；可是在社会学里是 Family，是家庭，家和家庭是部分重叠的，往往说“回家”只是说的那个房子，但是我们说的是回到一个家庭，孩子老婆都在那里等你，你回到他们跟前，聚合在一起，那叫“回家”。人际关系里面一定是非常精准的。

从人际关系的网络来看，世界上 70 亿人，我们永远也无法联系到如此巨量的人群。用社会学观点来分析，世界上 70 亿人互相沟通，理论上非常便利，你找世界上任何一个人，只需要经过不超过 5 个人。比如说我想找到奥巴马，我打电话给美国的很有名的教授，说：“你给我联系一下奥巴马。”他也许没办法，但是他可能联系到某个州长，州长再给奥巴马打个电话。你会发现原来世界果然是地球村，很小。

宏观、微观社会关系有关联性的问题。比如，国家之间有矛盾，其实背后就是人际矛盾，具体就是国家领导人之间的矛盾，国家关系就是具体的人际关系，甚至可以微观到一个人的关系。

在互联网时代，存在着关系革命。微信平台把所有的现实的人际关系都通过朋友圈和群联系起来了。没有微信圈的时候，我们这么大年纪的，好不容易邀一次可热闹了，因为太难得了，一醉方休。可是，微信一出来，同学大聚会反而不多了，为什么？因为微信群太方便了，小学群、中学群、大学群，全部在里面了。一个平台把你纵向的历史全放进去了。

人际关系还是累进的。比如，一个人在房间里说话，那是自娱自乐，没有关系。社会学必须是人和人之间的互动。人最怕的是孤独，没有对话的人是要得病的，所以我们要找人，起码找 1 个人，就形成了 1 个关系，找 2 个人就是 3 个关系，4 个人就 6 个关系，5 个人就是 10 个关系……排比下来发现，人越多的时候关系网越大，这样的关系是累进的，不是 3 个人 3 个关系，4 个人 4 个关系，不是这样。增加一个人增加多重关系，越来越大，这是模式。

人际关系是分层的，分为首属关系和次属关系。首属关系更多依据的是情感，是相互精神上的约定，朋友、哥们儿、兄弟情谊、家庭。而次属关系则是依据社会法则，因为你生活的社区很大，比如一个城市，10 万人，100 万人，1000 万人，你到深圳街上随便拍一个陌生人的肩膀，对方会把你当坏人或是神经病。但是我拍龙隆教授的肩膀，我们不会有任何疑问，都会觉得很亲切，这就是两种关系的差别。后面的次属关系完全是由于人群过大，导致的人际关系的陌生，陌生就要有社会的规范法制来约定我们的人际关系。十里八乡都是乡规民约，没有那么多刚性的法律，越大的城市，社会的法制性越强。

人际关系有很多分类，比如，亲缘关系、友缘关系、地缘关系、业缘关系、趣缘关系等。比如，我们参加一个旅行团，是由于兴趣成了一个临时的群体，有了共同的利益，万一发生危险，同车人就是一个利益群体，所以有一种导向性。比如，在座的各位，今天在研究院是业缘关系，由于职业的关系走在一起，我们有共同的身份，要维护这个集体的利益。

我们有圈子文化，讲物以类聚，人以群分。在中国，圈子成为人际关系最重要的社会杠杆之一，孟母三迁也讲的是圈子文化。

还要讲讲社区的概念。社区的英文是 Community，这个词是我的导师做的界定，社区可以被理解为是一个微观地域的人际共同体。比如小区就是一个社区。但是到了深圳这样一个城市的层级呢？如果从大的理论脉络来讲，你也可以看成是一个大的社区，甚至是把一个国家看成一个大的社区，但是在这种大的层面，我们基本上就不方便用社区这个概念了。社区的界定就是我前面说的，首属关系的味道更重的一个小的空间里面，人的互动概率比较大的空间里，至少是小镇级以下，乡村、小镇、城市里的一个居住区，我们界定为社区。这样，就有点扭曲了 Community 这个概念，因为 Community 是一个共同体。比如说大家有缘，几个朋友喝酒，这些人也是一个共同体，但不是社区，所以直到现在，这个观点都没有讲清楚。我认为社会学并没有做一个深度的解读，更多的是用地缘关系来界定社区，所以我用微观社会学举例子来，有助于理解人际，微观就是强调人与人之间的关系。

如果从宏观的视角呢？比如美苏争霸，以对抗形式存在的国家组织系统中的冲突关系，这是永远存在的。还有更加清楚的劳资对立，资本和劳动两大社会系统，人际系统，由于社会分配不均引发的冲突。贫富差距，经济收益差距的扩大化导致了社会系统的不稳定性增加，就是我们说的贫富差距，基尼系数就可以解读。欧洲联盟是区域国家系统中妥协互惠形成的政治经济社会共同体，也是一个系统。多党制度是不同党派组织系统之间通过竞选，维持执政地位的多元的社会关系，这是党派的关系。友好城市是通过契约而形成的城际系统中的稳定的合作关系。社会保障是通过政策和慈善的杠杆作用，来维系社会系统之间的利益的均衡化，所谓的“财政的二次分配”，国家把钱收上来，财政拿出来一部分，转移支付到贫困地区去，这也都是社会保障的一个体系。这个是必须有的，用财政转移支付和社会保障来解决地区不平衡发展的问题。

正如微观是抓“人际”两个字，宏观就是抓“系统”两个字，可以看出来宏观和微观社会学都是研究关系，一个是研究社会子系统之间的关系，一个是研究人和人之间的关系。

既然是这样，那就来看看我们要解读的社会学视角。其实社会学的视角很多，但我一直对其中的三大视角比较感兴趣，宏观：结构功能主义视角；中观：社会冲突论的视角；微观：社会交换论的视角。

我们先要了解社会学诞生的历史背景。社会学诞生在19世纪的欧洲，那是世界变革的中心。当时，理论发展基本上是两大脉络，一个是社会学，大体是资本主义改良的理论体系。另一个是马克思的学说，是推翻资本主义社会的理论体系。两大体系同时在发展。这两个理论体系都为世界做出了杰出贡献，意义非常重大。中国恢复社会学后，更多的是介绍国际社会学界的理论观点，并用来解读中国的社会现实。我们也在创新理论，但目前想搭建一个中国社会学理论架构来与西方理论社会学博弈，恐怕很困难。

帕森斯的结构功能主义是现代社会学的最大成就。现代社会学最主要的对立学派就是达伦多夫的社会冲突论和马克思的阶级冲突观点，而对马克思一直比较排斥的结构功能主义创始人帕森斯在他的著作里面用了四页来解读马克思主义。

当代社会学产生众多流派，在理论的影响上都没有办法和结构功能主义抗衡。当代社会学和现代社会学是两个概念，当代社会学自20世纪80年代发展起来的，但目前的成就还很难和以帕森斯为代表的现代社会学的理论建树相比。

现在就先解读帕森斯的结构功能主义。

帕森斯在20世纪的40年代提出了结构功能理论，完成了《社会行动的结构》《现代社会的结构与过程》等巨著，成为结构功能学派的领袖人物。这个理论成为现代西方社会学最重要的理论学派，没有之一。理论体系非常庞大，影响非常深刻，他被批判的力度也最大，可是一直屹立不倒。

他认为，社会就是具有一定结构和组织化手段的大系统，社会各个组成部分，也就是子系统，是以有序的方式相互关联的，并且对社会的整体发挥着必要的功能，整体是以平衡的状态存在的。他把理论基点描述为一个均衡的状态，中间的任何变化都有可能导致整个体系发生变化，再趋于新的平衡。

可以看得出来，这样的结构功能社会系统就是一个社会有机体的解读，就像人体，任何的器官对于人体整体都在发挥必要的功能，以保持人体的均衡态势。

他讲的是社会行动的结果，把整个社会结构看成大的社会动态系统，这个结构中是四个大的子系统，人的社会性是受到四个子系统相互关联影响发生，分别是社会系统、行为有机体系统、人格系统和文化系统。

在社会系统中，行动者之间的关系结构形成了社会系统的基本结构，其中社会角色作为角色系统的机体，以及由价值观和规范构成的社会制度是社会的结构性的单位。角色就像一个网，一个网就是一个社会系统，每个网结就是那个角色，每个人扮演一个角色，就好像上学的时候有老师、学生的角色，彼此是不能替代的。

在社会系统中，为了保证自身的存在和持续，必须满足四种功能条件。第一个是适应的功能。确保这个系统从它的环境中获得所需要的资源。如果没有，就会消失、死亡，不存在了，所以要进行分配，这是一个信息系统。第二个是目标达成的功能。制定系统的目标和确定各个目标的组织关系，并且能够调动资源和引导社会成员去实现目标。这就有一定的权力味道了。第三个是整合，使这个系统各部分能够协调为一个起作用的整体，这是一个社会互动的过程。第四个是潜在模式的维系，是一种文化的力量，潜在就是文化力量。维持社会共同价值观的基本模式，并且使它在系统内保持制度化。

执行这四个功能的子系统分别又是什么？执行适应的是经济系统，如果没有经济对资源的调配，社会就维持不下去，现在的 TPP 也好，WTO 也好，就是经济系统，维持全球的经济分配，贸易、供应之间的关系。

目标达成要靠政治系统、权利系统、国家系统，由它们强制性地分配，用宏观的力量、政府的力量来维护社会成员之间的平衡关系，实现目标。国民经济、十三五规划都是政府引导的。

整合社会共同体系统。比如,综合开发研究院就是一个社会的共同体系统,任务就是通过内部的协调,使我们能够完成对于国家、对于深圳政府的任务。华为是一个通信系统,用它维持全球的通信。

潜在模式维系靠什么?文化模式是托管系统,这是一个精神价值观的东西。

通过这四大系统的相互联系,就在社会系统内部有了输入输出的交换关系,这个中间有金钱、权利、影响和价值,它们是交换的媒介。机构之间,组织之间,社会之间,国家之间,要发生系统之间的关系,不能凭空发生,经济学讲一般等价物也是媒介,我们除了金钱,还有权力,还有影响,还有价值承诺,都可以形成互动的平台和媒介。这样的交换就是社会秩序得以结构化。帕森斯认为社会系统是趋于均衡的,所有力量的目的是让它均衡,而不是爆炸,这四大条件的满足可以使系统保持稳定性。

结构功能主义产生是有非常深厚的历史背景的,一方面是“二战”严重动乱的现实,急需从社会均衡、国家稳定和社会和平的视角来解读世界。第二个背景是 20 世纪 30 年代美国的经济危机,凯恩斯主义从经济方面也阐述了要用国家政治、政府的力量,来维护整个社会的稳定。这就是帕森斯结构功能主义产生的政治动因,社会理论也指向宏观调控方面,形成和西方经济学匹配的影响。

下面讲一下马克思主义和结构功能主义。马克思主义是在 19 世纪中后期产生深刻影响人类社会的重大理论体系。马克思主义认为,资本主义的剩余价值创造社会的剥削现象,必须通过消灭剥削阶级的革命实现社会平等。它被归于古典社会学理论。这个显然威胁了西方资本主义的安全,于是我们看到,后期的现代社会学的结构功能主义就强调社会系统的内部稳定性,强调制度是不能动摇的,反映了政治保守性。

再来解读微观社会学和结构功能主义的关系,微观社会学一些重要的流派对结构功能学也进行了很多的批评。

结构功能主义在 20 世纪 60 年代末受到了多方面的批评,尤其是受到了以达伦多夫为代表的社会冲突派观点的猛烈抨击。因为20世纪60年代,全世界都剧烈震荡,很多党派成立,国际形势风起云涌。冲突论找到了巨大的现实支撑,渊源上与马克思主义有一定的关联性,始终强调冲突是普遍存在的,必须要破坏社会结构功能主义主张的社会系统的稳定性,成为推动社会进步的内在动因。

微观社会学还提出,如何回到社会现实?矛盾如何解决?这时,就产生了很多流派,有两个主要的。主要有布劳的社会交换论和米德的符号互动论。社会交换论是提取了经济学里的经济交换的概念,用交换价值来解释人际关系的行为,与经济学不同的是,强调社会交换论的社会规范的约束性。符号互动强调人际互动基于互动双方都遵守的共制共守的符号意义。人类不断创造新的符号,所以不断前行。目的在于寻找人际关系交往中共同的规律和规则,来突破人际关系交往中的困境和障碍,通过改善人际关系交往模式来引导社会走向更加开放和健康。所以也有社会应用价值。

三个视角,我认为从社会学的本质看,有价值的理论目标,一定是力求推动整个社会不断有效地、有针对性地解决现今的社会问题,从而走向和谐、健康、稳定的发展。我们国家提倡的是社会主义市场经济,强调的是和谐社会,这是国家战略。既然是这样,我们用结构功能这个理论不是更加吻合吗?我们一定要讲冲突吗?从这个意义看,我认为结构功能主义可以作为社会学的基石性理论。社会冲突论是社会结构功能主义的一种补充理论,社会交换论、符号互动论等都是从社会关系的微观层面对结构功能主义的一种有效补充,这样使得社会学理论更加完善,更加贴近科学。

理论讲完了,现在该尝试用社会学理论解读深圳了。

首先有一个大的概念,理解深圳我们欠缺社会学的独特视角,城市是一种特定现象,解读有五大视角。第一个,空间地理视角。现在单纯从空间地理解读一个地方,这样的解读已经不合时宜了。第二个是历史文化的视角,是纵向的。第三个经济产业视角,这是我们研究的重心,包括金融解读。第四个是社会关系视角。第五个是心理的、精神的解读。

我认为，在深圳30多年中，最强的解读是从空间地理和经济产业的视角解读，其次是以历史文化和心理精神方面的解读，最弱的是社会关系视角。

空间地理上，深圳已经全境中心化。深圳是珠三角轴心城市。这种空间我们解读得太多了。

产业经济上，深圳的产业升级，创新型、资本型城市，我们都很自豪，我们现在讲北、上、广、深。说一个数字，不算上缴省或中央的，去年广州的地方财政1350亿，广州的卖地收入950亿，卖地占到地方财政的80%；而深圳去年的地方财政2727亿，卖地收入450亿，深圳的非卖地收入占整个地方财政的80%，这是财政结构问题。三年前，广州的本外币存款数远远超过深圳，但是去年深圳是6万多亿，广州是4万多亿。深圳成了全国第三大金融中心，这个势头还在继续往前走。所以说经济的解读我们有太多的依据，信手拈来。

历史文化上，深圳只有30多年，但它是中国改革开放历程中的一座新型文化的丰碑，大家也做了很多很有情怀的解读。

心理精神上，“来了就是深圳人”，深圳开放、包容、活力、青春、创新，大家都在解读城市的人文符号，比如“深圳十大观念”。

但是社会关系上，我们的优势在哪里？劣势在哪里？机会在哪里，危险在哪里？很复杂，解释不清楚，我们的社会机体不清楚，社会效应不明确。

第一，深圳的社会历程表明，深圳对于自身的特殊关系、功能价值、动态模式、障碍、困境、化解策略和发展趋势，缺乏足够的观察、认知和探索，导致社会对于自身的优势、劣势、机遇和风险认知存在巨大的弱点和盲点，看不清楚。在社会经济的快速成长中，社会成长没有有效跟进，应该说经济和社会有断裂。

第二，深圳的历史机遇证明，以强者形象向外界炫耀的深圳人实际上有着最脆弱的一面，没有办法形成情绪对冲和认知理解，而导致孤独。只要在深圳快速的结构变迁中发展，就时不时有一种孤独感，外表很强大，内心很脆弱。这是它缺乏社会共生、共享、共融的一种社会现实。

在这方面，这些解读都说明了什么？以社会学视角解读就是要弥补我们对深圳社会通透性认识的重大的弱点和盲点，让我们能够更加全面准确地认识深圳，更加清晰地知晓这座城市目前到底有什么优势、劣势、机会和挑战，更加精准地引导深圳，符合社会发展规律地追求更高的发展目标，而不是一味、单纯地经济拉动。经济增长和社会发展是两件事。

社会学要能够用理论引导深圳人都能够更加从容、自如地提升深圳特色的生活方式，否则就成了学者的自娱自乐。

下面开始三个视角的解读。第一个是宏观的结构功能主义的视角。

深圳是一个特殊的城市结构，它的最大特点是有一张经济特区的王牌。自诞生之日起，这个特殊的社会结构就存在。一个特殊的经济特区框架，如果内部是内地传统的子系统，深圳能存在下去吗？不可能。所以一定要匹配相当多的特殊内部结构的系统。比如，法律体系、政策、政府运作模式、市场机制、企业、交易模式、人群等都要不一样，才能均衡发展。

有哪些特殊成分，或者是子系统呢？比如，特区立法权，法律方面有特殊性。在特区内外一体化之前，深圳一直是很尴尬的，原特区内是特区立法权，而广大的宝安、龙岗片区叫作较大市立法权，深圳说了不算。这样一市两法，是不是结构失衡？搞得很复杂，很不和谐。后来特区内外一体化，深圳全境都是特区立法权了，原来的结构困局解决了。

再比如，经济上15%的企业所得税、特区的政策实验权、小政府大社会等，都是特区的特殊成分。举个例子，深圳市市长带队到华为考察，市长说："任总，我们政府还可以为你做什么事情?"任总说："没了。"政府追求的是不求所有，但求所在，做好服务。政企关系就应该是这样的。深圳在全国难得罕见的是小政府大市场，长期以来都是这样。

还有占比80%以上的市场化企业、超高的科技金融文化创新的能力，是深圳的法宝。恰恰在自贸区的节点上，上海与深圳有了距离。30多年的深圳培育了一个机制，能够不断自我创新，民营经济占了80%以上，而上海的民营经济只有

25%，这里面还有很多零散的小型民营经济，上海没有像华为、比亚迪这样巨无霸的民营创新力量。

这些从政治、经济、文化、心理各种要素构成的子系统，维护了深圳作为改革开放排头兵的先锋价值观和行为模式。如果你想在这里把任何一个东西踢掉，那就什么都没有了，必须要均衡存在。

深圳作为特区有特殊的内部要素平衡要求，在特定的平衡约束下，社会要素就能够在内部持续存在，任何要素打破这种特殊结构平衡的情况都会出现生存障碍。我们必须尽快通过调整来寻求结构的新的平衡继续生存，包括个人在内，包括社会的子系统在内。如果你坚持不调，结构失衡现象加剧，严重的情况是淘汰出局，包括个人、组织、企业。

还有，“来了就是深圳人”，如从社会学分析，就不是那么回事儿了。为什么？如果来了深圳以后，还是用内地的一套模式，那是玩不转的。想融入深圳就得放下内地的角色，丢掉所有的盔甲，以一个独立个体活生生进入，寻找定位和价值，按照深圳内在功能要求，尽量释放真实的能量，这样深圳就会很快接纳你，这就是新的深圳人，你和这个城市结构就平衡了。

这就是我从社会学的结构功能学的角度来解读深圳社会现象。结构功能主义常常被诟病为追求稳定不求突破，我认为，追求稳定不一定是拒绝突破。这个理论是讲稳定均衡，但是它本质上不是死的，是动态的平衡，社会不停地推动内部功能调整突破变化，实现结构平衡。当然我们也看到结构功能主义的问题，是它重在功能调整，不谈整体结构的改变，要立足改良。

费孝通的《乡土重建》，是以西方社会学和人类学来深入研究乡村，在不动社会制度框架的情况下，通过农村工业化，导入农村工业，完成中国社会的转型。乡村工业化到后来也发生了一些问题，因为对环境的污染太重。最近国家提出建 1000 个特色小镇，就是把一些高品质的制造业以及三产，包括休闲、旅游，文化、养生、养老导入了乡村，这是第二次的乡村革命，也是一种社会的结构调整。如今，为什么要用社会结构功能解读中国现象？因为我们真的不能主要从社会冲突论看，解读主要是为了调整社会结构中不适应的部分。

以深圳为例，多年来也是不断打破旧的产业格局，实现产业结构调整升级，目前80%~90%的财政收入是靠税收、产业的增长，而不是靠土地财政。这是产业结构升级的表现，说明深圳已经成功摆脱了内地许多城市政府要靠土地财政维持政府开支的局面。深圳大量的高科技、金融、互联网、新能源、新材料、文化产业等，源源不断为深圳提供财政动能，所以敢闯是深圳的灵魂价值。深圳正处于不断顺应市场形势的稳健发展阶段。

深圳社会结构的过程中，也有十大失衡现象和趋势。

第一，剧烈的移民期的失衡。常住人口和流动人口各占半壁江山，现在户籍人口不到400万，居住证人口七八百万人口，加起来1100万就是常住人口，GDP统计都是按照1100万统计的，但是坦白说，这个数字不太真实，因为还有1000万的流动人口没有进入到常住人口的管理范围之内。实际管控人口2100万，1000万没有任何登记。人口的大规模流动，还有人口管控的差异化，导致了深圳内部的失衡状况其实是很严重的。未来的15到20年，我们的目标是让深圳常住人口达到实际管控人口的80%以上，进入到均衡化。这样可能有些社会层面问题就不那么严重了。

第二，社会年轻化的失衡。现在的就业人口远超常态，我们经常说平均年龄，过去是28岁，现在是33岁，但全国的平均年龄是44岁，深圳仍然比全国平均年龄年轻11岁，仍然是一个非常年轻的城市。年龄的失衡引发出一个问题，经济为什么这么强劲？是劳动人口远远高于被抚养的人口，我们的小孩，我们的老龄化远远没有到来。全国的老龄化是我们的两倍，但是深圳未来速度可能会大大加快，因为随着第一个问题的解决，第二个问题就会出现均衡，未来20年人口结构会出现常态化。

第三，土地供应失衡。土地资源匮乏，导致了一系列的社会矛盾凸显，最大的困境是房子不够，供需关系严重紧张。我们知道，北京面积1.6万平方公里，是深圳的8倍，广州8000多平方公里，是深圳的4倍，上海6000多平方公里，是深圳的 3 倍。未来深圳可能要通过现在强调的“3+2”，就是深、莞、惠一体化加上河源、汕尾的都市圈的形式来要解决未来深圳土地供应缺失的问题。如果在深圳实在买不起房子，就去临深片区买。东莞和惠州的房价上涨排在全国前 5 位，完全是城市群的概念。在深圳没有所谓直辖的情况下，仍然能够与周边城市的经济互动形成一体化的格局，解决失衡的问题。

第四个是住房供应失衡。1100 万常住人口里面，没有自有住房的占 70%。深圳经过 35 年的发展，所拥有的合法的自有住房不到 200 万套，这方面供需关系严重失衡，未来趋势是通过政府保障性住房的供应，还有小量的小产权房的确权、租购并举、临深购房，加大供应来满足这个庞大的市场需求。

第五个失衡是住房成本的失衡。就购房贷款率来说，深圳差不多是 98%，这在全国是最高的，这就导致了生活成本进入全国最高之列，压力是很大的。如果由于住房引导了整个生活消费，家庭消费始终处在高压状态下，肯定是一个失衡的状况。现在深圳已经成为一个资本驱动型的城市，生活成本高企将常态化，将来解决这个问题。住房要通过保障性住房的供应来解决，所以“十三五”罕见地开出了 40 万套，什么概念？就是现在保障性住房超过了商品住房，基本和香港模式差不多了。如果真的这样做，未来政府承担的压力就非常大，要做保障性住房，财政补贴的住房要供应一半以上，政府财政压力很大。包括现在旧改项目中间 20%、30%要配保障房，政府用补贴的方法给保障的对象，基本上用这种方式解决失衡的问题。我估计将来是双轨制，一边是政府保起来，一边是市场放开，不搞调控。

第六个，物业开发的失衡。还有一个数据，未经法律认可的违法建筑占到全部建筑的 43%。35 年来，全深圳开发的面积是将近 9 亿平方米，其中 4.28 亿平方米是违法建筑，这是规土委有明确数据可查的。所以深圳的压力非常大。

第七个，公共资源的失衡。主要是教育和医疗两大块。今年恶补教育，北大、清华、人大、中大纷纷来这里建本科学校。北大第一次在北京以外建本科的校区。现在最痛的是医疗。全国排名前一百的好医院没有深圳的，我们看大病就要想着去广州还是去北京。医疗失衡问题的解决估计没有那么快,但是可以看到未来十年,教育、医疗配置会大幅度上升,品质有待升级。

第八个,城市功能配套失衡。深圳地下的管网的配套系统失衡严重,这么多年来,整个城市在建设中更多的是强调地面上的辉煌,但是地下管网一塌糊涂,稍微一场中型的降雨,就可能把城市淹掉。当然,这也是全国城市都有的问题,这是城市社会发展中的一个非常重大的社会失衡现象。未来20年,深圳能不能建一个真正抗击百年洪水暴雨的地下管网?

第九个,贫富差距的失衡。这已经进入到社会深层层面了,社会不同阶层之间的贫富差距很显著,深圳的表现尤其突出,现在仍然在加大,而且长期存在。怎么解决?两个方向,一次性分配领域重点要打击侵权,二次分配领域重点强化保障,只要把这两个做好了,我觉得社会的均衡分配,贫富差距就会缩小。宏观经济上政府还是要有更深的考量,一定要把这个做得很到位。

第十个,社会心理的失衡。社会的焦虑、压力、不安和价值观紊乱状况在全国普遍存在,但在深圳更加严重。政府下一步要做什么?是尽可能多地改善社会生活条件,要适应现实生活,价值观要更加务实,不能让很多年轻人来了以后就想我要在市中心买一个大房子,有这种可能性吗?德国、美国、日本很多人一辈子不买房,所以我们现在新的住房机制就是租购并举,为什么要这样?购是一种消费行为,租是另外一种消费行为,而且在西方的很多国家租是长期稳定的,是没有人敢小看的一种消费行为。这也是社会结构和功能的层面,社会政策的有效推行,才能保障整个市民生活的规则化。

这是我在结构功能层面上看到的深圳十个不均衡的表现。

第二个是中观的社会冲突论的视角。

深圳的历史就是一个冲突不断演变的过程,这个意义上来讲,我们也可以用社会冲突理论来解读深圳,包括内心的冲突。可以说社会冲突和压力孵化造就了强大的深圳,没有这种冲突是不行的。

深圳的成长是"闯"出来和"创"出来的。早年,是闯过来的,摸着石头过河,现在是创新、创业、创意。当年的“闯”和现在的“创”都是破坏旧有的东西，必然伴随着与强大传统观念和势力，一直在冲突中发展。而且不仅仅是表象的，更多是内部的、心理的。我们脸上很阳光，实际内心很冲突。

还有一个冲突，就是土地资源的匮乏。我们要快速发展，土地没了，政府手里只有十几二十平方公里没有开发过的，深圳被迫搞旧改、城市更新。北、上、广卖地收入有40%、50%，深圳只有10%～20%，大量国内外的重大项目因为深圳没有地，被迫转投其他城市，包括华为被迫把手机终端业务放到了东莞松山湖，将来可能还有很多外来的大型企业进不来。

在经济快速发展过程中，货币规模在增加，人口在增加，而土地匮乏，需求巨大，导致地王频现，地价飙升，房价上涨也就很难挡得住了。城中村在文化传承上不可多得，但城市建设又需要高密度，这也是剧烈的冲突，所以经济和文化永远是打架的。这不是深圳一个城市的现象，就全中国来说都是如此。化解的根本策略是放在产业升级和城市更新上，如果没有产业升级，没有创新的导入，任何改造方法，土地匮乏都是没法解决的。

从社会实践来看社会冲突论，最大的贡献就是指出了社会发展的根本动力在于冲突，矛盾化解，所以冲突暴露了矛盾，分化了社会力量，导致了优胜劣汰，引发了创新驱动，也就带来了新社会的产生。

社会发展从来就是均衡、冲突、再均衡、再冲突的循环往复的过程，它的差别是什么？低级社会冲突，冲突过后一切恢复原状。中国几千年来的皇权专政，一个朝代推翻了，农民当官，周而复始。但是高级冲突是让社会跃升到了一个新的平台和阶段，继续发展，深圳就是后一种。由边陲小镇走向国际大都市，深圳只用了30多年，可见冲突之后的跃升速度是非常快的。冲突表现在国家、政策、市场、族群、资本、文化等众多层面，这个冲突现象深刻反映了中国由传统社会向现代社会发展中不可逆转的变迁过程。

第三个是微观的社会交换论的视角。

文化大师梁漱溟说，中国人是带有宗教的。我们靠什么文化来维系？伦理。

梁漱溟说："伦者偶也。"

"偶"就是一个群体，所以中国伦理学的根本精神是互以对方为重的，这个人际关系就很精准。西方是自我本位，自我为中心。20世纪初，德国著名的社会学家韦伯在《新教伦理与资本主义精神》中也讲伦理，这本书里表达了西方伦理的观点：中国的儒、道、佛在内的诸教以及世界各国的宗教，缺乏基督教的改革力量，因而培养不出入世的、强调个人价值的资本主义精神，而新教的内在价值观明确体现了崛起的资本主义精神，笃信新教就可以推动世界的发展，中国的儒、道、佛没有推动力，靠家族伦理就是永远的自我反复。

我认为这有些道理。从社会交换论的观点来看，人的行为被看成一种平衡社会得失的理性行为，人的一切互动行为是为了追求符合自我需要和认同的最大社会利益，包括社会关系的建构，建立一个新的关系，也包括新的社会心理的满足。交换的基本研究范围就包括了价值、最优原则、投资、奖励、代价，还有公平正义。

社会价值不同于经济交换，最重要的一条是，社会交换要受社会规范的制约。

我用案例来说明社会交换行为以及其中的符号互动现象。比如，张三摔倒了，李四去扶起来，如果张三对李四说声"谢谢"，这样，双方就完成了一次社会交换行为，双方共同遵守了一种社会固有的行为模式的符号。什么模式符号？做好人有好报，如果我扶他就是做了一件好事儿，我会得到好报。比如，有人中了100万，赶紧拿出5万捐出去，如果不捐，自己都会觉得很不舒服，要拿钱买平安，也是社会交换的过程。

但是如果李四把张三扶起来以后，张三二话不说，调头就走，李四心里是不是很不舒服？我们可能会产生这样的心态：下次再见到一个跌倒的王五，你扶他的动力肯定弱化了。扶了王五以后，王五还是不理你，你永远不会再扶赵六。

社会交换是一个客观的行为过程，不是说我想交换和不想交换。所以我们看到现在中国的人际关系在变化，过去我们喜欢绕弯，西方人比较直接，但是现在我们也接纳了很多市场机制，这个机制让我们的社会交往行为朝着更加通透的方式发展，现在的社会交往也更务实、更讲究效率了。

但是，还有一个现象，过去这么多年，中国的经济利益和社会交往相互渗透得更多了。在中国市场上，官场上寻租和贿赂的现象大量发生，这把传统的社会伦理的模式打破了，是很严重的问题。

我的结论是，中国需要孵化一种成熟的社会互动交往关系。现在，中国社会交往模式在剧烈的市场经济发展中还没有成型，适应新规则的新的交往模式还没有孵化成熟。我们强调的是孵化一种全民共享性的社会守则和社会关系模式，某种意义上，比经济上取得增长更加重要，这就为中国社会提出了一个严肃的战略任务。而且我要强调的是，社会交换的价值是客观存在的，是在于为市场经济时代成熟成型、合规合法的社会交往关系和模式提供了理论依据，阐述社会关系不必像以前那样虚伪了，这也是人际关系互动的一个正常诉求。

从社会交换的显性和潜在目的性看，这个诉求不影响交换行为的社会价值，更不影响交换行为的效果，反而由于对社会交换价值明晰化，人们更加懂得遵守社会道义和公平。

深圳就是在中西文化对接中孵化这个新型关系的，作为市场机制最前沿的城市，现在是走在全国前列的。商业活动尽量避免人情干扰，友情交往中尽量不要把商业利益渗透进来。

符合社会发展的人际交换行为是建立在深刻的社会信用基础上的行为，是法制性的、基础性的准则，也是任意社会交换行动中的共享符号底线。任何单方面违反社会信用和社会规范的原则和行动，都将对人际交往关系造成严重的负面影响，最后这种关系就不存在了。

社会交换更多的是社会公益的诉求，必须强调社会交换的诉求在很大程度上并不表现为行为者个人的诉求，而是社会公益的诉求。比如说深圳义工，参加活动不是为了追求个人的私利，而是希望得到一份来自公益活动的社会荣誉感和骄傲感，同时追求一种公益性回报，希望通过某个义工的公益活动，努力给深圳这座经济高速增长的城市带来同样正面的社会成长形象和价值，孵化和培育一种符合社会市场经济体制的社会公益理念和行为模式。

我们期待深圳的社会化贡献，也许深圳在创造一个世界经济奇迹的同时，还能够为我们国家的社会现代化、人的现代化贡献一个具有特殊社会意义的伟大成果，那就是创造一种全新的、成熟的、汲取了微观社会中各种科学的人际互动理论的社会关系模式，它良性互动，公益交换，杜绝贿赂，切断寻租，排除虚假，鼓励面对，强调效率，净化人类。这就是我们希望出现的社会结果。

最后总结一下。社会学是来解读人类社会各种现象的一种独特的视角，不仅能够解读社会，而且能够指导人类改造社会、重组关系。

结构功能视角让我们知晓如何通过调节内部功能来维护社会系统的稳定运行。这是国家需要的。社会冲突的视角让我们明白了社会变革都是经过各种冲突以及化解过程实现的，没有经过冲突是走不出去的。人际互动视角让我们了解到人际关系的复杂和微妙，存在着全球共享的社会规范，按照规范来展开我们的人际关系。

深圳正在日益做强国际性地位，我们更希望深圳提升国家社会地位。深圳需要以社会学视角来重新认识自己，为世界贡献一个社会现代化的东方之都。

**龙　隆**　宋教授今天讲的第一部分是社会学的一些基本功课，给大家做了普及，以深圳为例做了分析，尤其是后面这十大失衡很重要，这不只是深圳的问题，还是整个中国的问题、世界的问题。

**贾洪权**　我发现这几大失衡有一个共性，都是政府或者半政府行为。您提到的社会保障的失衡、教育医疗的失衡、地下管网的问题，换句话说，都是消耗财富的事情，而不是创造财富的事情，而深圳在消耗财富这个方面并没有显示出与内地的不同。

社会学动力恰恰是这30年的成因，后面提到的经济产业成就只是经济社会学推动下的结果。我的看法是，上千万的年轻人聚到深圳，在得不到支持的情况下，全体进行公司化生存的一个社会学的结果。

深圳社会学最重要的特征是深圳人的公司化生存，这个程度是全中国最高的。这种生存方式就决定了深圳市的社会学特征。

从未来的角度看，社会学与互联网密切相关，所以我觉得可能是缺失了这一块儿。有人说，在互联网时代，这个世界是平的，原因与社会学的原理有关，因为必须会快速地扁平化、去中心化，无法树立权威，而且创新一定会发生在边缘，一定会消灭中心。深圳恰恰具有这种去中心化的特质，所以这么多互联网产业能够在深圳开花结果，也绝非偶然。

**嘉　宾**　社会学关注的基本点肯定是人，人往上面走，才有各种不同的组织和关系。在整个研究体系，我们会发现深圳人很忙碌，拼命创造，但是，深圳人以后还会是这样吗？从社会学的角度出发，需要为生活留出土壤。留出什么样的土壤？我认为这个问题要研究。我想，20年后我会待在深圳吗？会不会要回老家？我在这里投入了自己的一生，还继续走这条路吗？这个问题宋老师有没有一些自己的看法？

**宋　丁**　真的是到了这个阶段。在深圳，不能单纯以经济而存在，无论是个人挣钱养家糊口，还是管好深圳的宏观经济，都不能单纯从经济的视角。但是，我们过去有一个误区，很多理论家会上升到政治改革，老是往死胡同里走，不要这样。上升有多种途径，至少有三种，政治、社会、文化。如果我们不要动政治的话，动社会文化也是上层建筑，也是发展，文化就更加热闹了。

比如，我们经济到了什么程度？经济到了我们拒绝带薪休假，拒绝节日出去玩，为什么？因为我挤在高速公路上很难受，老板给三倍的加班工资，大家都愿意加班。没有个人的价值,没有社会生活的空间。社会生活、社会价值、社会人文,在深圳这样一个经济发达的城市里是非常微弱的,不能只是单纯的经济推动,而是经济和社会、文化一起推动,在这个节点我们真的需要发力了。

**龙　隆**　这是需要高度重视的问题。新一代年轻人,比如新世纪以后进入深圳的,原先那个阶段已经过去了,但我们要解决十大失衡的时候,会发现可能导致更大的失衡,互相之间是冲突的。对于年轻人,他们突然发现,我买不起房子,存在很多不确定性的事情,面对极大的风险,待下去是否还有意义呢?

按照政府的统计,深圳违建房占了一半。为什么深圳没有香港化?没有出现香港的那种堂屋,7~15 平方米平均住 3~4 口人?如果深圳按照目前自然自发的趋势,资本的力量是挡不住的。政府的手段是城市更新,一个旧村,前两年租金一两千多,现在涨到三四千,一旦更新以后,在资本的强大冲击下,社会文化太渺小了,太微弱了。

宋教授今天提出了这十大失衡,假定有等式,我们能不能解得出来?找到一个最优解?但是,这也可能是无解的。如果我们只局限于深圳这 2000 平方公里,只限于珠三角的眼界,只限于中国,恐怕都是无解的。包括在座的年轻人,你们来闯深圳,就要看得更大更远。

# 旧城小事

## ——设计、生活和人性

我们的社会

# 第122期银湖沙龙

**时　　间：**2015年1月16日

**主讲嘉宾：**何志森　澳大利亚非正规工作室 Urban Informality Lab 联合创始人

**主 持 人：**李迪华　北京大学景观设计学研究院（深圳）副院长、中国生态学会城市生态学专业委员会秘书长、中国城市规划学会城市生态建设专业委员会委员

**何志森**　我觉得，景观设计师的魅力所在，是我们可以在不同的尺度上操作，从英国式园林到景观都市群，到现在的生态都市群。其实景观是研究人的行为的，研究生活的。在一个很大的星河中，我们的地球就可以是一个景观。在这里，我们会讨论全球化景观设计师的特质，会讲生态。

城市是一个景观，一个城市就是一个花园。我们说景观设计师一定要参与到政策上，想一想自上而下的方针政策。比如，很多景观设计师修复河流生态，研究河流系统。在社区构建上，景观设计师与房地产、开发商在一起，在空地上种树种花。设计市政设施，再小的街道、景观我们也在做。更小的场所，就是自己的后花园。

那如何去思考我们的城市，去设计我们的城市？考虑景观元素。你要铺什么样的地砖，怎么让水渗透下去，然后这个水又可以拿来浇花。因为无论是建筑师、规划师、景观师，最后设计的东西都是给人用的，离开了人，离开了生活，那都

是没用的。客家人有客家土楼,为了吸引游客进去有人雇了很多人在土楼里烧火煮饭,但那不是生活,是一个复制品,虽然客家土楼作为一个建筑留下来了,但离开了生活,那是一个没有灵魂的机体。

我们的设计是在不同尺度上的关系。设计一个公园,不是说这个公园要有喷泉,要有多少树,而是这个公园怎么去影响周边的平民百姓,怎么让公园变成一个有真正意义上的交流空间。我们设计的是关心,不是一个平面图。

今天讲旧城小事。现在中国追求什么都要新的,这个价值观放在设计当中,中国现在哪里都是新城,但新城里并不是什么都没有的,而是有几千年的遗存,所以我们作为一个设计师,不要在图上乱画线,每一根线都关系到一个平民百姓。设计师不是独裁者。什么是旧?它是狂野的自然,人与自然是融为一体,是可以找到共鸣的,是有记忆的。

“人的一生有两样东西你是忘记不了的,一个是母亲的面孔,还有一个是你家乡的面孔。”这是土耳其诗人写的。父亲像政府部门规划师,母亲像景观设计师,无时无刻呵护你,母亲是特别细腻的,不像爸爸一样从上到下规划你的人生。设计师也是一样。无论你们从哪里来,无论你们的家乡有多少丑陋,在你们的印象中是多么得破旧,你们在北京、上海、纽约、伦敦的时候,无时无刻不想着家乡的食品、言语,想着家乡那些土生土长的东西。我初中的时候,经常陪我妈妈到县城去赶集,那时候车很少,都是人,整个街道就是一个集会的空间。一方面,我是特别开心的,但另一方面,我也特别反感,在我幼小的心灵里,我觉得太落后了,觉得它是一个破旧的文化,中国应该是漂亮的,一尘不染的。所以,我一直拼命往发达的地方走,从家乡来到厦门,又移民到澳大利亚。在澳大利亚生活了一段时间之后,我才真正觉得那不是我想要的地方。

我觉得在我的血液里,我喜欢街道文化,我们不能说小贩是肮脏的,非法的,把他赶走。你从几千年的《清明上河图》看街道生活,那就是我们的文化,非常好的文化。中国为什么这么有活力,就是因为他们的存在。但是,今天那种生活已经很难见到了,家乡也建起了大大的公园,长长的高速公路,但我总觉得少了什么,那是少了的生活、传统。集市,这个传承几百年的文化没了。

很多时候设计师以为去了中国最好的大学,接受过几年高等教育,所做的任何东西,别人都要用。放个凳子就要别人坐,设计一条路就要别人走,凭什么?没有这种权力,设计师不是独裁者,不要自以为是,不要想当然,否则就阻碍了生活。

小时候,我家里有一个花园。有一个设计师在里面设计了很多花,很多树,那时候,我妈妈叫我每天晚上偷偷地移掉一棵小树和花,我一共移了两个星期,最后剩下一块空地,我妈妈就在空地上种菜。我们不需要花,我们需要一块菜地。还有,我奶奶喜欢在围墙边上读报,为什么在围墙边上?因为阴凉。那别的地方都有很多树,也阴凉,为什么不去?因为这里是她好朋友来找她的最短距离的点。但是,有一个想当然的设计师,随便画了一条线,要拆除围墙,认为这个围墙会阻断人的行为,阻断生活,但是在我奶奶眼里,那就是一个特别美好神奇的空间。我们家附近还有一片很大的公园,是一个很有名的景观设计公司设计的,他们用很多人工的坡度,种了很多树,但没有人需要,那是我们的晒衣场。

现在的很多设计都把人推到室内,从室外推到室内,不是从室内引到室外。如果我们设计师一直在学校读到博士后,但缺乏对生活的理解,是不可能设计出好作品的。其实,平民百姓是非常聪明的,甚至是杰出的设计师,他们教会了我如何设计。在广州花城广场上,景观设计师设计了一些树的外表是有大突起的,这样才可以在上面挂衣服,如果设计成一个光滑的表面,那就挂不上衣服了。很简单,材料外表设计成这样是为了方便挂衣服,以此吸引他们来。所以景观设计师选择铺设何种材料时,应该把鼓励普通人去使用而不仅仅是路过这个空间的因素考虑在内。你可能想到,材料要暗一点,你可能想到,不要太多的缝,我们更多的人,觉得这就是一个广场,就是走路的。所以设计师其实都在你周边。

我在华南理工大学有一个工作坊,叫"都市侦探"。有一群学生,跟踪流浪者,跟踪了两天,很难接近。我说,如果你真的想去跟踪他,你要了解一个流浪者的行为,喜欢怎么影响这个空间,你必须打扮成像他们一样。那些学生就这样做了。其实花城广场白天是没有流浪者的,但为什么要去观察他们?因为一到晚上,整个花城广场都被流浪者占领,还有不同的帮派,如四川、福建、黑龙江等。每一个帮派霸占一个空间,每一个帮派霸占一个公共厕所。所以我们设计师很多思维就是要给白天12小时,晚上12小时,设计的空间是24小时。有一次,他们跟踪流浪者时发现了一个树洞,这个洞里面,有很多矿泉水瓶子,上面铺了很多叶子,是流浪者放的。他们把白天捡到的瓶子放到这个树洞里,放满了就拿去卖。景观设计师设计的一棵树,在他们眼里是储存空间。

这就是设计行为学。与设计有什么关系?不了解实际情况,你怎么去设计?不了解人物行为,你设计的东西一文不值。在广州番禺地铁站有一个口子,如果你们是小贩,你们会怎么利用这个空间?小贩占满了整个这么小的空间。所以,当你们设计一个人行道的时候,有没有想到,或者有没有意识到,将来有一天,你不曾为他们设计的空间,也会被这些人使用?很少人想过这个问题。

有些时候,我很担心,在某些人眼里美可能会变成一个主导思想。我去广州,五个做设计的老师带我去了一个很大的购物中心,在太古城一个房顶上,很多外国人喝咖啡,他们要请我到太古城吃饭,觉得太古城很漂亮,是广州比较好的地方。但我喜欢吃街头的东西。太古城的美是不是广州的美?不是,那是巴黎的、香港的、伦敦的、纽约的,唯独不是广州的。我记得十年前和导师去上海,他是研究人的行为的。那时候,陆家嘴有一个圆盘,很大的圆盘,站在圆盘上看看周围的高楼,他问我:"你觉得上海让你最骄傲的东西是什么?"我说:"是这些高楼。"他没有接话。

我们要学什么?你们都是景观设计师,一部分人将从事研究,一部分人将从事设计。比如一张桌子,多加高一米,能用来吃饭吗?降低半米,能用来吃饭吗?高度决定了功能,这个高度是最舒服的,你再加半米,也是没有用的设计。所以,设计师要知道让人觉得舒服是在多少米,这就是社会学的内容,你不能只是研究,而是要放到你的设计中。比如说在一米的时候,坐上去是最舒服的,那这个空间就可以被利用。我觉得,社会行为学就是设计。

设计源于生活。设计看上去是很简单的东西，但你要保证这个高度符合规范，不能超过多少，不能低于多少，你要保证桌子和椅子的高度刚好可以营造出一个空间。但是，很多东西不如我们所愿。领导觉得这里不可以让人坐，坐了会损害国家的形象，所以就把区域围起来。我们设计师说，我要把空间设计得更人性化、多样化的时候，一个人就决定了一切。所以，设计师要思考，如何使一个空间的设计，既让领导喜欢，又可以改善人的生活。所以设计师是隐形的，我们不是只看好玩的，有意思的，作为一个设计师，要从中找到一个逻辑，找到一个对空间的理解。这是特别重要的。

所以，在我的研究里，我不应该把自己叫成设计师。有一次坐飞机，我遇到一位剑桥大学的哲学教授。他问我是做什么的，我回答，观察人的行为，然后可以设计更有人性化的空间。他给我一个词，叫人性观察家。我特别喜欢这个词。Glenn Murcutt 曾说过一句话："设计师不是再创造作品，我相信，设计师是观察发现家。"设计师不是再创造，而是要善于在生活中发现，并把发现到的放进作品中，去改善人的生活。设计师要走出房间，远离电脑，去了解生活，了解人。Debord 有一个主张，叫都市漂流。在他的主张里，他把自己比喻成一个性工作者，用自己的肉体与城市发生一个交换，来了解城市，了解我们周边的空间。以前，我的公司每周五下午都有一个都市漂流，我们在市中心选了一个区域，然后回来的每个人分享你所看到的都市漂流。设计师不可以每天都对着电脑，那是机器人。

我很喜欢艺术家，艺术家是真正的设计师。艺术源于生活，艺术家想问题不会很沉重，我们设计师想得都太沉重了，一想就想到这个东西怎么可以影响我的设计。艺术家很简单，很自由，表达想表达的东西，给出一个声音，让别人听到，这就够了。Sophie Calle 是美国的一个行为艺术师，她很喜欢用空间去了解别人。1980 年，她遇上了一名男子，那名男子说他要从巴黎去威尼斯，去做一件很有意思的事情，但没有明确说是什么。Sophie Calle 觉得挺有意思的，想去了解，但是要通过自己的方式。所以，Sophie Calle 戴上假发，跟踪了他三个星期。然后，那个男子失踪了。Sophie Calle 就跑到他的房间，她告诉服务员，不要清扫他的房间。那天晚上，Sophie Calle 睡在他的床上，她想可不可以找到一丝可以了解他的线索和故事。最后 Sophie Calle 的作品变成一个很有名的展览。她告诉了我们一个很简单的道理，每个人都有故事，每个人都是我们城市的一部分，我们城市就是由这些故事构成的，不是一个人构成的，是由千千万万的人构成的。那个男子其实也是意大利的一名艺术家，他也希望通过跟踪人，去了解为什么这个人来到这个空间，在这里停留，然后离去。这种研究放在我们设计上，是不是很重要？法国艺术家 Paul Henry，在 1957 年用了一年的时间跟踪了一个女学生。最后，他用流线图画了一张地图。在这张地图里，有一个三角形是这个女学生的家，还画了女学生的学校，叫巴黎工业学校，还有女学生钢琴老师的家。从这张图上我们可以看到什么？这个女学生一年的时间基本上都是三点三线。说明了一个道理，巴黎的地图是由千千万万个像她这样的人组成的，不是我们规划师、设计师自上而下告诉你。所以，设计师不要想当然。

今天我会跟你们讲很多例子，我觉得对你们会有所帮助，因为它会让你们用另外一个角度去思考问题。

第一个是在厦门的小故事。厦门有一个华侨大学，里面的学生来自五湖四海，所以他们有不同思想文化的碰撞，他们的作品也很特别，很生活。大学里有一座很高的围墙，村民用很破旧的材料，做了一个临时的空间，这个空间是为一些学生做饭的地方。我知道学生与村民有一个互动，我想知道这个互动是怎么样的？所以，我从四点待到晚上十二点半，架起一个摄像头，在一个地点记录这个界面两边的人如何互动。中午十二点的时候，村民用晾衣竿把盒饭传递到学生手中。如果没有观察，你可能发现不了这个现象，以为这个围墙是隔绝两边的，而作为一个设计师，你会想为什么它会在这里，不在矮的地方用手传递呢？带着疑问继续观察发现厨房后面有一个公共厕所，为什么厨房挨着公共厕所？这个地方没有水，这里是街道的一部分，没有水源，用来洗菜、炒菜、洗碗的水，全是从厕所里偷来的，这也就是为什么厨房挨着厕所了。一个小小的厕所决定了一群人的行为方式。由此可见，厕所其实是一个很好的研究课题，像磁铁一样，厕所周边的空间都是很有活力的。如果一个公园没有厕所，你会去吗？不会。它可以激活一个空间，我们叫它都市磁铁，吸引住人。

第二个是墨尔本的项目。一个是垃圾空间，一个是咖啡一条街，我们的工作室要做的，就是通过免费的方式把它们激活。大多数人想到的也许是把这里弄干净一点，在这里放点假树。但是我们要研究当地人，研究人的行为，在这个区域的人是怎么使用和占用这个空间的？我们才能说服如何去改善它们。所以，我在那里待了一周，每天从四点钟到晚上七点半。因为咖啡馆在四点半开门，到六点才有人来。所以，每天从四点开始，我们都有好几个人在不同的地点，就这样看着，希望可以发现一些什么东西。然后我发现了什么？80%的人的活动与牛奶箱发生关系？为什么是牛奶箱？它可以坐，倒转过来可以放东西，还可以叠变成桌子，还可以站在上面。在澳洲，牛奶箱都是放在咖啡馆前面的，下午有人来收。我想，我们为什么不可以找一些牛奶箱放到那个垃圾空间呢？我让学生假装是牛奶公司的，去各家店拿出一百个牛奶箱放在垃圾空间，让他们去设计，我们去观察将会发生什么？到了傍晚下班时分，人的活动多起来了，空间活力一下子有了。那么这个空间，实际上是谁设计的？是使用者。我们所做的就是把牛奶箱放在那里，让它们和周边的垃圾箱协调。所以，中国未来几十年做的事，就是怎么去重新设计已经设计过的工程，其中有一个添加式，不要更改旧有的，添加一些东西就好。

威廉·瓦特是特别有名的社会学家，他说："设计所用的东西就是眼睛，不用笔。"无须动笔，眼睛就是他的笔。在纽约市中心，有一个公园叫帕克公园，以前是给吸毒的人使用的，现在几乎没有人去，荒废掉了。由于在寸土寸金的市中心，市长就决定做一些改动以便继续使用，他先请了一个总设计师，再请了威廉·瓦特。威廉·瓦特就建议总设计师千万不要改动它。威廉·瓦特只做了两点，加了一个免费的无线网络；第二，他把所有固定的椅子移走了，放置了可移动的椅子。一周之后，这个公园马上就活跃起来了，几乎是一瞬间的事。周末的时候，人山人海的，有了人才有安全性，一个地方的安全不是靠摄像头监控出来的，而是靠社区的凝聚力。人多的时候，眼睛就是摄像头，都不需要额外的摄像头。

隈研吾是日本最有人性的一名设计师，他也是一名心理学家、社会学家。他设计了银山温泉，在日本三形县的一个小村庄里。这个村庄很奇怪，没有社区的氛围，很安静，大家都在自己家里。县领导让隈研吾做一个银山温泉，完成后，领导又想重新改造整个村落，建公园，加娱乐设施。隈研吾特别反感，说："千万不要去碰它们，只需要做一件事。"他让每家每户贡献出两张凳子放在门口。县领导不解，没想到放完凳子以后，奇迹就出现了，里面的人开始坐在外面晒太阳了，慢慢地这里坐在外面晒太阳的人和邻居开始交流了。更神奇的是，又过了一两个星期，游客也参与进来了，坐到门前的小凳子上和当地人交流，甚至把凳子移到外面去照相。整个村子突然有了社区的氛围。他只是让每一户贡献出两张凳子，没有动村庄的任何东西。这个案例搞死我们设计师不要老想着加新的东西，要重新改造。有些时候，只是一个很细小的行为介入，都可以改变整个村落。放凳子不是随随便便想到的，是他对生活的一个长久的观察。这是我们一定要去学习的地方。

第三个是澳门的例子。有一天清晨，我在旅馆里看到，一位五十多岁的澳门阿姨，在地上放了三个五颜六色的篮子，非常漂亮，一下子把我的目光吸引过去了。作为设计师，我会思考篮子为什么会在这里？我观察了她一整天，四点就起床蹲点了。她来了之后，站在一个死胡同前面，很隐蔽。她把三轮车放在胡同口，方便警察来时带着三个篮子逃跑。原来她是来这里卖菜的。她所在的位置是一条通往社区的小道，并不会阻碍人流，这个位置挡风避雨，还有阴凉处，住在附近居民每隔几个小时就要倒垃圾。她站的地方，有人流量，还有一个公共厕所，她想上厕所的时候，把三个篮子放进车里。这是什么尺度？1∶1000 的设计。如果没有这个厕所，没有这个垃圾站，她可能不会这里。还有没有更大的尺度？她的菜从哪里来的。第三天，我跟踪了她，并和她有交流，我知道她就住在附近。但是第三天我没有看到她怎么出来的。第四天，我发现她四点到四点十五左右从家里出发，走过必经的一条路去一个菜市场批蔬菜，她在那里待了差不多一个小时，买了六个篮子的菜，在六点没有警察后，她就把所有篮子拿出来。如果没有那个批发市场，她会在这里吗？不会的。她可能会找一个与离批发市场更近的地方。所以，几公里之外的公共设施——一个菜市场，也决定了她在这里。澳门的蔬菜都是从珠海运送来的，这就从 1 ∶ 1 的关系到了一个国家的尺度。所以普通百姓比设计师要强得多，他至少做过场地调查，哪里有什么都一清二楚。到了晚上，那里还有一个艺术家在弹琴，用户时常变更。我们设计的是什么？一个更模糊的空间。这是我们设计师一定要知道的，我们设计的不是主观意识的空间，是要各个不同人群、不同用户来使用的。所有人在设计面前是平等的。

第四个是便携式尿盆。我有机会在上海的弄堂里住了一个月时间，我的目的就是想研究上海弄堂有活力的原因。上海的弄堂是没有厕所的。那个月，我跟踪了 108 个居民，想了解为什么这个地方会这么有活力，有这么多交流空间？最后，发现基本 90%的人都是出来倒尿的。这么多人出来，说明了人与人之间相遇的频率增多了，交流的频率增多了，就是他们没有厕所，每隔三四个小时，就要出来倒尿。我不是说以后不要设计厕所，而是说设计师是有能力设计一些吸引人从室内到室外的东西，把他们引出来到这个空间里交流。人跟人之间如果没有了互动，人就是一个个体。

第五个例子是牛奶。我用了一个月时间，在超市里做研究。我把微型摄像机放在帽子里，跟踪了 158 名顾客，有老人、小孩、学生、警察、留学生、当地人、外国人，跟踪他们的路线，他们在这个地方停留多久，我甚至向他们要小票。后面通过对比，发现几乎 90%以上的人都要买牛奶。这些牛奶都放在超市的哪里？放在最里面。知道为什么？买牛奶之前，会经过不同的功能空间，最后才到达牛奶区域，这个过程会迫使你买别的东西，这是牛奶定律。公园也一样，澳洲可以设计一个全是草坪的公园，因为地广人稀。中国不可以，中国的人口密度高，公园都要变成好多好多层,增加流通,增加承载力。曲线为什么比直线好?曲线速度慢,降低人的行走速度,让他们在空间里停留得更久。第二,人与人互相交流,走直线往后看没有安全感。第三,路线长,增加了流通的长度,空间的经历变得越来越丰富。最重要的一点,曲线形成了一个模糊空间,在这个空间里,设计师可以设计很多直接跟人交流的一些情况。如果是笔直的直线,两边可能只是水。但是作为设计师,还要知道弯曲的幅度有多少?在牛奶边上放置面包,这是连接效应,买了牛奶就要买面包,面包旁边又有别的东西,像一个网络一样,超市让你无处可逃。过道通常放置打折产品,因为顾客在最大的主干道上走,让他们停留下来购买产品比较难。还有一个很小的发现,为什么最贵的东西会在收银台附近,因为这是每个人都要必经的地方。如果画一个图,最贵的地方都在视线能垂直到达的地方。

超市外面也一样,每一个大型超市距离火车站不会超过 500 米,500 米是人在不刮风不下雨不暴晒的情况下愿意尝试的距离,一旦超过 500 米,人们就会放弃去那里了。所以,火车站到公园、公共汽车站到公园的距离,都可以放到 500 米之内来考虑。如果我把城市变成一个超市,它的出入口在哪里?可能是地铁站,是一个最常用的出入口。

最后一个是集美大学城。这是一个城中村,学校周围有很高的围墙。有一个村民租下了学校边上的一个牛棚,改建成了一个厨房。他出售盒饭给学校学生,顾客覆盖大学城几乎每一片空间。作为设计师,我想知道他为什么有这个能力,有那么广泛的客户群。这里的围墙高耸,摄像头林立,有保安巡逻,宿舍楼前,有门禁,门口还有阿姨看守。从村子到学生宿舍,要经过一层一层的防火墙,他到底是怎么进去的?我试着去采访学生和小贩,都失败了。另外,他们以为我是记者。终于有一个人让我发五千份传单到宿舍楼,我趁这个机会拿到了他的电话号码。原来我就住在他家旁边,我骑着电动车,带着 iPhone 能记录移动踪迹的线路图的软件,跟踪了他五天,每天四点开始到晚上几乎十二点半结束。我把这五天的移动轨迹重叠起来,就变成一个小贩的路线图,这是我眼中的大学城与村庄的地图，这个地图不是规划师自上而下画出来的，这是一个有血肉、有灵魂的地图。在跟踪中，我发现了很多小细节，比如，小贩的自行车为什么要放在保安亭前面？为什么要在梯子旁运送东西？作为设计师，就得有思考的能力。因为小贩需要一个空间放单车、梯子，下课的时候，成千上万的学生从这里经过。小贩从每一个宿舍雇一名学生，一共雇了58名，学生有门禁卡能把饭传进去，把饭传到每一个楼层，学生可以从一个盒饭里抽一块钱佣金，一个小贩雇58位学生，那么500个，1000个会雇多少学生？后面的联系是多么广阔深远。由我们设计的时候，也许我们想不到附近香肠加工厂的香肠，一公里之外菜市场的鸡蛋蔬菜，两公里之外的海鲜批发市场。但小贩却把这些有关联的节点串成一个巨大的网络，让整个村子都富起来。最初设计师的本意是用那堵墙阻碍他们的。那里是校园左侧的一座渔村，村民可以钓鱼，妇女的就在家种农田、果树，以为围墙能困死他们，把他们都逼走。设计需要以小见大，不可以只看到这个盒子，要跳出盒子去看后面大的系统。

村子里还有一个农民协会，厨房每个月得交25块钱给协会，协会每天派人来扫垃圾，帮助他们建立一个预订网站，让学生在网上订购你的东西。你觉得他是非法的、非正规的、混乱的，但是他要找到一个围墙边上的空间，这个空间要离公共厕所近，要有水有电，不是每一个空间都可以的，他还要寻找合作者，要计划在哪里买食物，要去理解控制系统，围墙的设计特点，摄像头安装在哪里，哪里保安最少？为什么我们不能去了解他们的空间，理解这样一套系统？

我今天讲了一件很重要的事。我们生活中的“小”不见了，大家都是做“大”的东西，我们从上到下看城市，崇拜大人物，讲大道理，迷恋大项目，喜欢创造新的东西，没有人去发现生活，理解生活。很多时候，中国城市化发展到今天的地步，每个人都有责任，作为年轻一代，要思考中国将来何去何从。

很简单，你想做老鹰还是蠕虫？我想很多时候，孩子们都想做老鹰，在天上飞，俯瞰城市，一种人上人的感觉。老鹰这个角度会给你一个方向，城市是怎么发展的，你可以看到一个很笼统的东西。但是我觉得，每个人都有累的时候，所以有时候停下来，做蠕虫在地上爬，去感受一下生活，感受地面上的温度、湿度和触感。学会用蠕虫的视角去看城市的具体情况。其实，我们永远不是设计一个场地，而是怎么让这个场地影响不同尺度的人，影响他们的生活。别以为设计了一个广场，就会有人去，我们更多地需要思考使用这个广场的人的行为，可能会是因为几公里之外的另一个设施，比如公共厕所、停车场，或者是因为旁边的歌剧院。

我觉得广州是特别好的城市，至少它还有很多村子。我昨天去了小洲村，虽然那里盖了很多高楼，至少，肌理还在，生活还在，有很多艺术家在那里。

设计与建造是有很大区别的，建造是建起来，没有设计的过程，没有思考的过程，建筑是没有感情的，也没有任何对人性的尊重可言。泰拉斯·格雷斯哥喜欢到不同城市，写他在每个城市的生活。他有一段话写得特别好："有时候，寻得一个最美好之地的最佳方式，就是（设计师）努力把你我身边的地方变得稍微更好一些！"这个"设计师"是我加上去的。设计师也一样，不要老想着解决这个问题，那个问题，我们解决不了任何问题，但是我们所有人都有能力去改善。今天讲到很多例子，都是在通过不同的方式，改善别人的生活。

这次我们有一个工作坊，就是帮助一位阿姨卖冰糖葫芦，我的学生为她设计了一条躲避保安的逃跑路线，这个路线可以作为行人正常的流动路线，可以给这些最底层的人提供方便。很多时候，因为很多不合理的设计，阻碍生活，才会引发一系列"低素质"现象。比如，去年我的学生发现，从小贩摊点回家需要经过高架桥、斜坡，到处都是楼梯、阶梯，没有一处考虑到他们的需要，那他们有时候逆行，不是他们素质低，是高高在上做出来的东西没有为他们着想。所以，今天的讲座，就是希望大家学会怎么改善人的生活，而不是觉得作为一个设计师，要去解决别人的生活，这是永远不可能的。

**嘉　宾**　您刚才提到，从国外回到大陆后，找不到原来那种记忆了，但实际上，从这边本地人来看，他可能希望的是高楼大厦。您怎么看这种差别？

**何志森** 三天前，我们在广州开会讨论城中村改造，请了很多教授和村民。村民都很谦虚，他们说："真的以为我们想搬走吗？那是我们传承了几百年的祖屋。我们的土地被征收了，只有赔偿拿到一笔钱，但是我们后面几代人没有了土地，怎么办？我们也不愿意把所有传统的东西推翻，重新盖高楼出租。"作为设计师，我们能做的就是设计一个空间，设计一个村落，改善一个村落，可以让外面的人回来，可以让他感觉到骄傲。这是价值观的疏导，设计师没有能力去控制他们。重要的是有文化的传承，这个问题又联系到很多东西，总之不是每一个人都想离开村子的。

**嘉　宾** 你今天讲自己的研究，我们觉得很新鲜，同时您批评的规划设计界的毛病，比如自上而下、喜新厌旧等，您觉得原因是什么？为什么这种现象在中国这么普遍？

**何志森** 中国要实现现代化，时间是很重要的，我们要快，效益要高，要好，这观念影响了很多中国人。于是大家就开始画新城，一条大流通线，各种大的规划，而不需要什么细节。这当然很方便。但是，西方国家在很多年前就开始反省这种模式。换句话说，这种自上而下的规划方式，对西方其实没有很大影响，因为西方公私分明。雅各布斯说我们要学习亚洲的城市，不能再用自上而下的城市规划，那会死掉的。中国的现代化进程主要是太急太快了。

**嘉　宾** 很多人问："中国设计师为什么这样？"我有一个思考，它有一个基础，和社会的价值观是高度趋同的，我们只有一种思维和定义方式。关于我们怎么理解，每个人都有故事，我想给何老师做一个补充。七年前，我受到一本书的巨大影响，这本书叫《11 个未来定见》，作者用了七年时间跟踪了一个从安徽到上海的工人。那时候，上海在高速建设期，这个农民工去建筑工地打工。第一年挣了一万块钱，回家结婚娶妻。第二年，妻子在家生了一个孩子。第三年，他把妻子也带到工地，平时帮工地做饭，同时批发点水果沿街叫卖，躲着城管。第五年，他的妻子挣了点钱，就在街角固定的一个两米乘六米的地方摆了一个水果摊。第七年，赶上 2008 年的经济萧条，这个工人失业了，其他大量工人也都回家了，他留下来了，迈向了真正的城市化。我们大批农民工没有真正经历城市化，他们家乡的土地也失去了，陷入极悲惨的生活状态。但这对夫妇，因为有这样一个小店铺，就能够继续待在上海，两个人共同经营这家店，同时还开发了一个超市不做的事情，就是社区服务。社区老人打个电话说送五斤苹果过去，他们就赶紧送过去，他做得非常好。第八年，他的孩子要上学了。这个时候，这个观察家也就是《11 个未来定见》的作者把一份一千多页的观察报告拿出来，交给上海市委，直接导致上海市对外来打工人群的子女入学政策发生转变。所以，我觉得这个研究是了不起的。

我相信，这个城市未来最贫困的人群就是大学毕业生，只要一毕业就迅速进入城市贫困人口阶层。我在东京，见过东京大学最好的学生毕业以后因为找不到工作住在浴室里，这个浴室晚上把按摩床租给学生，如果这个学生晚上十二点半以后才回去，就可以免费冲凉，睡一觉，第二天，很光鲜地出去接着找工作。所以，我们不要小看城市每一个用心的细节。

**嘉　宾**　你觉得我们中国的设计师和国外的设计师，在人文方面有所不同，所以结果也不同？十几年前，我去西藏八一镇，发现那里就像深圳的布吉一样。我们和当地的藏民在一块儿，我就问：“你们的建筑为什么不能保持民族特色呢？”藏族人说：“我们不希望住漏雨的房子。”对他来讲，生存才是第一要义。还有咱们深圳的盲道，香蜜湖有一个地铁站，上去以后还有三个台阶，对于残疾人来讲，就是万里长城，可能当时设计的人觉得好看，但就没有想到我们还有残疾人。我是学社会学的，我们也会去做调查，我们设计的时候还不能将设计与人文很好地融合起来。

**何志森** 关于藏民，他们保留藏族文化的意识弱一些，但我们设计师这方面的意识要强一些，这时候就需要设计师来引导他们的价值观，这个特别重要。另外，我不觉得社会学与设计无关，社会学需要跟踪调查，设计也需要调研，通过观察使用者发现问题，然后在设计中解决问题。设计是有必要去论证的，但也不一定要把它变成现实，有时候，设计就是你的思考过程。在国外，社会学是设计必需的一门课，但是不会强调这是社会学，强调的就是一个考察的过程，分析的过程。

**嘉　宾** 刚刚老师提到对底层群体的关注，这一点对我很有启发。如果我们要关注每一群体的需求，不同职业、不同性别、特别需求的，那中间会不会产生矛盾？我们是不是有一个系统的方法来研究这些群体的需求？

**何志森** 我研究小贩，不是说以后就要为小贩设计；我研究流浪者，不是说公园要为流浪者设计。我只是提供一个思考问题的方式。设计要考虑不同的人群，而不是一开始就看别人需要什么我就设计什么。

**嘉　宾** 刚才讲的几个问题，我想补充一点，景观社会学可能让大家更多去关注人性，关注社区自治。从这一点，仅从社会学行为模式上来思考是不够的，我建议有没有可能有一门景观经济学。刚才提到大学送饭盒，我的感觉，它其实是当下最优的商业模式。因为它没有出现过问题，而且已经把大学生吃饭盒这个行为加入进去了，如果一旦出现食品安全，学生本身也要承担一定的责任。这个存在为什么合理？不仅仅是在行为上合理，在利益上也合理。这给了我一个很好的启发，设计是能够充分考虑经济、社会的因素，设计本身就不是一个简简单单的话题，是能够改善生活的一门艺术。

**李迪华** 刚才很多人问，为什么过去二十多年，中国会出现那么多缺乏人文关怀、不计成本的设计作品？我想这与我们过多的追求GDP有关。而这个时代，我个人认为会过去的。未来是什么？中国社会逐渐发展，是走自下而上的发展，这就是何先生今天讲座的价值。

刚才有人讲到盲道的问题。我让学生研究盲道，有一个学生非常勤奋，步行了六十多公里，把北大的盲道都走完了，我问："你遇到盲人了吗？"他说："没有。"又过了一周，他说："我去盲人学校访问了，跟他们交朋友，看了他们的房间、空间。"我说："那你请他们去走北大的盲道了吗？"他说："没有。"又过了一个星期，他说："老师，这周我请了一个盲人孩子去走北大的盲道，在学校周围，他居然可以拿着盲人的棒子像跑步似的，但是离开学校附近，就开始哭。"欧洲从1980年就已经认定了盲道毫无用处，而且占用巨额的社会资源，不应该出现在今天的文明体系中。而欧洲城市也达成了一个共识，对所有人安全的城市一定也对盲人安全。我们今天的城市是什么？我们假设对盲人安全的城市，其实是对所有的人都不安全，都不方便。

后来，我又问学生："你能不能找几个成年盲人，问问他们对我们城市盲道的想法。"他说："老师，找不到。"我说："你走了那么多路，就没碰到过盲人按摩院吗？""没有。"后来，我就骑了一个自行车，发现在北大校门口一公里之内，就找到五个盲人按摩院，这个学生自始至终都没有发现。我想说的问题是，我们今天的教育已经使许多学生不知道社会是由各种可能性构成的，不知道我们做任何事情都是思考世界的一种可能性。因此，我们不能够做到足够敏感，即使我们好不容易找到了一种可能性，马上会用我们已经储存的标准答案把它屏蔽掉，这是不对的。在我们的学习和生活中，我特别希望能有一种通理思维。我们要得到一个可能性，这种可能性可以启发我们做另外一件事情。比如，刚刚说的小贩逃生道路，为什么不能启发我们去设计地震的逃生通道、消防的逃生通道、城市紧急疏散的通道？这就是通理思维。

何先生所讲的，不是要告诉我们设计从此之后就可以解决全部问题，他只是告诉我们，这个世界太丰富了，太脆弱了，太敏感了。但是，这些丰富、脆弱、敏感，只有当我们这些人能够意识到它们存在的时候，我们才有机会去改善世界，我们才不会武断地说："我们可以解决所有的问题。"我们更不会轻易说："我们要打造一个新的城市。"

谢谢大家，谢谢何先生。

# 中医药是打开中华文明宝库的钥匙

我们的社会

# 第138期银湖沙龙

**时　间：**2017年4月7日

**主讲嘉宾：**黄　枢　中医针法微型外科创始人、中华中医药学会理事会　理事

**主 持 人：**李津逵　中国（深圳）综合开发研究院资深研究员　理事

**黄　枢**　我原来是学西医的，后来发现，很多发现疾病还是中医解决得好，所以我就重新尝试了解和研究中医文化。在这个过程中，我发现中华文化非常有潜力。为了研究中华文明，我还同时研究世界文明，进行对比，除了非洲还没去，跑了全世界很多地方。我在那儿开医院，开诊所，给他们讲座、教学，从发达国家到非发达国家，几乎都去过。所以我是和他们面对面感受和交流的。

就中医来说，我有几点自信。第一是历史的自信，第二是理论的自信，第三是临床的自信，第四是手段的自信，第五是发展的自信。

这几点自信我感受很深，把它们和先进的思想、技术结合起来，前景不可估量的。这就是我对中医的几个感受。

这么多年来，我们禁锢在科学和唯物主义上。对于文明，目前我有三种不同境界的认知。第一个境界是谋道。道是求慧，静而生慧。不论是道家、佛家，都要远离世俗，就是为了生慧。“道”表示万世万物的真理。第二个境界是谋智。这是求知和精神世界的构建，是价值观的判断。人和动物最大的区别，是凭着思考来求智，比如我们说“急中生智”，从来不说“急中生慧”。所以，第二个层次是

看智，看你的知识、应用。第三个境界是谋生。这就是生存技能，是天生的，比如蛇生了蛋之后就不管了；海龟孵出来以后，就随着母亲、父亲的轨迹进行迁徙，以后再回到这个地方来产卵。这一切都没有后天教育，是天生的本能，由此匹配了技能。

人也一样。慧是由静到定而生的，难以重复和印证。比如，伏羲大帝在一万年前就仰观天，俯观地，上升到无限的维度而生慧了，为了让平常维度的人掌握，因此画八卦揭示万事万物之理，伏羲文明指导中华民族繁衍生息，不断发展。2500年前释迦牟尼又入定而生慧，修出了无上正等正觉，和弟子拈花一笑相通感知，是很难重复的。智是由思考而生，一般可以或待于重复和印证，如古希腊的哲学、孔子的儒学等。科学可以重复和印证，如古希腊早期的科学和现代科学。

朱清时院士在《量子意识——现代科学与佛学的汇合处》中写道，有慧根的聪慧的人，往往能够一眼看懂愚钝的人百思不得其解的东西。佛学的办法是禅定，禅定是让自己的大脑和全部身心细胞都处于高度安静的状态，这个时候，就像电流遇到超导体一样，把导体冷却到绝对温度附近的时候，电子通过的路上，分子和原子的扰动全部消失了。人在禅定状态下，让脑子进入超静状态，这时候，他所思维的东西、所反映的东西和常人是不一样的，而且能有很多功能，这就是生慧的一种解释。

自然科学研究是独立于观察者之外而存在的客观实体，所以研究结果多可以重复，但也有不可重复的。藏传活佛给我一些甘露丸，我就放到罐子里，经常上香。过了一段时间，发现增加了很多，我就很疑惑，难道是有生命体吗，但是没有细胞？就问是什么组成的，他说一百种藏药，每个寺院的配方都不一样，但是有两个是一样的，第一是一百种藏药，第二是这里面必须有舍利。后来我又查了很多资料。所以，对于很多东西，我们有认知的，也有无法认知的。我们能用科学办法认知的它存在，科学办法认知不了的，不一定其他办法也无法认知，所以，我们不能被禁锢。

三种认识会带来什么结果？求道和求慧带来自然和谐与永生；求知带来人类一定程度上的进步。

我们为什么要发展中医？因为它是道和慧的结晶。现在的主流是西医学，中医被忽略了很长时间。

举两个例子。我们都知道，现在医院的标志是十字。十字是西方宗教的符号，红十字会带有宗教色彩，我们加入红十字会是日俄战争时期，当时是为了救中国难民。但是中国至今仍然没有一个统一的自己的医院或医学徽标。

**图 1　与医学相关的蛇标志**

与医学相关的，还有另一个标志蛇。《旧约》记载，被咬的人看一眼蛇，他的病就会好。在古希腊，有一位医学创始人，叫阿斯克雷比亚。有一次他拿着手杖，一条蛇缠绕在他的手杖上，他把蛇砸死了，但是另一条蛇把先前那条蛇救活了，于是，阿斯克雷比亚说蛇有神秘的疗伤能力，此后，他的手杖上就经常趴着两条蛇。现在，罗马尼亚商会和美国海关的徽标都与蛇有关。

那我们有自己的蛇的图标吗？有。比如汉代的画像砖和唐代的帛画，一个是伏羲，一个是女娲，两条蛇或龙缠绕在一起，按西方人的描述像 DNA 螺旋体。图案上还有日月星辰，表现出我们祖先和天地相通，具有无上维度的智慧。我们也有自己的蛇（龙），为什么不挖掘自己的文明呢？

习近平主席在墨尔本给孔子学院挂牌的时候说:中医药是凝聚着深邃的哲学智慧和中华民族几千年的健康养生理念及其实践经验,是中国古代科学的瑰宝,也是打开中华文明宝库的钥匙。

中医在近代史上受到严重打击,与东方人的"科学观"有关。我们经常听到说,这个科学,那个不科学。但是我在国外,很少听到这么说。因为科学不能等于是正确的,科学只是验证事物的一种手段,我们可以用科学来认知,但是不能迷信科学,否则魂都没了,比如近几年把"中医研究院"改成了"中医科学院"。唯科学主义在国外受到相当严厉的批评,我去罗马尼亚办医生执照,除了西医,还有中医,印度医,念咒的,看水晶球的,都能被颁发执业证书。只要你有这个专长,就给你认定,学历的认定、经历的认定,而不是以是否科学来平衡。

很多的文化和文明在历史长河中受到了不同程度的篡改,但是中医药所受的影响可以说是最小的。

中医是一门有理论的学问,直接传承伏羲、易学等中华精髓,"不为良相就为良医",还有"秀才学医,犹如笼里抓鸡",读过四书五经的人,再去学医是比较容易的,因为是同源的。不同于四书五经的是,中医很少因为政治等因素被蓄意篡改,因为中医是实用性很强的学问,容不得虚假,中医还是生命力极强的医学,所以得以流传了这么多年。

中医是有逻辑的,中医六种病,六种病的变化非常多,而西医有 22500 种病。

唐代就有了针刺麻醉。第一个做针刺麻醉的是曾任宰相的狄仁杰,狄仁杰给一个病人切除鼻子上的肿瘤。而针灸走向世界,是为尼克松访华做表演,只需要扎个针就可以做手术了,针灸可以麻醉。当时,纽约时报的主任记者赖斯就此写了一篇文章,而这篇文章正好和"阿波罗登月"的文章登在同一版面,引起了全世界的轰动,所以全世界掀起了针灸热。

我在这里想说一下青蒿素的例子。青蒿素与"523 计划"密不可分,"523 计划"是为了寻找新型的抗疟药。当时援越抗美,在越南打丛林仗,枪炮打不死几个人,但是疟疾造成数量不少的非战斗减员。中美双方都在研究抗疟药,直到越南战争结束，美国共筛选了20余万种化合物，但始终没有取得理想效果，科研能力、资金、设备都是我们没有办法与之相比的，但是，我们有中医药，所以就找了几十种中医药，后来在青蒿里面提取了青蒿素，打入人体，疟疾病原体全部死了，而且没有任何副作用。

在春秋战国时代，外治疗法曾有过很动人的故事。庄子的《逍遥游》记载，宋国有人，善制不龟裂手的药膏，世代以漂丝絮为业，有个客人愿出百金收买他的药方。于是全家人商量说，我家世代以漂丝絮为业，所得不过数金；现今立刻可得百金，我看还是卖了吧。客人得了药方献给吴王。这时吴越两国正在敌对，吴王就派他率兵在冬天跟越国水战，因为擦了不龟裂手的药，吴国战力大大强于越国，越国被打败了。吴王封赏土地给他。同是一个不龟裂手的药方，有人能用来保卫国家，增强国力，而有人只能用来漂洗丝絮，这就是使用方法的不同，其作用远远不同。

中医药发展首先需要授奖。中医是中国自己的文化，认证自然需要是中国的认证，但是现在还没有建立这样的机制。很多中医药被日本、韩国破译，他们的中医学资料比我们更加完善。

中医还需要认同权，文化的认同权，也需要定价权，但这些目前都没有做好。因为当今国际的话语权还掌握在西方人的手上，中国在国际上没有定价权。

只要掌握好了中医药，可以治好很多的病痛。毁中医的多是中医骗子。中医教育方面我们做得不好，现在中医院校都是西医化、西方化、科学化，根本没有找到中医的精髓。

**嘉　宾**　现在有一种说法，中医的退步或者是没落，不仅仅在于中医的传承，更多的是因为现在中药本身不行，您怎么看？

**黄　枢**　这是个很大的问题。医学主要是给人解决问题的，中药的问题很大，因为中国的中药要地道的药材，不同的地方产的药不一样，同样的产品，但是换了产地，药效也就不一样了。原来采药，现在没地方采了，就开始种药。但是现在的地，有化肥，有农药，药材的确受到了很多影响，地道的药材供应量根本就不够，就只有那片山，供应量就这么大。所以说，中医毁于中药，这个话不是吓唬人的。但是，从国家层面来讲，我们仍改变不了。供应商、供货渠道，也都很难改变。中医要有专门的把关，比如说生地、熟地，我们经常发现熟地买回来比生地还要便宜。为什么比生地便宜？因为中药供应商不按传统九蒸九晒的炮制方法制作，偷工减料，我一吃，发现里面是糖，熟地貌似熟了，真正的熟地它也甜，那个甜味就没有糖的甜味。所以地道中药药材和传统工艺的炮制，在这个浮躁的社会，能不能延续下去？这是很大的问题。

**嘉　宾**　中医外治，会靠一些针灸，但更普遍的还是用中药，并且内服的比较普遍，但是如果内服药的中药达不到药效的情况，是不是也是很大的问题？

**黄　枢**　是的。外用的膏药也是一样，到韩国，日本，买的药也不一定会有效。这可以说是一个国际性的问题了。

**嘉　宾**　黄教授您可以达到现在的高度，肯定是与您深厚的人文素养有关。现在，社会上打着国学的幌子满天飞，我更愿意将国学称之为中华人文学，我们要寻求它的根源。如果您现在要找学生，是不是需要有深厚的人文素养？您还能找到这样的学生吗？我担心的是传承，您现在的传承有困难吗？

**黄　枢**　传承的确是很艰难的。因为首先要搞清楚什么是国学，是不是本真的国学？是不是有进步意义的？是不是对社会有实际意义的？我们探讨的时候,也要探讨西方人是怎么看人的价值的?对这些方面,我们都要有反思。

国学历经了这么多阶段和事件,到了今天,要是恢复,也得有一个过程。我们可以先整理出一些东西,先把古人的观点,孔子、孟子的观点都仔细考证。这是要下很大的功夫的,不是一朝一夕可以完成的。如此人们才能认识到什么才是真的文化。文艺复兴也不是一下子就起来的,也有一种过程。所以必须从本身的源头去整理,剩多少,这就是我们这代人的事儿。

我比较担心的是滥讲国学,希望社会各界共同努力,把健康的传承下去。

**嘉　宾**　全息疗法,有一个腹疗百病的方法,另外也是八卦,完全在肚脐上定位,这两种针法,您怎么看?

**黄　枢**　全息疗法,是大物其外,小物其内,有眼针、舌针、脐针、腹针,头针都是以全息疗法为指导的。都有各自的规律,而这些规律都离不开人的经络。因为经络博大精深,我们花了50年的时间,来探讨经络,但是都没有结果。为什么?因为都是拿西方的观点来探讨,看画的线,按照这个线来找,结果没找着,又用其他的方法来寻找。这样的话,从根本上就是错的。真正的经络是从哪里来?是练功的人,有感知的人,是可以感受出身上的百脉的。我在美国给人们扎针灸,给人们讲课,有人问你们说中国有经络,您说经络在哪里?怎么回事儿?我说,你看着,(给一个人)扎针内关穴,顺着酸胀感顺着心包经上去,你看着这个经络图和它一样吗?

但是,很多疗法就是看这个全息理论。理论能够在临床上指导你扎了有效果,那就行了。比如说林老(林凌)的腰椎间盘突出,一大块(椎间盘组织)压在神经上,扎一百遍也没用,说就只能用西方的手术劈开,但我扎的点就刚好可以解决问题。西方人就不明白了,东西还在里面,没消失,但为什么也没事了,在临床上,这就是治疗好了。

# 中医智慧与养身之道

我们的社会

# 第81 中医智慧与养身之道

**时　　间：**2012年1月8日

**主讲嘉宾：**李　俊　深圳市中医院副主任中医师 尊崇扶阳理论，擅用经方治疗多种疑难杂病

**主 持 人：**李津逵　中国(深圳)综合开发研究院主任研究员　理事

**李　俊**　非常荣幸来这儿和大家一起学习一些中医最基本的知识。

看过中医的人都会有这种经历，医生问诊，然后把脉，也就是切脉，就是中医的望、闻、问、切，所谓四诊合参。

古时候，人们对中医的评价分四个等级："望而知之谓之神，闻而知之谓之圣，问而知之谓之工，切而知之为之巧。"一个医生望一眼就知道怎么治，这个医生就是神医。如果听了声音，比如说呕吐声、咳嗽声，就能够知道你的病在哪儿，那么就是圣医。经过问诊，能把病人治好，就叫作"工"。如果通过切脉，能够知道病人是什么状态的，就称为"巧"。

在我学习中医将近30年的时间里，我还没有遇到过"望而知之"的神医。我们所见的大多数医生都在"工"的阶段。《扁鹊仓公列传》记载扁鹊的故事，他就是"望而知之"的神医！

扁鹊见蔡桓公，立有间。扁鹊曰："君有疾在腠理，不治将恐深。"桓侯曰："寡人无疾。"扁鹊出，桓侯曰："医之好治不病以为功。"居十日，扁鹊复见，曰：

"君之病在肌肤,不治将益深。"桓侯不应。扁鹊出,桓侯又不悦。居十日,扁鹊复见,曰:"君之病在肠胃,不治将益深。"桓侯又不应。扁鹊出,桓侯又不悦。居十日,扁鹊望桓侯而还走。桓侯故使人问之,扁鹊曰:"疾在腠理,汤熨之所及也;在肌肤,针石之所及也;在肠胃,火齐之所及也;在骨髓,司命之所属,无奈何也。今在骨髓,臣是以无请也。"居五日,桓侯体痛,使人索扁鹊,已逃秦矣。桓侯遂死。

扁鹊一看见齐桓侯,看一眼就知道他的病在哪儿了。恕我孤陋寡闻,这样的神医我在现实中是真没见过。

下面我们先简单了解一些中医的基本理论概念。

**一、八纲辨证之阴阳、表里、寒热、虚实**

中医认为阴阳在寒热、虚实,表里里面还有阴阳,表、热、实属于阳,里、虚、寒属于阴。如果一个病人得的是表证、热证、实证,那么这个病人一定是阳证,就是这么理解的。

首辨阴阳。阴阳其实是最不容易说清楚的,我们教科书上说了,白天是阳,夜晚是阴,山的南面是阳,山的北面是阴,还列举了很多,但如果仅仅停留在这样的层面来认识阴阳,是不可能成为一个好的中医大夫,也治不好病。中医是认识人的问题,阴阳要放在人的身上认识,怎么认识?我对人体阴阳的认识源于《易经》,《易经》是国学的源文化,中医和道、儒都有很大的关联。我现在也不知道怎么用语言来描述阴阳的本质和实质,只有一个办法能够表达我对阴阳的认识,那就是《易经》里面的两个卦,它们能够表明什么是人身的阴和阳,只有分清楚了人身的真阴、真阳,才能把这个病相看透,否则永远只是停留在中医教科书的层面,无法解决大病、重病。我们老古人有一句话叫作"不读易,不以为医",如果一个医生没有读过《易经》,是不足以言医的。

**二、脏腑辨证之五脏六腑**

五脏是:肝、心、脾、肺、肾。六腑是:胆、小肠、胃、大肠、膀胱、三焦。

可以这样理解,五脏和六腑实际上是一个系统,中医在辨证的时候没有把肝胆单纯的看成肝是肝、胆是胆，我们看成是一个系统。比如，一个人的眼睛有病了，我们就说这个人的肝有问题了。因为中医说“肝开窍于目，心开窍于舌”，一个人舌头病了，最常见的是心火旺。同样，一个人的嘴唇经常很干，会裂口，一定是跟脾有关系。我们把人体的很多问题都归类成一个系统，那么用什么来统领这个系统呢？就用五脏。分属五行，后面我们还要介绍五行的概念。就用这样的理论把人体划分了各个不同的系统，有了这个系统，我们很多时候不需要看很细的东西，你只要把这个系统搞清楚了，就有了治疗的方法。所以，刚才说了五脏不是一个单纯的肝、心、脾、肺、肾，同时要解释因为中医的肝、心、脾、肺、肾是一个系统，不是单纯的脏器，和西医讲的是不一样的，是不能完全画等号的。

为什么中西医会出现不一样的认识呢？我个人认为这其实是一个错误。西医最初进入中国时，翻译出问题了。中医在西医进来之前，就有肝、心、脾、肺、肾这些概念，如果是当初翻译西医的人不要借用中医给西医的器官起名，换一个甲乙丙丁，我们就不会对中西医产生混淆。正是因为名字起错了，借用了中医，所以导致现在老百姓对中医和西医产生误解，尤其中医说你的肝有问题的时候，老百姓往往就理解成是肝脏出了问题，就只盯着器官了。所以，一定要记住，中医的肝、心、脾、肺、肾和西医的脏器是不能完全画等号的。

**三、五行**

五行也是中医的重要概念：木、火、土、金、水。中医认为，世界是这五种物质组成的，人身也同样存在。

五行之间有相互的关系，包括相生和相克。相生就是五行之间具有滋生、促进、助长的作用。相克就是互相抑制、约束、削弱。木、火、土、金、水，按照这个顺序就是相生，木生火、火生土、土生金、金生水。木克土、火克金、土克水、水克火，金克木，是这样的轮回。

至于怎么去运用，这是每个中医大夫都要明白的，明白后不单是中药上面可以进行一个配伍，更重要的是在其他更多的治疗方法上，都会用到五行。

| 自然界 | | | | | | | | | 五行 | 人体 | | | | | | | | |
|---|---|---|---|---|---|---|---|---|---|---|---|---|---|---|---|---|---|---|
| 五音 | 五时 | 五味 | 五色 | 五谷 | 五化 | 五气 | 五方 | 五季 | | 五脏 | 五腑 | 五官 | 五体 | 五华 | 五志 | 五液 | 五神 | 五声 |
| 角 | 平旦 | 酸 | 青 | 麦 | 生 | 风 | 东 | 春 | 木 | 肝 | 胆 | 目 | 筋 | 爪 | 怒 | 泪 | 魂 | 呼 |
| 徵 | 日中 | 苦 | 赤 | 黍 | 长 | 暑 | 南 | 夏 | 火 | 心 | 小肠 | 舌 | 脉 | 面 | 喜 | 汗 | 神 | 笑 |
| 宫 | 日西 | 甘 | 黄 | 稷 | 化 | 湿 | 中 | 长夏 | 土 | 脾 | 胃 | 口 | 肉 | 唇 | 思 | 涎 | 意 | 歌 |
| 商 | 日入 | 辛 | 白 | 谷 | 收 | 燥 | 西 | 秋 | 金 | 肺 | 大肠 | 鼻 | 皮 | 毛 | 悲 | 涕 | 魄 | 哭 |
| 羽 | 夜半 | 咸 | 黑 | 豆 | 藏 | 寒 | 北 | 冬 | 水 | 肾 | 膀胱 | 耳 | 骨 | 发 | 恐 | 唾 | 志 | 呻 |

**图 1　自然界和人体的阴阳五行属性归类表**

这张表这是我们中医的系统，这也就是我们中医认识人的系统论。怎么看？中间有五行，木、火、土、金、水。木的左边一横排，表示它们都属木，木对应的就是春天，五方是指东西南北中，木对应的是东方。在五气中，木对应的是风。五化里面，木气对应的是生。同样的道理，左边对应的是自然界，右边对应的是人体，木对应的是肝。大家可以看到的确是一个系统，在自然界是，在人体依然是。所以看病的时候，只要抓住了这个系统就抓住了病的本能。

我看过一个病人，他全身上下哪儿都不出汗，除了两个腹股沟。后来我就给他开了一个中医的小柴胡汤。中医认为，腹股沟的位置是肝经走的地方，肝和胆是表里的，是关联的，病人的肝系统出了问题，我就调他的胆，小柴胡汤是调胆的，肝和胆是一回事。大概是五味中药，开了三服药。三天以后，这个病人全好了。

一个星期之后，我又遇到一个病人，他腮帮子肿、疼，除此之外没有其他的症状。我首先要排除有没有腮腺炎，腮腺导管没有红肿，就没有腮腺炎。腮帮子是什么位置？这是少阳胆经的位置，我也开了小柴胡，不到三天也好了。如果去看西医，无论如何也想不到这个病和肝胆有什么关系，但是在我们中医的眼睛里面，只要认清楚这个系统，用这个系统的药，问题很容易解决。

**四、六经辩证**

六经辩证是中医的灵魂，或者是最重要的辩证方法，这是由医圣张仲景提出来的。我从事临床工作已经有二十多年了，在这个过程中，我觉得六经辩证才能统领我们中医解决世界上所有的医学领域的问题。所有的病都不出六经，只要能够认知这个病是六经中的哪一个证，就一定可以找到办法解决。六经主要指的是太阳经、少阳经、阳明经、太阴经、少阴经、厥阴经，前面三个是三阳经，后面三个是三阴经。十二经是说一共有 12 条经络分布在我们身上，分为手足，手有手三阳、足有足三阳，手有手三阴、足有足三阴，这样就是十二经。六经辩证是最好的辩证方法，前面的脏腑辩证和八纲辩证解决不了的问题，最后在六经辩证里面都能够得到解决。

**五、致病因素**

中医认为致病因素分为外感六淫和内伤七情。

六淫就是自然界的风、寒、暑、湿、燥、火。淫就是“过”的意思，自然界的风、寒、暑、湿、燥、火这六种气候一旦过了，就变成伤人的六害。因为是外来的，是自然界给我们的，所以我们叫外感六淫。

内伤七情，是自己的情绪出现了问题。比如说过喜、过怒，大家都知道大怒伤肝，过喜伤什么呢？伤心。比如，范进中举就是太高兴了，伤了心。悲伤过度伤的是肺，所以林黛玉就会得肺病，她太悲伤了。过于惊恐就会伤肾。这就是七情致病。

一个是从外面感受的，一个是自己内在情绪的变化，过了都会导致生病，这是中医认为最重要的两大致病因素。

**六、疾病的传变**

疾病的传变顺序是：毛、皮、肌腠、络、经、腑、脏，由表及里，由浅及深的过程。

我们中医经常把皮毛合在一起，表示这个病在表浅的位置上。从这个意义上看，皮肤病其实就是一个很表浅的病，皮肤病难治吗？它在最浅的位置上，应该是最容易治的病,那为什么现在很多皮肤病缠绵难愈呢?主要还是医生的问题。医生总是在皮上做文章,其实病邪就在很浅的皮表,从里边给一点力量把病邪推出去,这个病就好了,根本没有必要在皮肤上使劲下功夫,脸上的痘痘、色斑都是最表浅的病,根本不需要往脸上涂抹什么,需要的是从里面调,把外邪推出去,把气血调好,这个病是最容易治的。

从疾病的传变顺序来看,最重的病其实是在脏,一旦病到了五脏,这个病是相当难调的。如果想要少生病,那我们要在哪儿做文章呢?就是要在前面,在皮毛上,在腠理,在经络,避免这个病到脏腑。

**七、经络**

因为疾病的传变里面提到了络和经,那么什么是经络呢?

经络的问题全世界都在研究,都想找出经络到底是什么?在我看来,这都是没有意义的。因为,经络根本不是肉眼能够看到的,既不是神经,也不是血管,而是我们中医讲的阳气走的通道。这个气走的通道怎么样才能看到?为什么我们古人能够了解经络、而我们现代人无论用多高的科技都不能呈现?古人发现经络,看到经络,是在静坐、打坐的过程中反观内视所见的,这是一种境界,也是一种修炼,没看到代表还没有修炼到。就像登山一样,登到什么高度,看到的是什么样的风景,没有登到那个高度的时候,你永远看不到那个高度所能看到的风景。经络也一样,不去修炼而想了解,那真是梦想,看不到的。

**八、疾病的概念**

我们平常都把疾和病挂在嘴上,总认为它们是一回事,实际上是不一样的。古时候说身体生病了,叫作疾,如果心生了病才叫病。前面我们看《扁鹊仓公列传》里面,桓侯是说的"寡人无疾",不会说"寡人有病"。心病谓之病,我们骂人有病,而不说"他这个人有疾",实际上"有病"指代心理有毛病。

现代人的疾病特点,我总结的是:真疾少,真病多。我临床上看到的大多数病人,真正身体有病的人不多,但至少超过50%都是心理有病,通常我要做的说服、教育工作比较多。有时候,治病对我来说很简单,开个方子就可以了,可是我如果没把病人的心理问题讲明白、教育好,过几天他还得来,因为他的心病没除,这个心会让他再病,而这是我不愿意看到的,所以我必须花时间教育他,跟他讲很多话,最后治心花的时间比治病花的时间还多。

中医重病,西医重疾。西医看病的时候把所有的问题都查一遍,只要所有的结果都正常就是没病。因为只认身体的指标,只看身,根本不了解病实际上在心。从佛的角度叫作“百病皆由心生”,心不病,人不病,人病了都是心病。

**九、中医的治病方法**

我简单罗列了一部分治病方法。第一是中药,用中药是我们常见的治病方法,我前面所讲的望闻问切,其实很多时候都是落实在中药上。第二是针灸。第三是食疗。对养生感兴趣的人对食疗很关注,有些药物是食物,有一些有治疗作用,或者是偏性可以用来治病,简单的病还可以用食疗。

我现在讲一讲食疗中的一种方法。有一个老医生治病的时候就用我们厨房里常见的一些食物,各种各样的,如豆子、谷物,小米、大米,黑米、黄豆、黑豆、绿豆、红豆,就这些豆。他对病人说,你回家去,你就去数多少粒黄豆,多少粒绿豆,多少粒芝麻,多少粒米。每个病人是不一样的,多少粒也是不一样的。病人就领着方子回家数出要求的粒数,吃了就好。这是我追求的一种境界,我觉得食物能治好病一定比吃药强。为什么用这几粒就能治好了?其中所蕴含的信息是非常大的,有很多道理在里面,我认为那个数量是有意义的,这里一定不是我们理解的 1、2、3、4、5,普通概念的数量,应该是易经里的象数。

第四种方法是“讲病”。最早“讲病”的人叫王凤仪,被人称作“王善人”。王凤仪有一本书叫《王凤仪言行录》,就是和病人聊天、说话,最后病人好了,很神奇。这也是中医的一支,也是一种治疗方法。如果一个人经常说“烦死了,烦死了”,这个人容易得肾病;如果一个人心里总恨着一个人,这个人就容易得心病。恨、怨、恼、怒、烦和五行相对应了,对不同的病人就用相对应的克的办法来治疗,实际上是一种情绪对治法。

第五种方法是读经。中医认为,人得病,病有可治,有不可治。身体的病用药物就可以治，心理的病是需要心理医生，需要人和人之间的沟通来治疗。还有一种病，是人治不了的，药也治疗不了，心理治疗也治不了的，那种病就一定要用佛经来治，从佛的角度讲就是业病。有一部分病人就是用佛经治好了。

## 十、中西医之别

科学是认识、解析与改造世界的其中一种手段，目前占统治地位，并且深入人心。科学不是解释万物的万能方法，也有很多科学无法解释的事物。现在动不动就以科学定型，也是一种迷信。中医的有些部分是目前的科学还解释不了的，不能用科学的概念去学习、理解和接受中医。中医其实是哲学的。

西医更多的是一种医疗技术，以科学分析为基础，而中医更多的表现为一种文化，是以传统哲学思想为根基，所以脱离不了阴阳五行。总体而言，中医更像是传统哲学的一种应用的集大成者。传统哲学主要是指以《易经》为基础的先秦学说。

西医通过治病，除之而后快，大病往往殃及池鱼。中医是通过治证而活人，八仙过海，不一而足。只要能治病，无论哪种方法都是好方法。所以中医是七分治、三分养。西医是模式化的医学，可以快速复制，很多医生、医院，不认得的病就不懂治，所以西医要求明确诊断，要动用很多检查仪器，很客观但也增加了病人的经济负担，甚至时间成本。中医是一个讲究个性化治疗的医学，中医没有那么多的病因，只讲证。这个证辩完了之后治，八九不离十，但是辩证却是很考验功夫的，没有仪器可以辅助，所以不可以快速复制很多医生和医院。

说到个性化治疗，我又想到一点，西医治病的时候往往忽略人的个性，认为你是群体中的一员，只要有高血压的病，高血压的病人是一群，就只对这个群体进行治疗，没有考虑到你除了有高血压，还有其他的是别人没有的。我们中国在教学上总是强调集体，但是中医却最尊重每个人的个性。中医认为你是唯一的，这个病在你身上所以要用这个药，如此才能解决问题；他要用那个药，才能解决问题。

西医是贵族医学，必须有配套的设施，否则会束手无策，但西医是财源滚滚；

中医是贫民医学，合格的中医师两手空空，就地取材，就可以活人无数，却不挣钱。所以太平世界里中医能传承下去就不错了，经济效益决定输赢，这是真正的现实，我对此深有体会。

## 十一、二十四节气圆运动图

中国有二十四节气，在阴阳已交合图是这样分布的。我们常看的地图是上北下南、左西右东，在古中医里正好是相反的，上面是南，下边是北、左边是东、右边是西，它的指向是有含义的。

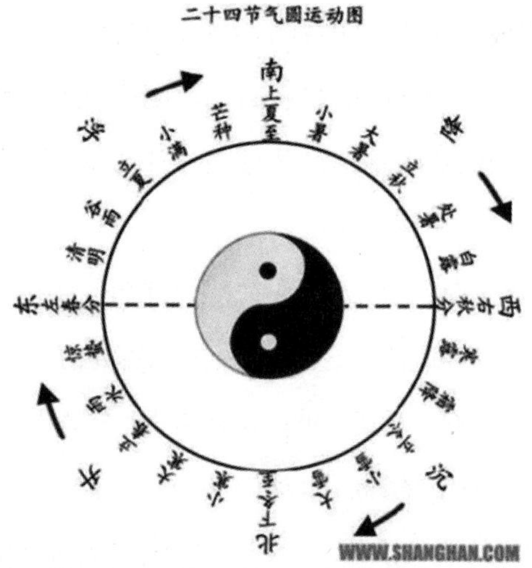


**图 2　二十四节气圆运动图**

我们现在处于小寒的位置，在北面，小寒也就说明了我们现在处于北的时段，处于阳气沉降时段，那阳气什么时候上升呢？阳气上升是从立春开始的。我经常和病人说，如果没有什么特别急着要调理的，等立春以后再来找我，随着天气调理身体，事半功倍，除了中药，天气也在帮助你。到了夏至，阳气达到顶点，天地间的阳气达到了最大值，所以夏至是全年中白天最长、日照时间最长的一天。过了夏至，白天一天天缩短；到了立秋，阳气开始下降；到了立冬，阳气开始沉降，沉到地底下了。

这个图还可以帮助我们了解一个现象。夏天的地铁里面非常凉快，冬天我们坐地铁却觉得很温暖，冬暖夏凉，这就是阳气的作用。这个图上的地表面就是中间这条横线，连贯东西的横线，就是地表。阳气一旦到了地表以下，地下的温度一天比一天热，地面上则一天比一天凉。为什么地面上变凉？因为大自然的阳气都到了地底下去了。

左边横着的一个是春分，右边是秋分。在四季分明的北方，一过秋分，地面上草叶枯黄；到了春分，阳气从地面上升的时候，枯黄的小草又转绿。这种交替变化都因为天地间的阳气。

把二十四节气看成24小时就可以看到一天中阳气的升降。夏至是中午的11~13点，冬至是晚上的23~1点，12个时辰就可以均匀地分布在这个圆上了。子时就是在冬至的位置，到了西就是申时，过了申时就是西边的三点的位置，阳气就开始往下走了。

我这里有一个病案。有一个病人说每天夜里一到两点钟，身上就开始发热。夜里一两点钟，是丑时，我们把12个时辰对应着我们的十二经，子时是胆经所主，就是说那个时辰是胆经在值班，到了丑时是肝经在值班，丑时出现一些病象说明肝经出现了问题。问题的表现是发热，还有十多年高血压病，长期口服地平类的降压药，最近十多天开始发热，还伴随打嗝、胃涨、咳嗽、流鼻涕的症状。这是典型的阳气不足的情况，阳气不能够升发，所以我就开了升发阳气的药，问题便都得到了解决。

**十二、养生与养身**

养生是这些年最热门的话题。养生就是希望颐养生命、益寿延年、长生不老。但是我不认为养生是可行的，至少对大多数普通人来说，养生可能永远都只是梦想。养生是需要条件的，首先经济上没有后顾之忧，不能为每日三餐奔波。时间要充裕，要从容，做什么事情不能急，生活慢下来了，才有养生的可能性。思想上要恬淡、虚无，真气从之，这是《内经》上说的，一定不能太执着。看淡一切，心无所求，都得要做到这一点，天地间的真气才能从之。从情感上说，一定要少欲求，整天想过灯红酒绿的日子，那是没办法养生的。还有从居处来说，一定要静，没有污染，作息要有规律。所以说从这些条件来说，养生不易。

我们能够做到的就是养身。养养我们的身体还是可以的，让我们的身体不生病、少生病、不生重病、不生大病、不生恶病，这个我们是可以做到的。

养身是需要有识的。首先要读书，明白中医的理，明理是为了让自己长一双慧眼，拥有了慧眼就可以分辨给你治病的医生，就可以分辨各种各样的学说，心里有一杆秤分辨是非，否则就有可能出现一个医生一个说法，病人莫衷一是。有一句话叫慧眼识英雄，同样慧眼也识医生。所以长一双慧眼是最重要的。不单是治病，人生中很多的问题，和中医的理都是一样的，治病和治国也是一个道理，所谓“不为良相便为良医”。好的中医大夫应该像这首打油诗：

见痰休治痰，见血休治血。无汗不发汗，有热莫攻热。

喘生休耗气，精遗不涩泄。明得个中趣，方是医中杰。

养身还需要调整饮食起居和心境，尤其是心境。饮食最好清淡，起居就是一定要早睡觉，要和天地相应，太阳落山了就该睡觉了，要像我们古人一样，日出而作，日落而息，这样才是真正对身体有益的。心境是最重要的，要保持一颗平静的心，淡泊的心，随意的心，随缘的心。百病皆由心生，心要是不病，要是平静，是不会生病的。

还要有“治未病”的思想。病已成而后药之，就已经是半死半生了，要想把病截止在“成”之前就要“治未病”。病人在就医的过程中根治，不留隐患，以后不会衍生其他的病。这个情况我们在临床见得非常多。几年前，我曾经治过一对母子。最初孩子感冒、发烧、咳嗽，妈妈也是身体比较弱，怕冷。母子两人大概吃了三个月的中药，那一年的秋冬天，两个人都很少感冒。后来遇到 SARS、禽流感，这对母子都没有得病。这就是一个治未病的思想，通过调理，不但现在当下的病好了，后来也不得病了，减少了患病的机会。

所以，选择中医实际上是最聪明的选择。但是，目前中医鱼龙混杂，这种情况下，就需要你有一双慧眼，选择值得信赖的中医。我还希望大家树立一种观念，生病的时候一定去找那个能治你病的大夫，你可以对某个医生、某个中医大夫没信心，但不要对中医没信心。一定有能够治你这个病的大夫，只是这个人是谁，在哪儿？要想办法找出来。送给大家一段话：

对的时间遇见对的人是一生幸福！

对的时间遇见错的人是一场心伤。

错的时间遇见对的人是一声叹息，

错的时间遇见错的人是一段荒唐。

人生如此，看病亦如此。患者要做的就是在对的时间寻找对的医生，任何时候因时因地因人，三因制宜是不可少的。

再说说食疗和药疗的关系。食疗高于药疗。吃药是治病的，吃饭是养身的。吃饭最重要的是把饭吃好，不要想着养身就一定要吃药。只有病了才吃药，今天吃药是为了未来不吃药，要明确这一点。中医治病的最高境界是无药而愈，这个也是我的追求。

## 十三、介绍几个食疗的经验方

第一，葱豉汤。可以到药房去买淡豆豉，大人就用20~30克，小孩用10克，加上两三条东北大葱，煮五分钟，这是我们中药的退烧药，小孩子一旦吃了这个药退了烧，就是真退了，不会再发烧了。

第二，乌梅汤。夏天我们可以用乌梅加冰糖煮水喝，乌梅是去暑的，还能把阳气收回来，这是真正的消暑良品，没有任何副作用。

第三，三豆饮。黄豆、黑豆、绿豆等量，各抓一把，加冰糖煮水喝。作用非常多，有利于帮助睡眠，可以解决小宝宝大便硬、干、结的问题。

第四，二草汤。按比例抓取炙甘草和生甘草熬汤，可以治喉咙痛、咳嗽、黄痰、大便干。非常简便有效的方子。

## 十四、推荐书目

我再给大家推荐几本书，《李可老中医急危重症疑难经验专辑》《人体阳气与疾病》《圆运动古中医学》《选择中医》等。

今天就讲到这儿，有什么问题我们再讨论。

**闫化赟** 很难得在广东省能够碰见扶阳派的传人。我可以说90%的中医大夫都不会画二十四节气圆运动图，这是在彭子益之后才有了的，在这个图之前，道理都归在《内经》当中。

从刚才推荐的书目来看，李可老中医更倾向于火神派，从中医的入门来讲，应该是刘力红，他在书中把中医的真谛传给大家。扶阳派有位有名的黄元御，是中医在唐代以后的集大成者。

**李　俊** 你说得都很对。我刚才所讲的是古中医的医理，确实不是现在的主流。中医医学史上有很多派别，很多学说，古中医的传承中间断代了。从明、清以后，产生了滋阴派、温病派，直到现在这一派占据绝对的主导优势，遗留给广东的生活习惯就是喝凉茶，很多病人说自己特别容易"上火"，那真的"上火"吗？那不是真火，都是虚火，全是喝凉茶喝出来的。我们回忆二十四节气圆运动图，我们的阳气应该在里面收着的，不应该跑到外面来，一到外面来就变成火了，那为什么阳气会跑到外边呢？就是因为他喝了太多凉的东西，阳的位置被阴寒占住了，阳只有往外，所以就会出现上火的表现。怎么治疗？我的方子就有干姜、附子等。在李可老中医的经验中，在广东看诊一年，一千多个病人没有看到一例是真正的阴虚。所以，广东人实际上更需要扶阳。

**李津逵** 我们从西医的五脏六腑的翻译方法、两种文化之间造成的误区开始，到疾病的传变，从表浅到深层，区别疾和病，知晓百病由心生，最后了解圆运动的古中医学，真是一次全方位的课程，为我们打开了一扇天窗。

# 后 记

银湖沙龙作为一个公益性的学术平台，于 2004 年由中国（深圳）综合开发研究院内外一群有学术兴趣的朋友共同发起，至今已举办了 151 期，我们从中遴选了部分主题分批集结出版，以飨读者。

继《我们的乡村》和《我们的深圳》后，《我们的未来》和《我们的社会》现在与您见面。此时，我们仿佛都在与过往参加银湖沙龙的朋友们欣喜相逢、执手话旧。

感谢李罗力、唐惠建、郭万达等中国（深圳）综合开发研究院历任领导的支持和包容；感谢廖令鹏、宋华为这两本书做出的努力；感谢后勤部门对银湖沙龙的热心服务；感谢郑宇劼、张丽、程旭玲多次与出版社的联络与沟通；感谢每一位主讲者、主持人、点评专家的思想贡献；感谢曾经为银湖沙龙捐款的朋友们（按第一次捐款时间顺序）：李津逵、龙隆、刘宪法、吴文媛、南洁、刘伟、周旭、曾真、宋华、周林、禹明善、王英杰、刘宁、郑鑫、明亮、刘泳先、胡建新。

最后，感谢深圳市综研软科学发展基金会对本书的出版资助！我们衷心地欢迎读者朋友们不吝赐教并参与银湖沙龙的活动！